財團法人國防安全研究院

多元視角下的南海安全

South China Sea Security from Multiple Perspectives

鍾志東 | 主編

李俊毅、林廷輝、孫國祥、陳亮智
陳鴻鈞、黃宗鼎、黃恩浩、鍾志東 | 合著

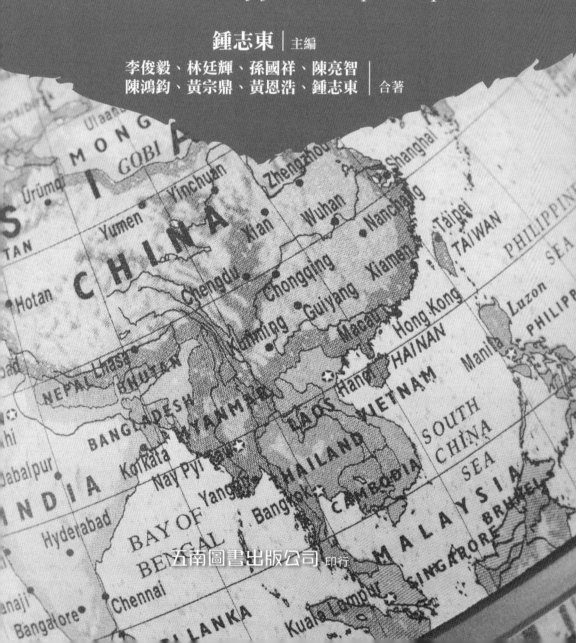

五南圖書出版公司 印行

序

　　南海議題近年來成為眾所矚目焦點，主要原因在於其地緣戰略的關鍵位置與國際強權間的競爭關係。在地緣戰略位置上，南海連結印度洋與西太平洋，地處印太區域的樞紐，同時是全球貿易海上運輸要道。在國際強權競爭上，中共透過逐步擴張策略，展現其控制南海的野心與能力，但此面臨以美國為首西方國家的強烈抵制。南海周遭國家為捍衛其領土主權及相關權益，並確保在大國競爭下話語權，一方面透過東協區域組織機制，以集體力量反制中國，另方面則透過權力平衡與避險策略，遊走中國與美國等列強之間。這使得南海安全問題，呈現多元而複雜的態勢。

　　台灣身為南海的主權聲索國之一，目前也有效地控制東沙群島與南沙的太平島及中洲礁，但由於中共干涉阻撓，台灣被排除於南海相關國際談判之外。北京希望透過「兩岸合作」方式共同處理南海問題，但其背後有矮化我國家主權與分化台美關係的統戰陰謀，因此夙為我方所堅拒。目前政府處理南海的原則有四：依據《聯合國海洋法公約》和平解決、台灣應納入多邊爭端解決機制、確保南海自由航行權、擱置爭議共同保護與開發南海資源。對我國而言，南海的戰略利益事涉國家主權、海域航道安全與資源開發，因此儘管台灣在處理南海議題上，面臨諸多限制與威脅，例如北京對我東沙群島虎視眈眈，但我們不能在南海缺席，以避免在南海議題遭邊緣化。大家應集思廣益，充分發揮我方目前於南海管控區域之戰略價值，並藉此作為與國際社會接軌的重要橋梁。

　　財團法人國防安全研究院成立宗旨在於「增進國防安全研究與分析，提供專業政策資訊與諮詢，拓展國防事務交流與合作，促進國際戰略溝通

與對話」。有鑑於南海安全事務，不僅與台灣國家安全息息相關，更是當前國際安全的關鍵議題，因此於本書，特別委由本院與院外對南海議題學有所長的專家，在兼顧理論介紹、實務分析與政策建議下，透過多元的觀點分別進行撰寫論文，以加深國內對南海安全議題的認識與研究。希望藉由此書的出版，瞭解南海安全情勢的變化、國際戰略態勢以及台灣國家安全可能面對的機遇與挑戰，進而促使國際社會重視我國在南海所應有的戰略價值，以善盡本院身為國家智庫之職責。

陸軍一級上將　國防安全研究院　董事長

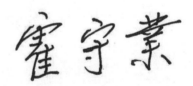

中華民國 109 年 12 月 22 日

作者介紹

（按姓氏筆劃順序排列）

李俊毅

英國東英格蘭大學國際關係博士，現任財團法人國防安全研究院國家安全研究所副研究員。曾任國家實驗研究院科技政策研究與資訊中心助理研究員、中正大學戰略暨國際事務研究所專案助理教授，與政治大學國際關係研究中心美歐所博士後研究。研究專長與興趣包含認同政治、小國外交與安全政策、非傳統安全、混合威脅、灰色地帶衝突等。

林廷輝

台灣國際法學會副秘書長，海洋委員會委員，海基會顧問，外交部外交學院諮詢學者，台大政治所博士，政大外交所學碩士，曾任財團法人兩岸交流遠景基金會副執行長、新台灣國策智庫副執行長、國家安全會議助理研究員，中央研究院博士後研究，中央警察大學兼任助理教授，專長為國際法、海洋法、東海與南海研究、太平洋島國研究等。

孫國祥

國立政治大學政治學博士，現任南華大學國際事務與企業學系副教授；復興廣播電台「兩岸論壇」學者專家主持人；台灣東北亞季刊編輯委員；與超創觀點研究協會副理事長。曾任南華大學亞太研究所所長；中央警察大學外事系、國境系兼任助理教授；國立台灣師範大學東亞學系兼任副教授。中央研究院歐美研究所短期訪問研究學人；日本青山學院大學國際政治經濟學研究科短期訪問研究學人；國立中興大學國際政治研究所短期訪

問研究學人；越南社會科學翰林院中國研究所短期訪問研究學人、中央廣播電台「亞太大家庭」主持人、遠景基金會兼任副研究員。研究興趣為東亞國際關係與國際公法。

陳亮智

美國加州大學河濱分校政治學博士，現任財團法人國防安全研究院國防戰略與資源研究所副研究員。曾任職國防安全研究院助理研究員兼國防戰略與政策研究所代所長、環球科技大學公共事務管理研究所助理教授、國立中正大學戰略暨國際事務研究所專案助理教授等。研究專長為兩岸關係、中國國防戰略與政策、美國與中國的軍事安全問題等。

陳鴻鈞

東吳大學政治學博士，現任財團法人國防安全研究院國家安全研究所助理研究員。專長研究領域包括美國研究、全球化與亞太整合、亞太安全、台海安全與政治經濟學。

黃宗鼎

台北唭哩岸人，諸羅黃氏與山東褚族之後，國立暨南國際大學東南亞所博士，國立政治大學國家發展研究所碩士。研究興趣為南海問題、中國與周邊國家關係，著有〈越戰期間中華民國對越之軍援關係〉、〈「分裂國家」的「大局外交」：以中華民國對越之西、南沙交涉為例（1955-1975）〉等人文學核心期刊論文。現為財團法人國防安全研究院中共政軍與作戰概念研究所助理研究員，天下雜誌獨立評論《東南亞風輕史館》專欄作者，並於大學教授東南亞相關課程。

黃恩浩

澳洲墨爾本大學政治學博士,現任財團法人國防安全研究院國防戰略與資源研究所副研究員。曾任國防安全研究院助理研究員兼國防戰略與政策研究所代所長、國立中正大學戰略暨國際事務研究所博士後研究員、國立政治大學國際關係研究中心博士後研究員、墨爾本大學社會暨政治科學院榮譽研究員等。主要研究領域包括:中共人民解放軍研究、國際關係理論、戰略文化研究、台海情勢研究、澳洲國防與外交,以及印太區域安全研究等。

鍾志東

英國倫敦政治經濟學院國際關係學系博士,英國倫敦大學國王學院戰爭研究所碩士。現任財團法人國防安全研究院國家安全研究所博士後研究,與國防大學戰略研究所兼任助理教授。曾任瑞典斯德哥爾摩安全與發展研究中心(ISDP)訪問學者。主要研究領域:台灣國家安全戰略、美國印太戰略、美中台三角關係、戰略與安全理論、北約與歐盟、南海安全等。

目錄

導論

鍾志東

　　南海（South China Sea）爭端的根源在於，主權領土所引起的相關爭議，以及強權間地緣政治的競爭。上述主權爭議主要有島嶼的歸屬權、海域管轄權劃分與相關海洋權利等三面，目前涉入的國家有：台灣、中國、菲律賓、越南、印尼、馬來西亞與汶萊等七個國家。區域內爭端國家，因為過去歷史經驗與國家發展需要，均視主權領土為神聖不可侵犯的國家核心利益，這也限縮了其在南海主權領土上的讓步妥協空間。在地緣政治競爭上，區域外的國家例如：美國、澳洲、英國、法國與德國等，則因擔憂中國擴張主義對區域安全與秩序影響，公開表態否定中國對南海的歷史性權利之主張。特別是美國一改過去對南海主權的中立態度，美國國務院在 2020 年 7 月 13 日，發布《美國南海海事聲索立場》（*U.S. Position on Maritime Claims in the South China Sea*）聲明，主張中國在南海主權的主張「完全不合法」，並以「掠奪式世界觀」（predatory world view）形容中國霸凌南海周遭國家，堅決反對「中國在南海建立海洋帝國」野心，矢言將聯合其盟邦與夥伴，基於國際法，捍衛國際社會在南海的「航行自由行動」（Freedom of Navigation Operations, FONOPs）。[1] 此無疑地，成為美中在南海的全面競逐格局下的關鍵轉折點。

1　"U.S. Position on Maritime Claims in the South China Sea," U.S. Department of State, July 13, 2020, https://www.state.gov/u-s-position-on-maritime-claims-in-the-south-china-sea/.

　　中國自 2013 年起，在南海透過「吹砂填海」方式興建人工島，一方面積極軍事化這些人工島，另方面強化其行政管轄權，展現北京對南海的控制能力，並以具體軍事行動落實其主權宣示。由於南海地緣戰略位置的重要性，此不僅升高與周遭國家對南海主權的爭議，同時使得境外國家諸如美國、澳洲、日本等紛紛涉入南海事務，這也讓南海成為區域安全的焦點所在。地緣政治學者凱普蘭（Robert D. Kaplan）即曾表示，南海連結太平洋與印度洋，地處印太區域的核心地帶，是全球海洋航線的咽喉所在，也是美中雙強競爭下必爭之地，因此南海勢將成為 21 世紀地緣政治的主要戰場。[2]

　　如今，逐漸完善的軍事化人工島礁，不僅已成為中國在南海主權的象徵，更成為北京於南海進行開發與鄰近國家交涉的重要依據。面對中國立足南海事實並伺機將南海納為勢力範圍趨勢，以及美中在南海競爭的白熱化態勢，越南、菲律賓等南海主要聲索國，以及不樂見中國於區域內獨霸的東南亞國協（ASEAN，簡稱東協），在無客觀能力單獨對抗中國下，正採取「合眾弱以攻一強」的「合縱」策略，因應中國的擴張主義。其主要策略有四：一、透過「東協模式」（ASEAN Way）以集體的意志與行動，建構東協為中心的多邊安全機制，期能主動掌控南海議題，以避免單獨面對中國的壓力；二、採取「避險」（hedging）策略，亦即在美中兩強競爭下，企圖保持中立態度，但運用「大國平衡」策略將南海問題國際化，以制衡中國；三、持續強化在南海對既有區域及島嶼的建設與控制，以捍衛領土主權與話語權；四、表達願意合作解決爭端的態度，透過國際

2　Robert D. Kaplan, "The South China Sea Is the Future of Conflict," *Foreign Policy* (September/October 2011), https://foreignpolicy.com/2011/08/15/the-south-china-sea-is-the-future-of-conflict/.

法院仲裁、國際組織調解、及雙邊或多邊外交斡旋等方式，以尋求和平解決南海糾紛。

　　東南亞國協作為南海區域內最重要的安全建制（security regime），提出《東協印太展望》（ASEAN Indo-Pacific Outlook），意圖藉此落實東協中心性（ASEAN Centrality）的區域秩序。針對南海紛爭，《東協印太展望》視之為區域內之未解決之海事糾紛（unresolved maritime disputes），有可能導致區域國家的公開衝突，為地緣政治的重大挑戰，因此要求相關國家應秉持《聯合國海洋法公約》以和平方式解決紛爭。《南海行為準則》（Code of Conduct on the South China Sea, COC）（以下簡稱《準則》）的協議磋商，是東協與中國在南海爭端異中求同下，雙方為預防衝突升級，意圖建立以規則為基礎之區域秩序的實踐。2016 年 7 月海牙國際仲裁法庭針對菲律賓提出的南海仲裁訴求，做出歷史性裁決，否定中國有關南海九段線內歷史權利。儘管中國堅決反對此裁決，但對《準則》談判態度，明顯地由消極拖延轉而積極主動。國際社會對各方能否就《準則》達成共識，雖持觀察保留態度，但中國對具約束力《準則》的態度轉變，可視為在以預防衝突維持南海和平穩定之區域共識下，展現其對有效控制南海的信心、拉攏東協以抵制境外強權介入南海事務、以及凸顯中國和平崛起已是區域安全關鍵行為者。

　　值得注意的是，由於南海議題事涉國家主權，東協成員國在考量國家利益優先下，對「東協模式」的理解與接受程度各有不同，對威脅認知與國家安全戰略規劃也不同，這使得涉入南海相關國家，在實際因應南海安全上，各有著多元的視角與不同的作為。準此，本書以八篇章節解構南海安全議題，先由整體之區域概念分析開始，其後再選擇幾個主要關係國

家，探究其在南海安全上的立場、思維與策略。以下就概述介紹各章的論述重點：

第一章〈區域安全與南海秩序〉，首先介紹區域安全的理論與實踐，指出安全問題區域化的現象，在於地緣與區域特殊性的客觀因素，以及相關行為者認知與理念的主觀因素，兩者交互共構所產生。接著探討區域安全與東協的關係，特別是所謂「東協模式」對處理區域安全的關鍵影響以及限制與挑戰，並據此檢視美中對峙下的南海新秩序，分析美中雙強在南海歧見與競爭的主要緣由，以及東協以《南海行為準則》的推動落實，企圖建立以東協為中心的南海區域秩序。而《南海行為準則》協商的進度與成敗，將成為區域主義用於區域安全與建構南海新秩序研究的重要觀察指標。

第二章〈習近平主政下的南海政策〉指出，追求中華民族偉大復興的中國夢是習近平一貫的主張及施政主軸。為了捍衛中國核心利益，北京對南海的政策展現愈趨強硬的趨勢。北京一方面強化對南海的行政管轄權，另一方面則擴大在南海的軍事作為。儘管 2016 年南海仲裁案做出不利於中國的裁決，北京仍持續落實在南海的行政管轄權及強化軍事部署的行動，沒有看到放緩的跡象。特別是 2020 年，北京宣布三沙市分設西沙區及南沙區，並公布南海部分島礁與海底地理實體的標準名稱，是中國強化南海行政管轄權的最新動作。此外，北京也不斷充實島礁的民事與軍事設施，並使用軍事手段來維護主權，藉此達成海洋強國與強軍夢的目標。簡言之，習近平的強勢作為挑戰了南海的安全及秩序，而南海問題也讓中國和平崛起受到質疑。

第三章〈美國川普政府「印太戰略」下的南海策略〉，檢視川普總統

任內美中雙方在南海的作為與互動，發現雙方非但沒有表現退讓的跡象，反而有競爭愈趨激烈的態勢。川普政府在南海對中國日趨強硬立場，除了需考量美國總統大選因素外，更應從美國「印太戰略」來觀察，因為華盛頓在南海所採取的策略正是「印太戰略」的實踐，包括主張南海是國際公海、以及在此海域各國擁有「航行自由」權。為挑戰中國對南海的傳統與法律主權主張，以及其在南海島嶼上的填海造陸與設置軍事設施，川普政府在南海對中國採取了一系列反制行動，包括相較於歐巴馬政府次數更多、強度更高的「航行自由行動」以及雙航艦戰鬥群演習。此外，華府同時積極尋求盟邦與夥伴的合作，以共同抗衡北京在此強勢的擴張作為。

第四章〈1975 年來越南於南海之布局及其中國因素〉，以歷史途徑討論 1975 年來越南於南海之經略聲索、海洋劃界、多邊協商、油氣開採、漁撈活動與海洋防衛等事業。由於越南之南海布局，難脫越中關係之框架，因此無論是越南之南海主權論述顯係以中國「固有領土說」為對抗標的，抑或越南人民海軍自 1970 年代以後不再向中國取得船艦，皆說明南海問題乃辯證當代越中關係主要之論題。為在南海制衡中國，越南藉融入東協秩序、提出與大陸礁層劃界相關聲明，以及標舉《聯合國海洋法公約》等途徑會集盟友製造輿論。不過河內在中國威脅下，中止與他國合作探採南海油氣區塊、持續推動越中海警海上聯合漁業檢查，以及遷就反島礁軍事化之路線，在在制約了越南之南海布局。

第五章〈菲律賓杜特蒂政府的南海政策〉，則從「避險」（hedging）政策的視角評估菲律賓杜特蒂（Rodrigo Duterte）政府的南海立場。杜特蒂自上任以來，一系列言行呈現「親中遠美」的態度，並試圖降低南海議題的重要性，似有違東南亞國家長期奉行「避險」政策──在經濟上和

中國交往，在安全上依賴美國 —— 的傳統。檢視杜特蒂政府的國家安全文件，發現菲律賓主要關懷是，因低度發展而引發之種種內部與非傳統安全問題。該國尋求增進和中國關係之舉，因此旨在強化其施政之正當性來源。惟若細究「避險」政策的內涵，杜特蒂政府固然展現追求經濟利益的「經濟實用主義」與對中國的「有限屈從」，但南海主權議題亦是其正當性的重要來源，構成親中立場的限制。杜特蒂政府因此仍保持和美國的重要安全協定，並對中國表現出一定程度的「支配的拒止」與「間接的抗衡」。菲律賓的外交政策大抵仍可以「避險」稱之；其南海政策亦應置於此事下，才能有較完整的掌握。

　　第六章〈印尼與馬來西亞之南海政策〉探討，自 2009 年以來，南海局勢出現新一波的變化，持續引發國際社會的高度關注。南海問題涉及半閉海周邊聲索國的作為，然而，在南海發生直接對抗（衝突）事件，多數發生在中國與菲律賓和越南之間，其次才是馬來西亞與印尼，因此，自 1990 年以來，印尼力求在南海問題中扮演「調停人」的角色；而馬來西亞則以「安全行事」途徑應對南海情勢。然而，由於戰略利益日益涉入自身，印尼的南海政策出現漸進式的改變。作者認為，印尼是東南亞最大的國家，在地區事務中扮演引領性角色，但作為「非聲索方」已不足，因此「後非聲索方」政策逐漸浮出。馬來西亞傳統上一直對南海採取「安全行事」途徑，馬國採取外交、經濟、法律和安全措施相結合的措施，以確保其作為聲索國的利益，同時關注不會破壞與中華人民共和國的雙邊關係。

　　第七章〈澳洲的南海政策與作為〉分析，自 2013 年澳洲自由黨成為執政黨以來迄今，坎培拉當局就比以往更關注中國在南海的填海造島行動與軍事化的作為，以及南海附近國家對主權聲索行動與衝突。雖然澳洲與

美國對於印太區域地緣戰略的競爭態勢有著不盡相同的觀點，但雙方都同時分享著南海利益，並且都支持建立以海上規範為基礎的南海秩序。澳洲是一個中型國家，國防力量有限，因此其國家安全戰略須緊密地連結於強權領導下的印太區域安全與穩定。具體言之，澳洲國家安全戰略必須以依附美國在區域的軍事同盟關係，自二次戰後以來就是如此。如今安全雙邊主義仍強力地支撐著澳洲與美國之間的軍事同盟關係，但是澳洲與中國緊密的貿易關係卻也同時牽制著澳洲當局對南海的政策與作為。從地緣政治的角度，位處南太平洋地區的澳洲究竟要如何在美中關係之間進行權衡，才能使安全與經濟同時受到保障，因此澳洲的南海政策與作為，可以作為觀察南海局勢發展的一個重要方向。

　　第八章〈台灣在南海的戰略價值與政策作為〉，先敘明台灣在南海所面臨的威脅，繼之分析台灣在南海的戰略價值，最後提出台灣可對南海和平穩定的貢獻之政策作為及其效應。南海存在領土主權爭端與海洋權益之爭，台灣作為這兩種權益的聲索方（claimant），即使在國際政治因素下無法參加區域會議，也無法改變台灣在南海海域內實質占領東沙群島及南沙群島的太平島與中洲礁，為南海主要行為者之一的事實。但近年來，由於中國在南海不斷擴張勢力，島礁建設與軍事活動增加，台灣及其他南海主權聲索國在南海的安全環境受到威脅，由於南海對台灣仍具有重要的戰略價值，台灣不可能棄守南海權益，即使台灣無法參與南海多邊機制，但台灣的軍事實力及在南海的政策作為，包括積極作為或消極不作為，都將影響南海的和平與穩定，對區域安全造成一定程度的影響。

　　上述各個章節的分析研究顯示，隨著國際環境與各國內部的動態演變發展，南海安全的本質是複雜而多變。因此在研究南海安全議題，宜採多

元的視角分析觀察，如此較能符合實際現況，這也是本書在內容規劃的方向。本書編印籌備過程中，首先要感謝國防安全研究院董事長霍守業一級上將與執行長林成蔚博士的支持與肯定，以及本書作者們的用心撰稿與審查委員們的修改建議。此外，也要謝謝國防安全研究院前執行長林正義博士當初對本院出版此南海專書的發想與指導。在大家的幫忙及五南出版社專業的協助下，這本書才得以順利出版。最後要聲明的是，本書論文純粹反映作者個人研究分析，不代表國防安全研究院的立場。

參考文獻

"U.S. Position on Maritime Claims in the South China Sea," U.S. Department of State, July 13, 2020, https://www.state.gov/u-s-position-on-maritime-claims-in-the-south-china-sea/.

Robert D. Kaplan, "The South China Sea Is the Future of Conflict," *Foreign Policy* (September/October 2011), https://foreignpolicy.com/2011/08/15/the-south-china-sea-is-the-future-of-conflict/.

第一章　區域安全與南海秩序

鍾志東

壹、前言

　　2020 年的南海局勢很不平靜。這是因為美國、中國、東協（ASEAN）三個主要行為者間，在互動上有著關鍵性的變化，使得南海區域安全議題再次成為國際社會矚目焦點。美國在 2020 年 7 月 13 日於「南海仲裁案」歷史性裁決四周年之際，一改過去華府在南海主權爭端不持立場的中立角色，首度公布《美國南海海事聲索立場》，主張中國對南海主權聲索「完全非法」，同時指控中國恫嚇威脅南海周遭國家，有野心「在南海建立海洋帝國」。[1]對此，中國則辯稱「在維護南海主權和權益方面始終保持著最大克制」，反控美國身為區域外國家，「頻繁派遣大規模先進軍艦軍機在南海大搞軍事化，推行強權邏輯和霸道做法，美國才是本地區和平穩定的破壞者和麻煩製造者」。[2]北京並於 2020 年 8 月 26 日在南海西沙海域進行軍事演習時，發射 4 枚中程彈道飛彈（medium-range ballistic missile, MRBM），其中包括有「航母殺手」之稱的東風 21D 和東風 26B，對華府挑釁示威意味十足。[3]

1　"U.S. Position on Maritime Claims in the South China Sea," U.S. Department of State, July 13, 2020, https://www.state.gov/u-s-position-on-maritime-claims-in-the-south-china-sea/.

2　〈外交部發言人趙立堅主持例行記者會〉，中國外交部，2020年7月14日，https://www.fmprc. gov.cn/web/wjdt_674879/fyrbt_674889/t1797678.shtml。

3　"DOD Statement on Recent Chinese Ballistic Missile Launches," U.S. Department of Defense, August 27, 2020, https://reurl.cc/GrbxZG.

　　東協隨後在 2020 年 9 月 9 日在《東協外長聯合聲明》強調,「《聯合國海洋法公約》的普遍性和統一性,重申《公約》規定了開展各種海洋活動都必須遵循的法律框架,而且作為國家、區域和全球在海事領域採取行動和開展合作的依據,具有重要戰略意義」。[4] 儘管未點名中國,《聯合聲明》透過確立遵守《公約》基本原則,等於是間接肯定「南海仲裁案」,並反制中國在南海主權的國際法依據。雖然東協在南海爭端獲益於美國支持,但東協刻意未表態呼應《美國南海海事聲索立場》,此也顯示東協不願與中國正面衝突的基本態度,而《聯合聲明》實已為「東協於南海問題最大強度之表述」。[5]

　　美中於南海針鋒相對,從法理之爭到頻繁的軍事示威,兩強衝突態勢有逐步升高趨勢,南海秩序與區域安全正面臨嚴重挑戰。東協與區域國家對中美在南海競爭態勢,則各有不同的解讀與打算,並企圖藉此謀求其自我最大利益。學界在討論南海安全秩序時,基本上有著國家層次、區域層次、體系層次三種不同的分析視角,來解釋並預測相關行為者的作為與反應。區域安全研究學者亞拉佳培(Muthiah Alagappa)表示,當區域內新興強權崛起,企圖重建區域政經秩序以擴張其戰略版圖時,安全問題區域化趨勢就愈加地明顯。[6] 準此,本文將先探討區域安全的理論與實踐,進而研究區域安全與東協間之關係,並據此檢視美中對峙下的南海新秩序,以及東協如何因應此南海新秩序。

4　"Joint Communiqué of the 53rd ASEAN Foreign Ministers' Meeting," ASEAN 2020, September 9, 2020, https://reurl.cc/Z7XaOM.

5　黃宗鼎,〈印太對抗已由東協海洋向陸地延伸〉,《國防安全即時評析》,2020年9月17日,https://reurl.cc/d5y5YV。

6　Muthiah Alagappa, "Regionalism and Conflict Management: a Framework for Analysis," *Review of International Studies*, Vol. 21, October 2009, pp. 359-360.

貳、區域安全的理論與實踐

　　有鑑於安全問題區域化的現象，區域安全理論建議，應考慮地緣因素與區域特殊性的關鍵性影響，並透過領土與權力的物質因素，以及認知與理念的觀念因素，來理解行為者間在面臨安全挑戰時的因應方式。東協作為南海的最大區域組織，也是境內重要的行為者，其舉措可視為由區域觀點在安全議題之具體實踐。

一、區域主義與區域安全

　　區域主義（regionalism）是特定地理區域內國家，基於相互依賴（interdependence）關係，特別是在經濟與社會層面，尋求透過多種的互動模式過程，以實踐共同的認知與利益。美國學者奈伊（Joseph S. Nye Jr.）認為，「國際區域可以界定為，地理上相聯繫的一定數目國家，它們處於某種程度的相互依賴關係；國際區域主義，就是以區域為基礎，國家間的聯合或集團的形成」。[7] 區域安全（regional security）概念與區域主義息息相關，是國際關係研究的次領域，不過區域安全研究的方法論，近年來在國際安全研究領域中，有逐漸獲得重視與援用的趨勢。其主要原因在於，研究分析層次範圍上，現實主義（realism）以國家為中心的安全觀，以及全球主義（globalism）以世界秩序為中心的安全觀，都各自有其侷限性。赫納特（Bjoern Hettne）認為，這種個體與總體安全觀點，存在著巨大的分析落差，而區域主義（regionalism）的安全觀，是介於兩者間

7　Joseph S. Nye Jr. (ed.), *International Regionalism: Readings* (Boston: Little, Brown and Company, 1968), p. vii.

的分析層次，正可補充上述兩者的不足之處。[8] 此外區域主義認為，後冷
戰時期的區域安全問題，也不能再完全以新現實主義（neorealism）的國
際體系觀點來解釋，必須考慮各個區域都有其獨特性，並透過聚焦於區域
內部成員互動方式，來理解區域安全的本質所在。

　　區域安全理論能作為有效的分析工具，凱利（Robert Kelly）綜整其
主要理由在於：（一）基於地緣因素，多數國家關心的是鄰近的威脅，而
非遠方的霸權；（二）當境外強權干涉區域秩序，區域國家反將運用此外
力，對抗其域內敵對國家；（三）區域主義反映出，帝國主義與殖民主義
的境外霸權，在「規範上的不當性」（normative awkwardness）；（四）
區域國家反霸權運動，對域外強權構成新的壓力，進而促使區域成為各方
關注焦點；（五）新現實主義的國際體系觀點，企圖將國際政治化約為單
一、絕對、且抽象的理論架構，以解釋所有的國際政治現象，在研究方法
上有重大缺陷。[9]

　　目前區域安全分析途徑中具代表性的是，布贊、威弗爾、維爾德
（Barry Buzan、Ole Waever、Jaap De Wilde）三人所提出「區域安全複合
體理論」（Regional Security Complex Theory），其定義為：「一組國家，
在安全化（securitisation）與去安全化（desecuritisation）過程中，相關國
家的安全問題，因彼此緊密地相互關聯（interlinked），以致無法單獨地
加以分析或解決」。[10] 區域安全複合體是融合新現實主義的物質性與建

8　Bjoern Hettne, "Development, Security and World Order: A Regionalist Approach," in Sheila Page ed., *Regions and Development: Politics, Security, and Economics* (London: Frank Cass, 2000), pp. 44-66.

9　Robert Kelly, "Security Theory in the New Regionalism," *International Studies Review*, Vol. 9, No. 2 (2007), pp. 199-201.

10　Barry Buzan and Ole Waver, *Regions and Powers: The Structure of International Security* (Cambridge: Cambridge University Press, 2003), p. 44.

構主義（constructivism）的社會性的分析架構，它一方面強調領土與權力的物質因素分析單元，另方面主張安全化過程，透過認知與理念的社會建構方式，來認定敵我關係（amity and enmity），並以此界定安全威脅的本質。就安全的內容而言，區域安全複合體認為，這主要是由 5 個領域（sectors）：軍事、政治、經濟、社會與環境，所相互影響建構而成。而安全的最終考量則是生存，對國家而言，就是其主權捍衛與領土控制的能力。[11] 陳牧民與李賜賢在綜整當今區域安全理論認為，「無論由理論或實際角度來看，區域安全複合體都是迄今為止發展最為完備的區域安全理論」。[12]

二、權力平衡與集體安全

　　區域安全理論諸如區域安全複合體，在描述（description）與理解（understanding）區域安全問題的現象解構，於認識論（epistemology）上，提供了有力的分析解釋架構，但對個別國家如何因應區域安全問題，則尚未提出具體解決建議。相較下，例如現實主義的權力平衡（balance of power）與自助（self-help）論述，以及自由主義（liberalism）的集體安全（collective security）與裁武（arms reduction）論述，則分別提出具體途徑，供相關國家因應其於區域內所面臨的安全挑戰。

　　權力平衡是現實主義在探討國際關係與國家安全對外戰略的核心概念。權力平衡的要旨是，探究權力對國家行為的影響，以及國家間的權力

11　Gregory Ryan,〈區域安全複合體理論、東亞與美國再平衡：美國轉向亞洲的區域反應〉，《全球政治評論》，第49期（2015），頁37。

12　陳牧民、李賜賢,〈國際安全研究中的區域主義：理論與發展簡介與評估〉,《全球政治評論》,第52期（2015），頁82。

互動關係，特別是由所謂硬實力（hard power）下的軍事與經濟力量觀點。權力平衡的安全戰略主張，由於國際社會的本質是無政府狀態，因此國家間存有著競爭關係的常態，因此國家間力量均勢的維持，有助於國際社會的和平與穩定。因為當敵對勢力間力量均衡、彼此相互牽制狀態時，企圖改變現況的修正主義（revisionist），特別是透過軍事侵略方式，將無利可圖且得不償失。權力平衡的安全戰略在執行時，主要有內部平衡（internal balance）或外部平衡（external balance）的兩種方式。內部平衡，即對內加強國家的軍事與經濟實力，透過國家綜合實力（comprehensive national power）的增強，以便能獨立而有效地應對敵對國家的競爭與威脅，此即自助概念的實踐。外部平衡，即是對外結交盟友，挾外自重藉以制衡敵對國家的競爭與威脅。[13]

自由主義的觀點則認為，透過國家間相互合作，以建構國際安全秩序，才是國家利益之所在。其主要原因在於，全球化現象的影響。全球化簡單的說，就是「增加社會間相互關聯（interconnectedness）的過程」。[14] 全球化使得國際社會成員間，產生相互依賴關係，特別是在經貿、環保與科技等議題上。因此自由主義主張，國家在主權（sovereignty）上，應做適度犧牲讓步的配合，透過國際建制（international regime），建構國際社會的合作機制，以回應全球化下國家間的相互依賴關係。以國際秩序而言，自由主義認為，秩序不建立在國家間競爭關係下權力平衡的安

---

13 Kenneth N. Waltz, *Theory of International Relations* (Addison-Wesley Publishing, 1979), p. 168; William C. Wohlforth, Stuart J. Kaufman and Richard Little, "Introduction: Balance and Hierarchy in International System," in William C. Wohlforth, Stuart J. Kaufman and Richard Little eds., *The Balance of Power in World History* (New York: Palgrave Macmillan, 2007), pp. 9-10.

14 Jan Aart Scholte, "The Globalisation of World Politics," in John Baylis and Steve Smith eds., *The Globalisztion of World Politics: An Introduction to International Relations* (2nd ed.) (Oxford: Oxford University Press, 2001), p. 7.

排，而是國際行為者基於共同認知之國際規範（norms）與規則（rules）的權威約束，並以此作為國際間互動的準則。在安全議題上，自由主義主張集體安全制度，根據哈斯（Ernst B. Haas），集體安全是「國際社會為限制武力的使用，以集體方式，透過共同的規範與程序，一方面用以處理侵略行為，另方面以此降低成員國間的敵意，並依和平方式解決國際紛爭」。[15]

三、南海議題與區域多邊機制

近年來南海議題成為國際社會關注焦點，其主要原因在於，周邊國家對南海部分島嶼的領土主權歸屬、海域管轄權劃分，以及相關海洋權力等三方面重疊的爭議。目前涉及上述爭議的區域內國家有：中華民國、中華人民共和國、菲律賓、越南、印尼、馬來西亞與汶萊等 7 個國家。南海衝突事涉區域內的領土管轄權與國家尊嚴，而此伴隨著南海地緣戰略重要位置與豐富的自然資源蘊藏，使得境內相關國家與境外強權，例如：美國、澳洲與日本等紛紛涉入南海事務爭取話語權，這讓南海成為一個充滿衝突的區域。中國在 2013 年至 2015 年間，開始積極地在南沙幾個礁上吹砂填海造島，並軍事化這些人工島，以強化其主權宣示，這再次挑起南海主權爭議，南海也更為動盪不安。對此，美國自川普總統在 2017 年上任後，開始不斷地以具體行動，挑戰中國在南海的主權宣示，使得區域內之緊張局勢亦隨之攀升。

---

15 Ernst B. Haas, "Collective Security and the Future International System," in Richard Falk and Cyril Black eds., *The Future of the International Legal Order, Vol 3: Conflict Management* (Princeton: Princeton University Press, 1971), p. 225.

　　主權爭議是南海衝突的主要緣由所在，因為南海相關國家對主權均有所堅持，此也限縮了在主權衝突的轉圜空間。主權本質，攸關權力與權利的行使，霍布斯（Thomas Hobbes）在詮釋主權意義時，將之與國家概念相結合，強調國家與主權的不可分割性。辛斯雷（F. H. Hinsley）定義主權為：「政治社群（political community）所擁有最終且絕對的政治權威」。[16] 在國際關係上，卡斯納（Stephen D. Krasner）認為，主權指涉國家對特定區域之「權威」（authority）與「控制」（control）兩項基本概念，「權威」是指國家之間相互承認的權利，「控制」是指在沒有相互承認權威的情況下，使用單方面權力。[17] 主權賦予戰爭發動的正當性與合法性，但隨著全球化的發展，國家間關係日益密切而互賴，以武力方式解決主權爭議，違反國際社會主流意識。因此，儘管南海主權爭議相關國家，並未全然放棄軍事準備，以因應戰事發生可能；不過，為維持區域之和平穩定與經濟發展，不論是境內國家還是境外強權，基本上仍傾向透過國際法院仲裁、國際組織調解、及雙邊或多邊外交斡旋等方式，以尋求南海糾紛的和平解決。

　　在主權問題未能獲得解決共識前，南海爭議之相關境內國家，目前多採兩手策略：一方面，強化既有區域及島嶼的建設與控制，另方面，則表達願意合作解決爭端的態度。為預防南海緊張情勢升高，進而演變成軍事衝突，便成為區域多邊機制建構的重要任務，例如：以「共同安全」（common security）概念為基礎成立的「東協區域論壇」（ASEAN Regional Forum, ARF），以及由「東南亞國協」（ASEAN，簡稱東協）

---

16 F. H. Hinsley, *Sovereignty* (2nd ed.) (Cambridge: Cambridge University Press, 1986), p. 26.
17 Stephen D. Krasner, *Power, the State, and Sovereignty* (London: Routledge, 2009), pp. 179-253.

與中國組成之「落實《南海各方行為宣言》高官會議」。此種區域多邊安全機制，其目的主要在於：預防衝突與衝突管理，在區域安全議題上，一方面尋求各方可以接受的處理方式，另方面使相關衝突不致影響區域國家間之正常關係。區域多邊機制是合議制下的一個集體行動體，並非單一國家可以完全掌控，也因此其行動能力與具體功能屢遭質疑。但無可諱言的是，區域多邊機制提供了一個溝通協調的平台，其對區域衝突的預防與管理，扮演著一個重要的角色。只要爭議相關國家，願意藉此平台持續對話交流，共商解決之策，那武力衝突發生的可能性就會隨之減少，這也符合全球化互賴關係下的區域共同利益。

參、區域安全與東南亞國協

　　由地緣政治觀點來看，南海主要為東南亞國家所包圍，地處區域內核心地帶，也為全球海空運輸的主要路徑，南海議題當為東南亞區域國家關注的安全焦點。東南亞國協作為區域內最大的國際組織，無疑也是南海議題上重要的行為者。

一、東協在區域安全的重要角色

　　在區域安全議題上，東協最初成立宗旨，在於促進區域間經濟、社會及文化的合作與發展。在冷戰期間，東協強調中立不結盟立場，主張以區域「安全合作」（security cooperation）方式，共同維持區域內政治與社會穩定。在後冷戰時期，東協在 1994 年成立「東協區域論壇」，以因應區域內外新的安全衝擊與挑戰，並延續 1971 年《吉隆坡宣言》所揭

示建構「和平、自由、中立區域」（Zone of Peace, Freedom and Neutrality, ZOPFAN）的戰略構想，以維護東南亞「不受外部力量或任何形式的干擾」和「擴大合作範圍」。[18] 儘管東協一般來說僅被視為溝通討論的區域平台，但隨著關注議題多樣性與複雜性的增加，以東協為中心擴及境外國家的區域國際組織與平台紛紛成立，例如：亞太經合會（Asia-Pacific Economic Cooperation, APEC）、區域全面經濟夥伴協定（Regional Comprehensive Economic Partnership, RCEP）、東協加三（ASEAN Plus Three）、東亞峰會（East Asia Summit, EAS）、亞歐會議（Asia-Europe Meeting, ASEM）、東協國防部長擴大會議（ASAEN Defense Ministers Meeting Plus, ADMM+）、東協海事論壇（ASEAN Maritime Forum）等。東協積極建構這些國際區域平台機制，展現東協對因應區域安全與擴大全球參與的企圖心及具體行動。

　　2008 年 12 月 15 日《東協憲章》（ASEAN Charter）正式生效，這是東協成立以來在組織建構上歷史性的一刻，並為達成東協共同體（ASEAN Community）的目標，奠定穩固的基礎。它揭示了東協成立的宗旨與原則，明確記載了東協的規範與價值，同時也提供了東協正式法人地位與制度架構。《東協憲章》在其《序言》開宗明義表示，要成員國「謹記由於地理位置、共同目標、與共同命運，而存在著互惠互利、相互依存的關係」。此凸顯東協與成員國，優先考慮地緣上接近的影響和威脅，基於共同目標與命運的認知與考量，各國的國家安全問題無法被單獨解決情況下，區域內成員國要「團結在同一個願景、同一個認同感，以及同一個相

---

18 Hasjim Djalal, "Rethinking The ZOPFAN in the Post Cold War Era," *ISIS.Org*, May 31, 2011, https://web.archive.org/web/20111106102423/http://www.isis.org.my/files/25APR/paper_ps_5_hasjim_djalal.pdf

互關懷和分享的共同體」。[19] 布贊與威弗爾認為，東亞是一個整合的區域
（an integrated region），因此是一個緊密連結的「區域安全複合體」；此
外，由於東協在東南亞區域安全角色與功能的提升，因此東協已可被視為
一個區域「安全建制」（security regime），並具備建構集體安全與安全共
同體（security community）機制的雛形。[20] 就整體而言，《東協憲章》的
制定與實踐，明顯地深化了東協的機構定位、成員整合、與組織行動力，
此也為東協在處理區域安全問題上，例如：南海爭端，提供了衝突預防與
衝突解決的區域多邊組織機制。

二、東協對南海衝突的處理模式

東協身為區域的安全建制，但安全建制的存在，並不代表成員國間的
關係，只有和諧而沒有衝突。安全建制重點在於，儘管衝突存在，安全建
制內成員國間彼此有共識，並承諾透過合作與和平方式來解決衝突。[21] 根
據《東協憲章》第 2 條，東協會員國承諾，「摒棄任何與國際法相悖的侵
略行動以及武力的威脅或使用，或其他行動；依靠和平解決紛爭」。東協
國家間放棄以武力解決衝突的文化，有其特殊歷史因素。因為，東協成員
國，除了泰國一直維持其主權國家地位外，其他多為剛從殖民地或屬地獨
立的國家，建國之初百廢待舉、國力薄弱，儘管沒有明顯外來強權侵略的
危機，但卻共同有著內部的安全危機。在自顧不暇下，秉持安全自救與合
作安全的概念，希望建構一個區域外交平台，透過諮商互動建立邦誼，藉

---

19 《東協憲章》，東協秘書處網站，https://www.asean.org/wp-content/uploads/images/archive/
　　AC-Singapore.pdf。
20 Barry Buzan and Ole Waver, *Regions and Powers*, pp. 172-182.

以預防衝突發生，並促進區域的和平穩定。冷戰結束後，隨著東協區域論壇的成立，與全球化現象的影響，在區域安全議題上，東協已逐漸發展出自成一格的衝突預防模式。[22]

　　基於特殊的時空條件與文化背景，東協在演進過程中，發展出其特有的安全文化以解決區域衝突，一般稱之為「東協模式」（ASEAN Way）。哈克（Jürgen Haacke）由建構主義觀點分析指出，「東協模式」是東協國家基於共同認知與實踐過程下，在外交和安全文化的行為規範（norms），「東協模式」主要有6項規範性特徵：（一）主權平等；（二）不訴諸武力，以和平方式解決衝突；（三）互不干預；（四）不介入成員國間未決之雙邊衝突；（五）靜態的外交；（六）相互尊重與包容。[23]李法（Michael Leifer）則由現實主義觀點檢視「東協模式」，並提出四個相互關聯的面向進行驗證：（一）東協創立時，成員國領導人間的互動關係；（二）相似文化的一種表達；（三）東協的行為規則，即成員國採納之國家間關係原則；（四）自東協創立以來所表現之突出的互動與社會化進程。[24]制度建構主義的阿查雅（Amitav Achaya）則認為，「東協模式」具有四種特性：（一）非正式性；（二）非對抗性；（三）協商一致；（四）思想上的多邊主義和行動上的雙邊主義。東協成員國間之所以能夠長時間維持和平穩定，內部沒有發生國與國的戰爭，主要原因是東協成員國認同「東協模式」，一種東協的「區域安全文化」（regional security culture），克制

21　Barry Buzan and Ole Waver, *Regions and Powers*, p. 175.

22　李瓊莉，《亞太安全秩序的區域多邊途徑：衝突預防概念與實踐》（新北市：生智文化事業有限公司，2014），頁67-68。

23　Jurgen Haacke, *ASEAN's Diplomatic and Security Culture: Origins, Development and Prospects* (London: Routledge, 2006), p. 1.

24　Michael Leifer, *ASEAN and the Security of Southeast Asia* (London: Routledge, 1989), p. 50.

自身的行為，避免衝突升高。[25] 儘管學者間對「東協模式」內容各有不同的陳述方式，《東協憲章》對所謂「東協模式」，像是關鍵的「不武」與「協商」原則，其實已有具體而明確的規範。不過「東協模式」，確實已成東協及其成員國在處理區域衝突時，所特有的思維模式與運作文化。

三、「東協模式」面臨的問題與挑戰

「東協模式」是東南亞地區國家在互動與社會化過程中，基於區域主義透過協商機制的集體行為規範。因此，東協希望經由共同體（community）的意識，整合成員間的國家願景、認同與利益，以成為一體化下積極的國際行為者。不過，由於東協國家在文化、政治與經濟上，存在著高度的多樣性與分歧性，東協透過「求同存異」方式所建構引以為傲的「東協模式」，在塑造關鍵的共同利益與集體行動能力上，面臨重大挑戰。國際社會在建構共同利益與集體身分時，溫特（Alexander Wendt）認為此將面臨兩大問題：第一是過程的緩慢性，第二是共同體成員對彼此合作持有積極態度的假設。[26] 當前「東協模式」在實務運作上所面臨的主要挑戰在於：欠缺實際解決問題能力，以及國家利益優先於東協利益。

「東協模式」的「非正式」、「協商一致」及「不干涉」規範性特徵，在實際運作上，使東協成為只是對話溝通的平台，而非解決問題的機制。這使得東協在因應區域問題時，不是反應慢半拍，就是在欠缺共識下無法達成決議，而流於各說各話的空談俱樂部（talk shop）。此外，東協由於在制度上保障每個成員國絕對平等地位，以致不論從決策機構還是執行機

---

25 郭俊麟，〈東南亞區域整合經驗 ── 「東協模式」的實踐與檢討〉，《台灣國際研究季刊》，第4卷第1期（2008），頁108。

26 Alexander Wendt, "Anarchy is What States Make of It: The Social Construction of Power Politics," *International Organization*, Vol. 46, No. 2 (1992), p. 418.

構，都體現出一種「無核心」的運轉模式。這一方面對東協政策執行效率產生顯著的不利影響，另方面也提供機會讓成員國得以東協集體之名，行追求個別國家利益之實。[27] 1997 年亞洲金融危機期間，東協的反應遲鈍與無能為力，使得成員國只能自求多福尋求外援，此無疑對「東協模式」處理問題能力造成嚴重打擊，也暴露出東協在機制上因應危機能力的不足。

　　東協成員國在國家利益優先思維下，對「東協模式」的理解與接受程度各有不同，使得成員國在因應區域問題，要採取共同的立場與行為時，仍有保留，端視議題而定。例如：越南在加入東協之後曾發表聲明：「河內不能確定能否接受現有的遊戲規則，即沒有例外地接受那些明文與未明文的處理東協國家間關係的規則」。[28] 這顯示，各個成員國儘管認同合作的力量要比各自單打獨鬥來得有利，但在涉及國家根本利益時，例如：領土與海域糾紛、經濟合作、與環境保護議題時，則表現出強烈的民族主義。[29] 特別是成員國間，因政治體制的差異，與經濟水準的差距，在國家利益與東協利益上，產生不同認知時，勢將考驗「東協模式」的有效運作，以及東協的協商整合能力。

肆、美中對峙下的南海新秩序

　　川普政府對南海議題與過去的美國政府最大的差異之處，在於對南海主權，一改過去中立消極的立場，轉而支持東協與周遭國家，認為中國

---

27 葛紅亮，〈東協對南海政策的建構主義解析〉，《全球政治評論》，第47期（2014），頁118。
28 王子昌，〈東協意識面臨的挑戰〉，《東南亞研究》，第6期（2003），頁34-38。
29 高偉濃等，〈從建構主義角度看「東協方式」的結構性缺失〉，《東南亞縱橫》，第6期（2004），頁40。

在南海主權的主張「完全不合法」，並指控北京企圖在南海建立的「海洋帝國」，要求中國放棄擴張主義並停止霸凌周遭國家。美國矢言聯合印太區域盟邦夥伴，抵制中國在南海擴張主義的野心。此引起北京強烈反彈，美中在南海競逐呈現白熱化現象。

一、美國印太戰略與南海安全

　　南海安全，是美國全球戰略的核心焦點之一。美國國防部於 2019 年 6 月 1 日發布首份的《印太戰略報告》（*Indo-Pacific Strategy Report*），該報告開宗明義表示，就經貿、軍事、歷史與地緣政治等因素考量，印太地區是「攸關美國未來發展最重要的區域」，而全球 60% 的海上貿易要通過印太地區，全球約三分之一的海運從南海通過。美國於印太區域的戰略願景，在於建構一個「自由與開放的印太地區」（Free and Open Indo-Pacific），以維護區域內國家所共享既有國際秩序的四項核心價值原則：尊重國家主權獨立、和平解決爭端、公平互惠貿易、及以規則為基礎的國際秩序。[30] 在同年的 11 月 4 日，美國國務院公布《自由開放印太：促進共同願景報告》（*A Free and Open Indo-Pacific: Advancing a Shared Vision*），強調將與印太區域之盟邦與夥伴合作，維護航行自由權和其他合法使用海洋的方式，以便所有國家都可以從海上公域中受益。在南海爭端上，美國則敦促所有南海爭議涉入國家，包括中國在內，按照國際法，放棄脅迫方式，和平地解決爭端。[31] 美國國防部《印太戰略報告》與國務

30　"Indo-Pacific Strategy Report," U.S. Department of Defense, June 1, 2019, https://media.defense.gov/2019/May/31/2002139210/-1/-1/1/DOD_INDO_PACIFIC_STRATEGY_REPORT_JUNE_2019.PDF

31　"A Free and Open Indo-Pacific: Advancing a Shared Vision," U.S. Department of State, November 3, 2019, https://www.state.gov/a-free-and-open-indo-pacific-advancing-a-shared-vision/.

院《自由開放印太：促進共同願景報告》，都代表著華府透過軟硬的兩手策略，以具體的行動計畫，維護美國在印太區域影響力，以確保現行有利於美國的印太權力平衡，進而達成保障自由開放的國際秩序與價值。

在硬的一手方面，國防部《印太戰略報告》高舉現實主義思維，主張「和平透過實力」（peace through strength）的戰略競爭路線，將竭盡所能以維持美國既有的軍事優勢。其具體措施即所謂的印太戰略三柱：「整備」（preparedness）、「夥伴關係」（partnerships）和「推動網絡化區域」（promotion of a networked region）。「整備」的核心在於軍事整備，建構一個致命性、彈性、敏捷性與就緒性的聯合打擊武力；「夥伴關係」在於強化與擴展盟邦或夥伴國家與美國的雙邊關係；「推動網絡化區域」則在於落實區域內的安全建制，建構以美國為核心的多邊國際安全架構。《印太戰略報告》特別強調，美國於區域內長久以來的安全同盟與夥伴，是美國印太戰略的「基石」（bedrock）所在，也是美國在印太地區沒有任何競爭對手所能匹敵的「不對稱戰略優勢」（an asymmetric strategic advantage）。[32]

在軟的一手方面，國務院選在東亞峰會前發布的《自由開放印太：促進共同願景報告》，則訴求自由主義的價值理念，透過「共同願景」、「夥伴與區域機構之交往」、「促進經濟繁榮」、「推展善治」、「確保和平與安全」與「投資人力資本」等六項規劃措施，強調美國與印太區域國家間相互依賴不可分的關係，藉以落實美國對印太區域的重視與承諾，並揭示此攸關美國國家利益。同時以《印太透明倡議》（Indo-Pacific Transparency Initiative）事實文件（Fact Sheet），提出「反腐與財務透明」、

---

32 "Indo-Pacific Strategy Report," U.S. Department of Defense.

「民主協助」、「新興領袖發展」、「媒體與網路自由」及「基本自由與人權」等五項工作計畫，強調追求印太區域政府的「善治」的重要性。[33]此種建構「志同道合」、「共同願景」、「善治」等價值觀概念，猶如軟實力（soft power）的運用，是基於彼此對「自由與開放的印太地區」核心價值的心悅誠服，而非透過暴力脅迫方式強行為之。美國印太政策此種軟硬兼施靈巧運用的雙軌策略，也正符合奈伊所提之「巧實力」（smart power），強調透過共同利益倡議如「全球公共財」（the global goods）概念，一方面用以擴張國家影響力，另方面可正當化國家的行為。[34]

二、中國崛起下的南海策略

北京沿用並修正 1947 年中華民國政府所繪製的官方地圖，以線段沿著南海勾勒出南海領土，包括有南沙、東沙、西沙與中沙群島。這線段被稱之為「九段線」或「U 型線」，緊鄰越南、菲律賓、印尼、馬來西亞、汶萊與菲律賓海岸線，涵蓋了上述東協國家的專屬經濟區（Exclusive Economic Zone, EEZ）。2009 年 5 月，北京正式向聯合國大陸礁層界限委員會提交以「九段線」劃界的地圖，在 2011 年 4 月遞交聯合國官方信函聲稱，中國對「南中國海各島及其鄰近海域有不容爭議的主權」。[35]明顯地，中國將南海議題，視為涉及領土主權的國家安全議題。

南海對中國國家利益而言，不僅攸關領土主權，也涉及中國未來發

33 "Indo-Pacific Transparency Initiative Fact Sheet," U.S. Department of State, November 3, 2019, https://www.state.gov/indo-pacific-transparency-initiative/.

34 Richard I. Armitage and Joseph S. Nye Jr., *A Smarter, More Secure America: A Report of the CSIS Commission on Smart Power* (Washington, D.C.: CSIS, 2007), pp. 5-14.

35 比爾海頓（Bill Hayton），林添貴譯，《南海 —— 21世紀亞洲火藥庫與中國稱霸的第一步》（台北市：麥田出版社，2019），頁348。

展需要，其重要性主要有四個面向：「（一）對南中國海『歷史性權源』
的意識、又加上民族榮耀的需求；（二）需要有『戰略縱深』以保護中國
沿海城市；（三）渴望戰略進出印度洋和太平洋有保障；（四）希望取得
南海的經濟資源」。[36] 儘管如此，北京領導人也務實認知到，中國對南
海主權主張，會引起區域國家的仇視與反對，主權糾紛也不是中國說了算
的事。鄧小平對此即定調，「找到一個大家都能接受的好辦法來解決這問
題」，而這成為中國處理南海主權紛爭的決策參考。李鵬在 1990 年 8 月
在新加坡向世界宣示，「中國準備和東南亞國家合作開發南沙群島，暫時
擱置主權問題」。李鵬看似立場放軟的宣言，其實它真正的意思是「主權
在我、擱置爭議、共同開發」，其中第一項的「主權在我」才是北京對南
海議題最重要的立場，但由於沒人承認北京對南海的主權，這也成為目前
南海衝突的根源所在。[37]

　　中國在 2010 年 3 月間，向美國表態擁有南海主權，而且首度使用「核
心利益」的字眼，表示「南海是關係到中國領土完整的核心利益」。[38] 為
展現中國和平崛起的善意，並願意與所有國家發展友好合作關係，北京
在 2011 年 9 月 6 日，發表《中國的和平發展》白皮書，並界定中國六項
「核心利益」包括：「國家主權、國家安全、領土完整、國家統一、中國
憲法確立的國家政治制度和社會大局穩定、經濟社會可持續發展的基本保

---

36 比爾海頓（Bill Hayton），林添貴譯，《南海 —— 21世紀亞洲火藥庫與中國稱霸的第一
　　步》（台北市：麥田出版社，2019），頁351。

37 同註36，頁182-183。

38 林翠儀（編譯），〈中國嗆美：南海是領土核心利益〉，《自由時報》，2010年7月5日，
　　https://news.ltn.com.tw/news/world/paper/408591。值得注意的是，中國視主權與領土為國家
　　「核心利益」，但中國官方未曾公開將南海納為「核心利益」，雖然也未明言否認。

障」。[39] 中國國家主席習近平在 2013 年 1 月 28 日，在中央政治局就「堅定不移走和平發展道路」進行第三次集體學習中強調，「我們要堅持走和平發展道路，但決不能放棄我們的正當權益，決不能犧牲國家核心利益。任何外國不要指望我們會拿自己的核心利益做交易，不要指望我們會吞下損害我國主權、安全、發展利益的苦果」。[40] 就北京的政治語意學而言，核心利益指的是那些幾乎沒有談判空間的關鍵議題。南海主權是否為北京所言之核心利益，或許仍待澄清，不過可以肯定的是，中國「主權在我、擱置爭議、共同開發」的南海策略將不致改變，而中國與南海周邊國家因主權所產生的紛爭，也將持續僵持不下。

三、美中在南海的歧見與競爭

2020 年 7 月 13 日，美國務卿蓬佩奧（Mike Pompeo）選在「南海仲裁案」裁決公布滿四週年的時間點，發布《美國南海海事聲索立場》聲明，嚴詞批評中國對南海的主權聲索「沒有任何法理依據」、以恫嚇手段「史無前例」地威脅南海周遭國家、企圖以「以強權決定是非」取代國際法，重申美國支持「自由開放的印太地區」，矢言堅決反對「中國在南海建立海洋帝國」野心。[41] 此聲明總結了川普政府對南海的戰略觀：首先美國攻擊中國的「掠奪式世界觀」（predatory world view），定位其為南海區域和平穩定的破壞者，此延續華府在《印太戰略報告》將北京視為區

---

39 《中國的和平發展》，中國外交部，2011年9月6日，https://www.fmprc.gov.cn/web/zyxw/t855789.shtml。

40 〈習近平：任何外國不要指望中國拿核心利益做交易〉，《中國新聞網》，2013年1月19日，http://www.chinanews.com/gn/2013/01-29/4529308.shtml。

41 "U.S. Position on Maritime Claims in the South China Sea," U.S. Department of State, July 13, 2020, https://www.state.gov/u-s-position-on-maritime-claims-in-the-south-china-sea/.

域內美國最大威脅，同時將美中的區域競爭提升至攸關意識形態的世界觀之爭；其次美國在高舉維護「以規則為基礎的國際秩序」（a rules-based international order）理念，主張「捍衛海洋自由與尊重各國主權」，反對「任何以脅迫、武力解決爭端的做法」，以正當化美國以境外國家扮演區域秩序維持者的角色，同時藉以維持在區域內的影響力；最後，美國無意單獨於區域內挑戰中國，強調將在共享之利益與價值下，結合區域內盟邦與夥伴抵制中國於南海野心，並將此盟邦夥伴關係視為中國所無法匹敵的「不對稱戰略優勢」。

　　針對美國的南海聲明，北京則針鋒相對予以駁斥，指控華府「違背美國政府在南海主權問題上不持立場的公開承諾，違反和歪曲國際法，蓄意挑動領土海洋爭端，破壞地區和平穩定」，聲稱中國「從來不謀取在南海建立『海洋帝國』」，在維護南海主權和權益方面也始終「保持著最大克制」，並以 2002 年《南海各方行為宣言》以及協商中的《南海行為準則》為例，強調南海局勢整體的穩定，「直接相關的主權國家」正通過談判協商解決相關爭議，但美國則是在南海「挑動是非、興風作浪、離間地區國家同中國的關係，干擾破壞中國與東盟國家維護南海和平穩定的努力」。[42] 面臨美國強勢地介入南海，中國的因應策略有下列三項特點：首先將美國定位為「域外國家」，在區域國家優先下，強調有關爭議的解決，應直接由當事方談判磋商，排除美國涉入南海事務與區域秩序的正當性；其次攻擊美國援引《聯合國海洋法公約》的荒謬性，指控美國「出於一己私利」，不僅拒絕加入該公約，還「合則用不合則棄」地濫用國際海洋法，更透過軍艦軍機在南海「大搞軍事化」，意圖在南海製造事端；最

---

42 〈外交部發言人趙立堅主持例行記者會〉，中國外交部，2020 年 7 月 14 日，https://www.fmprc.gov.cn/web/wjdt_674879/fyrbt_674889/t1797678.shtml。

後則是藉由《南海行為準則》協商過程中所建構的區域性機制，運用爭議國家間的矛盾，企圖採取連橫策略，建立起以中國為主的南海國際秩序。

伍、南海新秩序與東南亞國協

東協國家與中國在南海存有著領土主權與海洋權益爭端，但面對中國插旗南海的既成事實，以及美中於南海競爭的持續升溫，東協作為區域內最重要的安全建制，則提出《東協印太展望》（ASEAN Indo-Pacific Outlook），意圖藉此建立東協中心性（ASEAN Centrality）的區域秩序。

一、《東協印太展望》為中心下的南海秩序

新加坡總理李顯龍曾於2019年「香格里拉會議」（The Shangri-La Dialogue）曾表示，「中美關係是現今世界最重要的雙邊關係」，大國博弈對東南亞國家雖然不陌生，東協及區域國家對美中競爭關係非常擔憂，也不願在華盛頓與北京間進行選邊。[43] 第三十四屆東協峰會刻意選在美國公布首份《印太戰略報告》不久後，於2019年6月23日發表《東協印太展望》，可視為東協意圖在印太地區扮演主動與獨立的戰略行為者，以因應美中兩強於區域內的戰略競爭。《東協印太展望》揭示有四項基本概念：東協於印太之核心角色、合作對話取代敵對抗爭、區域共同的發展與繁榮、凸顯海洋領域與海洋視野重要性。[44] 由採用「展望」而非「戰略」

43 "Lee Hsien Loong, Prime Minister of Singapore, opens the IISS Shangri-La Dialogue," The International Institute for Strategic Studies, May 31, 2019, https://www.iiss.org/events/shangri-la-dialogue/shangri-la-dialogue-2019.

44 "ASEAN Outlook on the Indo-Pacific," ASEAN, June 23, 2019, https://asean.org/asean-outlook-indo-pacific.

可知，《東協印太展望》強調合作與拒絕對抗的基調，以共同促進印太區
域安全與發展。

　　在南海紛爭議題上，《東協印太展望》不點名地指出，未解決之海
事糾紛（unresolved maritime disputes）有可能導致區域國家的公開衝突，
並視之為地緣政治的挑戰，要求相關國家應秉持《聯合國海洋法公約》以
和平方式解決紛爭。《東協印太展望》的提出，一方面展現東協成員國，
願意在既有「東協模式」規範下，以對話合作取代衝突競爭，與中國共
同解決南海爭端；另方面則希望經濟與軍事上的「物質強國」（material
powers），如美國與中國，在相互競爭過程中，避免已深化的不信任、誤
判與零和行為，而能在「東協模式」架構下互動，以降低緊張升高的區域
情勢。《東協印太展望》在區域之海事糾紛解決上，強調依據國際法原
則，展示東協在建構區域安全共同體過程中，對規則的重視，此與以美國
為首西方國家所倡導「以規則為基礎的國際秩序」理念相通。2019 年 8
月，蓬佩奧與泰國外長董恩（Don Pramudwinai）在東協區域論壇的聯合
記者會上特別強調，《東協印太展望》「完全吻合」（fully converges）美
國於印太區域的願景，及東協於美國印太戰略的重要角色。他表示如果國
家能遵守東協所設定的主權原則、以規則為基礎的區域架構、及透明與
開放的區域互動等，美國與區域內所有國家，都能建構起合作的夥伴關
係。[45]《東協印太展望》與《印太戰略報告》之「以規則為基礎的國際秩序」
願景相連結，這將使東協與美國在南海議題，有著合作的堅實基礎，以反
制中國片面的歷史主權論，凸顯《東協印太展望》對區域秩序建構的積極

---

[45] "Secretary of State Michael R. Pompeo And Thai Foreign Minister Don Pramudwinai At a Press Availability," U.S. Department of State, August 1, 2019, https://www.state.gov/secretary-of-state-michael-r-pompeo-and-thai-foreign-minister-don-pramudwinai-at-a-press-availability/.

角色。

二、衝突預防與南海行為準則的談判

　　東協在「一個願景、一個認同、一個共同體」（one vision, one identity, one community）理念下，基於地理關聯性與共同目標，希望建立東協政治－安全共同體（the ASEAN Political-Security Community, APSC）以確保區域和平。阿查亞（Amitav Acharya）研究指出，東協安全共同體是主權國家所組成的區域跨國團體，團體成員間已發展出一種長期和平互動習慣，並視和平為團體的共同利益，因此有排除使用武力以解決爭端的基本共識。[46] 共同體的概念，運作上有兩個基本要素：多邊主義與集體行為。一方面，在尊重各國主權前提上，透過常設性的多邊協調機制，以整合各方的意見；另方面則是，當共同意見形成後，對內產生行為約束力，對外以一致行動凸顯集體意志。

　　衝突預防（conflict prevention）是實踐東協政治安全共同體的關鍵手段。衝突預防可視為預防外交，是一套用於防範或解決爭端（disputes）的工具，其主要目的在於避免爭端發展成為武裝衝突，主要舉措則在各造間之信心建立，以及蒐集資訊用以預警分析、事實調查等。[47] 儘管東協各國間在政治與文化上具高度異質性，在領土主權上也各有堅持，不過基於行之多年東協模式的非武裝解決爭端共識，東協對南海爭端的回應，主要在於透過多邊主義與集體行為，在東協相關機制平台表達意見與解決方

46 Amitav Acharya, *Constructing a Security Community in Southeast Asia: ASEAN and the Problem of Regional Order* (London: Routledge, 2001), p. 1.

47 Boutros Boutros-Ghali, *An Agenda for Peace: Preventive Diplomacy, Peacemaking and Peacekeeping* (New York: United Nations, 1992), p. 10.

案。有鑑於中國自 2013 年以來在南海積極插旗的擴張主義，東協近年來於南海爭端上，在越南主導下，一改過往消極態度，開始對南海議題積極表態。在 2020 年 9 月 9 日至 12 日東協第五十三屆外交部長會議後的《東協外長聯合聲明》主張，「在海事權利、主權、管轄權等問題上以 1982 年《聯合國海洋法公約》為基本準則」。[48] 該聲明同時稱，所有海洋活動必須在《聯合國海洋法公約》的框架內進行，此也定調了東協在南海爭端上，主張「以規則為基礎國際秩序」的法治根本原則。這個聲明指責了中國主權聲索的基礎，是東協立場的一個明顯轉變，這也強化了東協對南中國海的法治主張。

　　《南海行為準則》（Code of Conduct on the South China Sea, COC）（以下簡稱《準則》）的協議磋商，是東協與中國在南海爭端異中求同下，雙方為預防衝突升級，意圖建立以規則為基礎之區域秩序的實踐。《準則》的前身為 2002 年東協與中國所達成不具約束力的《南海各方行為宣言》（Declaration on the Conduct of Parties in the South China Sea, DOC）（以下簡稱《宣言》）暫時協議。2013 年中國於南海進行一連串吹沙填海行動，在確立其在南海立足點後，開始就《準則》與東協進行談判，以舒緩南海緊張情勢。2016 年 7 月海牙國際仲裁法庭針對菲律賓仲裁訴求，做出歷史性裁決，否定中國有關南海九段線內歷史權利、海域與島嶼地位，以及相關海洋權益的主張。儘管中國堅決反對此裁決，但對《準則》談判態度，由消極拖延轉而積極主動。中國國務院總理李克強於 2018 年 11 月 14 日，在第二十一次中國－東協高峰會表示，將爭取未來三年內完成《準

48　"Joint Communiqué of the 53rd ASEAN Foreign Ministers' Meeting," ASEAN 2020, September 9, 2020, https://reurl.cc/Z7XaOM.

則》磋商。但國際社會對 2021 年各方能否就《準則》達成共識，多持觀察保留態度。儘管如此，中國對具法律約束力《準則》的態度轉變，可視為在以預防衝突維持南海和平穩定之區域共識下，一方面展現其透過人造島礁控制南海的信心，另方面則企圖拉攏東協以抵制境外強權，特別是美國的介入。

三、大國平衡與東協「避險」策略

面對中國立足南海事實並伺機將南海納為勢力範圍趨勢，越南、菲律賓等南海主要聲索國，以及不樂見中國於區域內獨霸的東協國家，在無客觀能力單獨對抗中國現實下，正採取「合眾弱以攻一強」的「合縱」策略，因應中國的擴張主義。其具體做法主要有二：一方面，自助人助團結力量大，透過「東協模式」以集體的意志與行動，建構東協為中心的多邊安全機制，期能主動掌控南海議題；另方面，以「大國平衡」推動南海問題國際化，特別是運用美國以制衡中國。儘管東協企圖建立聯合自強與獨立自主的能力與形象，但東協區域主義在實踐上，並不足以阻止境外大國對區域事務的影響，因此透過大國間的競爭與平衡，以維持區域秩序的和平穩定，並彌補「東協模式」在實際運作上的缺失，以及單獨面對中國的不足。[49] 當中國指控美國為「損害南海和平的最危險因子」時，越南則以東協輪值主席身分反擊表示，「我們歡迎美國來南海幫東協國家，為維持區域和平、穩定與發展，做出建設性貢獻和迅速的反應」。[50] 明顯地，東協

---

49 葛紅亮，〈東協對南海政策的建構主義解析〉，《全球政治評論》，第47期（2014），頁113。

50 邱立玲，〈王毅批美國搞亂南海 越南回嗆：是東南亞請華府來維持秩序〉，《信傳媒》，2020年9月10日，https://www.cmmedia.com.tw/home/articles/23347。

調整其「地區問題地區解決」規範,在南海議題上打美國牌以制衡中國。

　　東協在南海議題上,在強調「東協中心性」(ASEAN Centrality)不對大國選邊站原則下,採取既合作、又制衡的策略,可視為一種「避險」(Hedging)戰略的運用,意圖以多元政策手段,追求和平解決爭端的終極目標。美國學者麥艾文(Evan S. Medeiros)在研究亞太區域安全秩序,即將「避險」戰略定義為一種兩手策略,它一方面透過雙邊與多邊機制加強與他國合作交流,另方面推行現實主義的制衡戰略,透過提高自身實力或強化與他國安全合作方式,以制約特定目標國。[51] 東協透過拉攏大國參與區域機制,如東協區域論壇、東亞高峰會、東協加一(擴大外長會議,與十個對話夥伴舉辦之個別會議)等,以便藉此建立一套與大國互動模式,一方面強化對大國行為的互動、預測與影響,另方面可共同對大國施壓並提供大國間角力平台,以降低大國專斷下傷害區域國家利益的可能機會。因此,對東協與區域國家而言,「避險」戰略成為牽制美中兩大強權的主流戰略選項。

　　布贊以「分散的全球主義」(decentred globalism)描述現在的國際環境,這是因為美國不論在物質力量與外交力量都逐漸衰退下,目前無論是全球還是區域範圍,世界正過渡為一個不再由強權競爭主導的國際體系。中國崛起對亞太區域秩序重建或有影響力,但中國共產主義政權領導下,北京不論在硬實力或軟實力上,均欠缺具體能力以主導國際社會,同時在外交上,也沒有一個強權盟友。[52] 因此面臨美中競爭格局,東協與

---

[51] Evan S. Medeiros, "Strategic Hedging and the Future of Asia-Pacific Stability," *The Washington Quarterly*, Vol. 29, No. 1 (Winter 2005-2006), pp. 145-146.

[52] Barry Buzan, "A World Order without Superpower: Decentred Globalism," *International Relations*, Vol. 25, No. 1 (2011), pp. 3-25

區域國家在南海採取「避險」戰略以建構區域秩序，而非單純的「制衡」（balancing）或「扈從」（bandwagoning）戰略，這除了領土主權至上的考量外，同時受到全球主義、多邊主義、中國崛起、美國單邊主義等諸多因素的影響。

陸、結論

　　本文由區域層次的分析視角，探討區域安全與南海秩序的關係。美蘇冷戰結束、兩極國際體系解構後，國際強權對區域干預的能力與意願下降，國際社會亦有棄霸權朝多邊主義的傾向，因此國際安全問題，有區域化發展的趨勢。面對中國擴張主義的威脅，南海周遭國家在難以單獨應對下，一方面強化東協在區域安全的角色與功能，企圖以「東協模式」主導南海爭端的解決，另方面利用美國與中國在南海競爭態勢，希望透過美國與其盟邦夥伴的影響力，反制北京建構以中國為核心的南海新秩序。而美中雙方也都強調自己是區域內國家的立場，以合理化其涉入南海區域秩序的正當性。

　　區域安全儘管受到國際體系與強權競合因素的影響，東協作為區域內最大的國際組織，隨著南海緊張局勢的升高，其對南海事務的介入，有日趨積極的態勢。「東協模式」是區域內國家在互動與社會化過程中，基於區域主義透過協商機制的集體行為規範。不過由於「東協模式」的「非正式」、「協商一致」及「不干涉」規範性特徵，使其在處理因主權所引發的南海爭端上，主要面臨有兩個挑戰：一、流於空談而欠缺實際解決問題能力；二、國家主權優先於東協利益。東協企圖透過區域安全協商機制，將南海爭端置於可管控範圍，而不致爆發軍事衝突。而南海問題東協化的

努力，勢也將概括承受「東協模式」在運作上的結構性缺失。

面對美中兩強於南海競爭全面化的趨勢，東協與區域內國家基本上不願選邊、也不願與中國公開翻臉，但對如何定位美國及其盟邦夥伴於區域安全與南海秩序上的角色，在程度上有著很不一樣的認知。這也增加了區域化南海秩序的複雜性與挑戰性。東協聲明所有海洋活動必須在《聯合國海洋法公約》的框架內進行，此也定調了東協在南海爭端上，主張「以規則為基礎國際秩序」的法治根本原則。這個聲明間接指責了中國主權聲索的基礎，是東協立場的一個明顯轉變，也強化了東協對南海法治化的基本立場。目前談判協商中的《南海行為準則》，是東協與中國為預防衝突升級，意圖建立以規則為基礎之區域秩序的實踐。而《南海行為準則》的談判進度與成敗，也勢將成為檢視區域安全與建構南海新秩序之關鍵所在。

參考文獻

一、中文部分

Gregory Ryan,〈區域安全複合體理論、東亞與美國再平衡：美國轉向亞洲的區域反應〉，《全球政治評論》，第 49 期（2015），頁 31-52。

中國外交部，《中國的和平發展》，中國外交部，2011 年 9 月 6 日，https://www.fmprc.gov.cn/web/zyxw/t855789.shtml。

中國外交部，〈外交部發言人趙立堅主持例行記者會〉，中國外交部，2020 年 7 月 14 日，https://www.fmprc.gov.cn/web/wjdt_674879/fyrbt_674889/t1797678.shtml。

《中國新聞網》，〈習近平：任何外國不要指望中國拿核心利益做交易〉，《中國新聞網》，2013 年 1 月 19 日，http://www.chinanews.com/gn/2013/01-29/4529308.shtml。

王子昌，〈東協意識面臨的挑戰〉，《東南亞研究》，第 6 期（2003），頁 34-38。

比爾海頓（Bill Hayton），林添貴 譯，《南海 —— 21 世紀亞洲火藥庫與中國稱霸的第一步》（台北市：麥田出版社，2019）。

李瓊莉，《亞太安全秩序的區域多邊途徑：衝突預防概念與實踐》（新北市：生智文化事業有限公司，2014）。

林翠儀（編譯），〈中國嗆美：南海是領土核心利益〉，《自由時報》，2010 年 7 月 5 日，https://news.ltn.com.tw/news/world/paper/408591。

東協秘書處網站，《東協憲章》，東協秘書處網站，https://www.asean.org/wp-content/uploads/images/archive/AC-Singapore.pdf。

邱立玲，〈王毅批美國搞亂南海 越南回嗆：是東南亞請華府來維持秩序〉，《信傳媒》，2020 年 9 月 10 日，https://www.cmmedia.com.tw/home/articles/23347。

高偉濃等，〈從建構主義角度看「東協方式」的結構性缺失〉，《東南亞縱橫》，第 6 期（2004），頁 40。

陳牧民、李賜賢，〈國際安全研究中的區域主義：理論與發展簡介與評估〉，《全球政治評論》，第 52 期（2015），頁 59-84。

郭俊麟，〈東南亞區域整合經驗 ——「東協模式」的實踐與檢討〉，《台灣國際研究季刊》，第 4 卷第 1 期（2008），頁 99-126。

黃宗鼎，〈印太對抗已由東協海洋向陸地延伸〉，《國防安全即時評析》，2020 年 9 月 17 日，https://reurl.cc/d5y5YV。

葛紅亮，〈東協對南海政策的建構主義解析〉，《全球政治評論》，第 47 期（2014），頁 107-120。

二、英文部分

Acharya, Amitav, *Constructing a Security Community in Southeast Asia: ASEAN and the Problem of Regional Order* (London: Routledge, 2001).

Alagappa, Muthiah, "Regionalism and Conflict Management: a Framework for

Analysis," *Review of International Studies*, Vol. 21, October 2009, pp. 359-387.

Armitage, Richard I. and Joseph S. Nye Jr., *A Smarter, More Secure America: A Report of the CSIS Commission on Smart Power* (Washington, D.C.: CSIS, 2007).

ASEAN, "ASEAN Outlook on the Indo-Pacific," ASEAN, June 23, 2019, https://asean.org/asean-outlook-indo-pacific.

ASEAN2020,"Joint Communiqué of the 53rd ASEAN Foreign Ministers' Meeting," ASEAN 2020, September 9, 2020, https://reurl.cc/Z7XaOM.

Boutros-Ghali, Boutros, *An Agenda for Peace: Preventive Diplomacy, Peacemaking and Peacekeeping* (New York: United Nations, 1992).

Buzan, Barry and Ole Waver, *Regions and Powers: The Structure of International Security* (Cambridge: Cambridge University Press, 2003).

Buzan, Barry, "A World Order without Superpower: Decentred Globalism", *International Relations*, Vol. 25, No. 1 (2011), pp. 3-25.

Djalal, Hasjim, "Rethinking The ZOPFAN in the Post Cold War Era," *ISIS.Org*, May 31, 2011, https://web.archive.org/web/20111106102423/http://www.isis.org.my/files/25APR/paper_ps_5_hasjim_djalal.pdf.

Haas, Ernst B., "Collective Security and the Future International System," in Richard Falk and Cyril Black eds., *The Future of the International Legal Order, Vol 3: Conflict Management* (Princeton: Princeton University Press, 1971).

Haacke, Jurgen, *ASEAN's Diplomatic and Security Culture: Origins, Development and Prospects* (London: Routledge, 2006).

Hettne, Bjoern, "Development, Security and World Order: A Regionalist Approach," in Sheila Page ed., *Regions and Development: Politics, Security, and Economics* (London: Frank Cass, 2000).

Hinsley, F. H., Sovereignty (2nd ed.) (Cambridge: Cambridge University Press, 1986).

Krasner, Stephen D., *Power, the State, and Sovereignty* (London: Routledge, 2009).

Kelly, Robert, "Security Theory in the New Regionalism," *International Studies Review*, Vol. 9, No. 2 (2007).

Liefer, Michael, *ASEAN and the Security of Southeast Asia* (London: Routledge, 1989).

Medeiros, Evan S., "Strategic Hedging and the Future of Asia-Pacific Stability," *The Washington Quarterly*, Vol. 29, No. 1 (Winter 2005-2006), pp. 145-167.

Nye, Joseph S. Jr. (ed.), *International Regionalism: Readings* (Boston: Little, Brown and Company, 1968), p. v ii.

Scholte, Jan Aart, "The Globalisation of World Politics", in John Baylis and Steve Smith eds., *The Globalisztion of World Politics: An Introduction to International Relations* (2nd ed.) (Oxford: Oxford University Press, 2001).

The International Institute for Strategic Studies,"Lee Hsien Loong, Prime Minister of Singapore, opens the IISS Shangri-La Dialogue," The International Institute for Strategic Studies, May 31, 2019, https://www.iiss.org/events/shangri-la-dialogue/shangri-la-dialogue-2019.

U.S. Department of Defense, "Indo-Pacific Strategy Report," U.S. Department of Defense, June 1, 2019, https://media.defense.gov/2019/May/31/2002139210/-1/-1/1/DOD_INDO_PACIFIC_STRATEGY_REPORT_JUNE_2019.PDF.

U.S. Department of Defense,"DOD Statement on Recent Chinese Ballistic Missile Launches," U.S. Department of Defense, August 27, 2020, https://reurl.cc/GrbxZG.

U.S. Department of State,"A Free and Open Indo-Pacific: Advancing a Shared Vision," U.S. Department of State, November 3, 2019, https://www.state.gov/a-free-and-open-indo-pacific-advancing-a-shared-vision/.

U.S. Department of State, "Secretary of State Michael R. Pompeo And Thai Foreign Minister Don Pramudwinai At a Press Availability," U.S. Department of State, August 1, 2019, https://www.state.gov/secretary-of-state-michael-r-pompeo-and-thai-foreign-minister-don-pramudwinai-at-a-press-availability/.

U.S. Department of State, "U.S. Position on Maritime Claims in the South China Sea," U.S. Department of State, July 13, 2020, https://www.state.gov/ u-s-position-on-maritime-claims-in-the-south-china-sea/.

Waltz, Kenneth N., *Theory of International Relations* (Addison-Wesley Publishing, 1979).

Wendt, Alexander, "Anarchy is What States Make of It: The Social Construction of Power Politics," *International Organization*, Vol. 46, No. 2 (1992), pp. 391-425.

Wohlforth, William C., Stuart J. Kaufman and Richard Little, "Introduction: Balance and Hierarchy in International System," in William C. Wohlforth, Stuart J. Kaufman and Richard Little eds., *The Balance of Power in World History* (New York: Palgrave Macmillan, 2007).

第二章 習近平主政下的南海政策

陳鴻鈞

壹、前言

隨著中國崛起，北京宣稱將走和平崛起的道路。對南海問題，中國一方面主張和平解決爭端，另一方面也提高對南海議題的重視程度。2010年，中國國務委員戴秉國對美國聲明南海是中國核心利益，升高南海議題的重要性。2013年，習近平上台後，中國的南海政策日趨積極。中國擴大控制南海島礁的動作頻繁，如設立相關基礎設施、填海造陸、加強導航與通訊設施、強化運輸及海上救助、整合海上執法機制等。所以，「十八大」的重大成果之一即是南海島礁建設。此外，中共在「十八大」提出海洋強國，並把軍事手段當作實踐目標的方式之一。習近平把建設海洋強國當作中華民族偉大復興重要的一部分，兼具歷史及時代意涵，成為推動中國夢與強軍夢的重要標誌，愈加彰顯南海核心利益的價值。在此戰略目標下，解放軍的軍事戰略聲明海上軍事鬥爭的重要性，而南部戰區擔負維護核心利益的重責大任，加強落實實戰化的訓練。

北京並未因2016年南海仲裁案對中國做出不利裁決而放棄其南海的主張，反而持續強化對南海的行政管轄權，如三沙市下設西沙區與南沙區，並加強通訊、運輸、導航及救援等能力。在軍事上，中國亦持續擴大對南海島礁及相關海域的軍事化作為，如首度在南海舉行海上閱兵、南部

戰區增強實戰化訓練的強度及複雜度、積極應對外國軍事作為等。對習近平來說，中國強化南海行政管轄權與推動南海軍事化的舉動，是中華民族偉大復興的一部分，更是邁向世界一流軍隊的一個階段，兩者相互支撐，構成習近平南海政策的重要面向及支柱。當北京誓言制定《南海行為準則》（*Code of Conduct in the South China Sea*, COC）的同時，卻又持續增強南海島礁的軍民融合與軍民兩用的建設，並透過軍事手段積極捍衛中國南海的主權。這樣的發展已經對區域安全構成重大威脅及挑戰，因此國際社會對南海和平多持謹慎立場。

在章節安排上，本文一開始先說明中國將南海視為核心利益，並在習近平主政下，配合中華民族偉大復興的中國夢，擴大對南海議題的關注及投入。接著，本文則把焦點放在中國強化對南海的行政管轄權的作為及內容，之後將重心放在中國軍事戰略的調整與南部戰區的角色。然後，本文說明雖然中國一方面推動《南海行為準則》的談判，但仍延續強化南海島礁的軍民融合和軍民兩用建設，及利用軍事手段保護主權，使得美國等國際社會對南海的和平願景難以樂觀。最後，本文提出結論。

貳、習近平中國夢下的南海核心利益

2010 年，中國國務委員戴秉國在與美國國務卿希拉蕊（Hillary Clinton）會面時，表明南海是中國核心利益，正式展現中國對南海的企圖心及野心。[1] 2012 年 11 月，中共在「十八大」提出建設海洋強國的目標，同時在國防和軍隊現代化建設上，宣示應該關注海洋安全，並有積極運用

---

1 Edward Wong, "China Hedges Over Whether South China Sea Is a 'Core Interest' Worth War," *The New York Times*, March 30, 2011, https://www.nytimes.com/2011/03/31/world/asia/31beijing.html.

軍事力量及深化軍事鬥爭的準備。[2] 習近平上台後，中華民族偉大復興的中國夢成為其時代的標誌，落實海洋強國成為其具體的戰略目標。2013年7月30日，中國國家主席習近平在中共中央政治局第八次集體學習時指出，中共在「十八大」做出建設海洋強國的重大決定，顯見建設海洋強國的重要性；建設海洋強國，不僅有利國家經濟發展，也有助維護國家主權、安全與發展利益，同時更有助於實現中華民族的偉大復興。[3] 顯見，南海議題與中華民族的偉大復興這個中國夢產生連結，具有濃厚民族主義的色彩。

中國軍事專家張召忠解讀，隨著中國崛起，南海占據重要的戰略位置，是太平洋通往印度洋的重要航道，也會對麻六甲等海峽的運作產生影響，特別是南沙群島。中國對外的40多條航線中，有20多條通過南沙群島海域，60%以上的外貿運輸經過南沙群島，每天約有400多艘的船隻通過。除此之外，依據《聯合國海洋法公約》（*United Nations Convention on the Law of the Sea*, UNCLOS）的群島基線準則，南沙群島可以畫出包含陸地、水面環礁（具有準陸地地位）、內水等在內數萬平方公里的領土區域，上萬平方公里的領海、幾十萬平方公里的專屬經濟區。另外，南沙群島擁有豐富的油氣資源，被視為第二個波斯灣，主要分布在曾母暗沙、萬安西與北樂灘等盆地，總面積約41萬平方公里，單單曾母暗沙的油氣儲量就約有126億至137億噸之多。[4] 中國軍事專家宋忠平更指出，南海的重要性更甚東海，在中國崛起之後，南海攸關中國的全球戰略，包括海洋

2　〈胡錦濤在中國共產黨第十八次全國代表大會上的報告〉，《中國共產黨新聞網》，2012年11月8日，http://cpc.people.com.cn/n/2012/1118/c64094-19612151-8.html。

3　〈建設海洋強國，習近平從這些方面提出要求〉，《中國共產黨新聞網》，2019年7月11日，http://cpc.people.com.cn/BIG5/n1/2019/0711/c164113-31226894.html。

4　張召忠，《史說島爭》（北京：北京出版社，2014），頁2-3。

強國、經濟全球化、一帶一路、軍事轉型等。如果中國不能控制南海,中國崛起將會嚴重受挫。[5]

　　北京也透過強化中國與南海的歷史連結,鞏固中國對南海主張的正當性。2014年5月15日,時任中國解放軍總參謀長房峰輝針對南海問題對外宣稱「中國不惹事,但也不怕事,在維護自己主權、安全和領土完整上堅定不移的。在這個方面,我們說得到,做得到。老祖宗留下的土地,一寸也不能丟。」[6] 2015年10月18日,習近平接受國際媒體路透社訪問時亦表示,「南海諸島自古以來就是中國領土,這是老祖宗留下的。任何人要侵犯中國的主權和相關權益,中國人民都不會答應。中國在南海採取的有關行動,是維護自身領土主權的正當反應。對本國領土範圍外的土地提出主權要求,那是擴張主義。中國從未那麼做過,不應當受到懷疑和指責」。[7] 南海是中國老祖宗遺產的說法,成為中國對內對外宣傳的重要方式之一。

　　2017年5月24日,習近平前往海軍視察,指出建立強大的現代化海軍是中國建立世界一流軍隊的重要里程碑,也是支持海洋強國的戰略目標,更是中國夢的一部分,勉勵解放軍海軍要積極落實相關目標。10月,習近平在「十九大」報告時把南海島礁的建設列入中共「十八大」以來重要成就之一,同時讚揚中共在推動軍改上獲得進展,積極達成海上維權等重要任務,並宣示要加速海洋強國的建設。2018年4月12日,解放軍海軍在南海舉行閱兵,習近平又把軍事力量與中國夢加以結合,聲明要實現

5　宋忠平,《南海,南海》(北京:中國發展出版社,2016),頁25-34。
6　〈解放軍總參謀長:老祖宗留下的土地一寸也不能丟〉,《人民網》,2014年5月16日,http://military.people.com.cn/n/2014/0516/c1011-25027270.html。
7　〈習近平:南海諸島是老祖宗留下〉,《國際日報》,2015年10月19日,http://www.chinesetoday.com/big/article/1052365。

中華民族偉大復興，就必須要有強大的海軍。同日，習近平在海南省考察時再次表示，中國是一個海洋大國，一定要向海洋發展，達成海洋強國的目標。[8] 換言之，在習近平的中國夢裡，南海自古屬於中國，是領土主權的一部分，是中國的核心利益，因此推動南海島礁建設更是理所當然的事情。同時，中國在南海的作為，可強化中國對南海的行政管轄權，也是一種維護主權的行為。為了捍衛核心利益與落實中國夢，強大的軍事力量是不可或缺的部分，而且有助實現海洋強國的戰略目標。

參、中國崛起下強化南海行政管轄權

當中國崛起後，中國不斷強化對南海的行政管轄權。北京先在 2012年設立三沙市，隨後開始加強島礁上的政府職能與基本生活機能，包括成立人民代表大會、三沙警備區、醫院、郵局等相關政府單位、健全通訊與導航等基礎建設。中國也採取拖吊、加強執法等行政措施捍衛南海主權。中共在南海仲裁案後持續加強南海島礁建設，並在三沙市下新設西沙區及南沙區，深化對南海的掌控能力。

一、設立三沙市並分設西沙與南沙區及宣布島礁標準名稱

2012 年 6 月 21 日，中國宣布撤銷西沙、南沙、中沙辦事處，建立地

8　〈習近平在中國共產黨第十九次全國代表大會上的報告〉，《中國共產黨新聞網》，2017年10月28日，http://cpc.people.com.cn/BIG5/n1/2017/1028/c64094-29613660.html；中華人民共和國國防部，〈中央軍委在南海海域隆重舉行海上閱兵〉，中華人民共和國國防部，2018年4月12日，http://www.mod.gov.cn/big5/leaders/2018-04/12/content_4809303.htm；〈建設海洋強國，習近平從這些方面提出要求〉，《中國共產黨新聞網》，2019年7月11日，http://cpc.people.com.cn/BIG5/n1/2019/0711/c164113-31226894.html。

級市三沙市，該政府所在地為西沙永興島。7 月 17 日，海南省人大常委會通過《海南省人民代表大會常務委員會關於成立三沙市人民代表大會籌備組的決定》，正式啟動三沙市的政權組建工作。依據中國體制，所謂政權組建，是指包含行政及立法兩權，換言之，也就是建立三沙市的行政及立法權機制。7 月 19 日，中央軍事委員會批復廣州軍區，同意建立中國人民解放軍海南省三沙警備區，負責三沙市轄區國防動員和民兵預備役工作、協調軍地關係、擔負城市警備、指揮民兵、預備役部隊遂行軍事行動任務等工作。7 月 24 日，三沙市人民政府、黨委、人大與解放軍三沙警備區成立，並啟用新郵編、郵戳，及更換銀行、醫院等機構名稱等。自此，三沙市正式成立。三沙市的設立，象徵中國對南海諸島有關領海的控制向前邁進重要一步，構成更有利的法理依據，有助中國維護南海權益。三沙警備區的設立，也改變以往南海諸島僅有海軍單一軍種的情況，並進一步提升防衛能力。[9]

　　2020 年 4 月 18 日，中國國務院宣布，批准海南省三沙市設立西沙區、南沙區，分別管轄西沙群島、南沙群島的島礁及其海域，其中西沙區也代管中沙群島的島礁及其海域。此外，西沙區人民政府設在永興島，南沙區人民政府設在永暑礁。隔日（19 日），民政部緊接著公布南海部分島礁與海底地理實體的標準名稱，而 1983 年 4 月中國地名委員會發布的《我國南海諸島部分標準地名》依然有效。[10] 也就是說，這是繼中國地

9　中國在1950年5月完成解放海南島。在行政區劃上，南海諸島屬於廣東省海南行政區。1959年，中共設立西沙、南沙、中沙辦事處，屬海南行政區管轄。1988年，西沙、南沙、中沙辦事處改由新成立的海南省管轄。張召忠，《史說島爭》（北京：北京出版社，2014），頁71-72。

10　〈國務院批准海南省三沙市設立市轄區〉，《人民網》，2020年4月18日，http://politics.people.com.cn/BIG5/n1/2020/0418/c1001-31678888.html；〈中國南海部分島礁和海底地理實體的標準名稱公布〉，《中國新聞網》，2020年4月19日，http://www.chinanews.com/gn/2020/04-19/9161434.shtml。

名委員會發布的《我國南海諸島部分標準地名》之後的另一項命名措施。
正如同中國 2012 年宣布三沙市，中國 2020 年在三沙市新設西沙及南沙兩
區，並宣布部分島礁及海底地理實體的標準名稱，是中國持續強化對南海
行使行政管轄權的作為之一，也反映中國有意將行政掌控能力，從西沙海
域延伸至南沙海域。

二、整合海洋執法機制並採取執法措施維護南海主權

2013 年，中國國務院重新組建國家海洋局，強化海洋綜合管理、統
籌規劃、協調等職能。2018 年，中國海洋管理體制再次變革。中國國務院
成立自然資源部，保有國家海洋局的相關職責，另將原本國家海洋局負責
處理污染等職能併入新成立的生態環境部。[11] 此外，2013 年 7 月，中國成
立海警局，把中國海監、邊防海警、中國漁政、海上緝私警察整合為中國
海警。2018 年 3 月，中國海警局的相關職能及人員劃歸武警部隊，進一步
整合海上執法職能。原本農業部負責的漁船檢驗及監管職責，則劃入交通
運輸部，統一所有船舶檢驗及監管的權責。6 月，中國最高人民法院先公
布《最高人民法院關於審理發生在我國管轄海域相關案件若干問題的規定
（一）》與《最高人民法院關於審理發生在我國管轄海域相關案件若干問
題的規定（二）》，全國人大常務委員會之後通過《關於中國海警局行使
海上維權執法職權的決定》，列舉中國海警局的職責，包括執行打擊海上
違法犯罪活動、維護海上治安與安全保衛、海洋資源開發利用、生態環境
保護、漁業、緝私等執法，並協調指導地方海上執法任務。相關作為有助

11　賈宇、密晨曦，〈新中國70年海洋事業的發展〉，《太平洋學報》，第28卷第2期
　　（2020），頁2。

統一中國海上執法的裝備、能力與作為，強化中國海上司法管轄權及執法的正當性。[12] 三沙市也建立一個海上綜合執法維權的機制，由海防聯合值班室、信息共享平台、海上執法輪值制度、司法逐步介入維權執法機制、海上民兵等所組成。[13]

中國透過強化海上執法機制，對南海行使管轄權的作為，可以發揮維護主權的作用。舉例來說，中國與菲律賓在中沙群島上發生過多次角力，包括 1999 年、2012 年針對黃岩島，以及 1999 年針對仁愛礁等。2015 年，中國與菲律賓又在南沙群島的五方礁發生爭端。一艘菲律賓漁船在五方礁附近擱淺，有可能形成「坐灘」的情況。中國擔心又發生「坐灘」事件，便以避免該船長期擱淺影響航行安全、損害海洋環境為由，在 2016 年初由中國交通運輸部救助打撈局派出救撈船赴五方礁，把該船拖出淺灘後加以處置。中國學者宋忠平主張，如果守住南沙島礁利益，鞏固中沙島礁地位，中國就得以維護在南海 U 形線的島礁主權。[14] 2020 年 4 月 2 日，越南漁船撞擊中國海警船後沉沒。中國海警局表示，越南漁船非法進入中國西沙海域進行捕魚，中國海警依法進行警告驅離，且會持續相關執法。[15]

三、不斷提升島礁各種民事機能

在三沙設市之後，中國逐步推動南海島礁的建設。2013 年，中國電信

---

12 賈宇、密晨曦，〈新中國70年海洋事業的發展〉，《太平洋學報》，第28卷第2期（2020），頁3；張良福，〈改革開放40年來中國涉海法理維權歷程的回顧與展望〉，《國際法研究》，第3期（2019），頁26-27。

13 郭紅彥，〈「兵」市魚水情 —— 三沙市雙擁工作紀實〉，《今日海南》，第1期（2014），頁42-43。

14 宋忠平，《南海，南海》（北京：中國發展出版社，2016），頁17-19。

15 〈中國海警：越南漁船在西沙撞我海警船後沉沒〉，《人民日報》，2020年4月3日，https://wap.peopleapp.com/article/5351074/5262034。

公司完成 3G 網路覆蓋永興島與南沙島礁。[16] 學者宋忠平倡議，中國除了強化海上執法能力，並應思考持續擴大對南海行政管轄權的其他方式，如中國應在南海提供海上安全航行服務（如燈塔等航海導航設備）、航空安全服務、提供避風港、救援服務等。[17] 2013 年底至 2015 年 6 月，中國陸續完成在南沙部分島礁填海造陸，並加快其他基礎建設及運作，如中國在 2016 年完成永暑礁、渚碧礁及美濟礁機場的民用客機試飛工作。[18] 此外，中國交通運輸部於 2014 年成立西沙、南沙航標處。2015 年起，三沙市成立後第一艘大型交通補給船「三沙 1 號」首航西沙永興島，執行第一次運補任務，而其運補範圍可以涵蓋南沙群島。同年，中國陸續在華陽礁、永暑礁、赤瓜礁、渚碧礁及美濟礁興建多功能燈塔，亦在西沙部分島嶼建設燈杆、設置船舶自動識別系統基站、提供海上安全訊息廣播服務等，強化導航服務，確保航行安全，進而宣揚中國在海上搜救、防災減災、海洋科研、氣象觀察、航行安全、漁業生產服務等領域的國際貢獻。[19]

　　2016 年南海仲裁案後，中國愈來愈重視強化行政管轄權的重要性。山東海洋工程研究院院長李乃勝指出，海洋權益攸關中國核心利益，因此維護海洋權益是沿海國家的必然選擇。為了維護中國在南海的海洋權益，中國必須對外宣示主權，包括：（一）以法律文件的形式，以明確的國界

---

16 〈中國電信開通海南三沙市永暑礁、永興島5G基站〉，三沙市政府，2019年7月25日，http://www.sansha.gov.cn/sansha/mtjjs/201907/5c287a98d7df4f76a9a008c669b1d02a.shtml。

17 宋忠平，《南海，南海》（北京：中國發展出版社，2016），頁108-111。

18 張良福，〈改革開放40年來中國涉海法理維權歷程的回顧與展望〉，《國際法研究》，第3期（2019），頁29。

19 賈宇、密晨曦，〈新中國70年海洋事業的發展〉，《太平洋學報》，第28卷第2期（2020），頁9-10；馮星，〈「三沙一號」今首航 擴大三沙行政管轄覆蓋面〉，《人民網》，2015年1月5日，http://hi.people.com.cn/BIG5/n/2015/0105/c231190-23444815.html；〈我國在南海新建5座大型燈塔4座已發光〉，交通運輸部南海航海保障中心，2017年5月15日，https://www.nhhb.org.cn/getArticlebyPid?guid=7ef163ca-40b8-49cb-a193-332c7da10b2a&istype=1。

線替代九段線，並反擊周邊國家的相關作為；（二）提高對海洋調查能力；（三）強化對海洋的控制能力，特別是軍事控制力量；（四）發展海洋漁業及海島城市，進行「屯漁戍邊」計畫。[20] 中國國際法學會也發表聲明，強調支持中國政府的立場，聲明中國對南海諸島及其附近海域擁有無可爭辯的主權，認為仲裁庭針對菲律賓所提仲裁案所做出的裁決沒有法律效力。[21] 2017 年 2 月 14 日，中國公安部正式設立海南省三沙市公安消防支隊。[22]

　　在通訊服務部分，2016 年初，中國移動公司已經先後在西沙、南沙群島 13 個島嶼設立 14 個基地台與 1 個備用基地台，可對南海的漁民與通航的船隻提供服務。[23] 中國電信公司則在 2016 年完成「七礁八站」與周邊海域數十公里的 4G 網路全覆蓋，2017 年透過海底光纖電纜在南沙島礁設置數個光纖電纜 4G 基地台。2019 年 7 月，中國電信公司更在永暑礁、永興島開通 5G 基地台，象徵三沙進入 5G 時代。[24] 緊接著，中國農民銀行三沙分行在 2019 年 10 月利用中國移動公司的 5G 網路，與中國在浙江烏鎮舉辦的第六屆世界互聯網大會進行視訊連線，展現 5G 與金融服務的結合，也證明中國可在三沙提供先進的通訊與金融服務。[25]

　　在交通運輸建設部分，2019 年 8 月 20 日，三沙市成立後第二艘交通

---

20 李乃勝，〈強化認知能力，提供控制能力，堅決維護國家海洋權益〉，李乃勝等編著，《經略海洋（2017）》（北京：海洋出版社，2018），頁 3、9、11-13。

21 中國國際法學會，〈菲律賓所提南海仲裁案仲裁庭的裁決沒有法律效力〉，中國國際法學會，《中國國際法年刊 南海仲裁案管轄權問題專刊》（北京：法律出版社，2016），頁 1-2。

22 鍾堅，〈我國最南端的消防隊正式成立〉，《中國消防》，第 4 期（2017），頁 17。

23 宋忠平，《南海，南海》（北京：中國發展出版社，2016），頁 49-50。

24 〈中國電信開通海南三沙市永暑礁、永興島 5G 基站〉，三沙市政府，2019 年 7 月 25 日，http://www.sansha.gov.cn/sansha/mtjjs/201907/5c287a98d7df4f76a9a008c669b1d02a.shtml。

25 〈海南首家 5G+智慧銀行三沙開通〉，三沙市政府，2019 年 10 月 21 日，http://www.sansha.gov.cn/sansha/mtjjs/201910/b893a6cf93194f87baf0aff28ac3788f.shtml。

補給船「三沙2號」舉行首航儀式，由海南省出發，前往永興島。「三沙2號」可搭載400名乘客，續航能力達6,000海里。[26] 在科學研究部分，中國自然資源部於2018年11月在永暑礁、渚碧礁、美濟礁設立海洋觀測中心，擔負海洋預報、災害警報、海嘯監測預警、島礁與周邊海域生態系統監測等任務。隨後，中國科學院在12月於美濟礁設立島礁綜合研究中心，從事熱帶海洋生態環境的研究。2020年3月，中國科學院島礁綜合研究中心又在永暑礁、渚碧礁設立分站，內設生態、地質、環境等實驗室，建立起以美濟園區為主，永暑站、渚碧站為輔的島礁科技研究平台，對外提供更多的服務項目。[27]

　　在海上救助部分，2018年7月，「南海救115輪」開始進駐南沙群島的渚碧礁，這是南沙島礁擴建後，中國民事專業救助力量第一次進駐南沙群島海域。2019年1月29日，中國交通運輸部在南沙永暑礁設立南沙群島海上救助中心。進一步，10月10日，中國交通運輸部南海救助局在海口救助基地設立三沙海上救助中心，負責三沙周邊海域應急救助與搶險工作，提升南海應急救助保障能力，由「南海救115輪」、「南海救116輪」及「南海救117輪」輪流在南海南部海區執行相關任務。中國透過島礁建設，持續強化對南海地區的控制能力，並有助中國在南海維權。[28] 中

26　〈「三沙2號」交通補給船首航永興島〉，三沙市政府，2019年8月21日，http://www.sansha. gov.cn/sansha/mtjjs/201908/021a6f719b874e6cb33bbc04a8581748.shtml。

27　〈南沙群島永暑礁、渚碧礁、美濟礁海洋觀測中心正式啟用〉，《新華網》，2018年10月31日，http://www.xinhuanet.com/tech/2018-10/31/c_129983377.htm；〈中國科學院島礁綜合研究中心永暑站、渚碧站啟用〉，《新華網》，2020年3月20日，http://www.xinhuanet.com/tech/2020-03/20/c_1125742608.htm。

28　余敏友、張琪悅，〈南海島礁建設對維護我國南海主權與海洋權益的多重意義〉，《邊界與海洋研究》，第4卷第2期（2019），頁34-35；〈南海救助局三沙海上救助中心正式運行〉，《新華網》，2019年10月10日，http://www.xinhuanet.com/2019-10/10/c_1125088022.htm；〈風浪中守望生命！他們在祖國最南端已值守500天〉，交通運輸部南海救助局，2019年11月20日，https://www.nh-rescue.cn/xxkd/info_26_itemid_5078.html。

國學者主張，中國在相關島礁的建設是符合相關國際法的規範，也是中國對領土主權所採取的合理行動。中國建設島礁是以民事功能為主，可以改善駐守人員工作與生活水準，亦有助中國發展海洋經濟及科學研究。但同時，中國的島礁建設又有助中國鞏固在南海地緣戰略的有利地位。[29]

　　大體而言，在中國崛起之後，北京開始強調南海的重要性。當北京宣示南海為核心利益，便逐漸強化對南海的行政管轄作為，而重要進展包括設立三沙市、整合海上執法機制、興建燈塔等。同時，中國採取驅離、移除他國在南海作業船隻等方式來維護中國在南海宣稱的主權。儘管南海仲裁案做出不利中國的裁決，中國仍持續加強島礁的各種機能，如通訊、運輸、海上安全航行服務、救援服務等，並在三沙市劃設西沙區與南沙區，繼續強化對南海的控制能力。因此，南海島礁建設成為中共「十八大」重要成就之一。[30]

肆、海洋強國、強軍夢及南海軍事作為

　　當中國將南海視為核心利益，解放軍的軍事戰略也重視海上的軍事鬥爭，並加強相關軍事建設，這亦符合中共建設海洋強國的目標。在習近平的軍改下，南部戰區負責因應南海情勢。

一、新形勢下軍事戰略方針凸顯海上軍事鬥爭

　　長久以來，中國在南海島礁爭端上奉行「領土問題雙邊談，地區和

29　余敏友、張琪悅，〈南海島礁建設對維護我國南海主權與海洋權益的多重意義〉，《邊界與海洋研究》，第4卷第2期（2019），頁46-47。
30　同註29，頁35。

平穩定多邊談」原則，即涉及島礁主權爭端問題，中國只會跟菲律賓、越南、馬來西亞、汶萊分別談，但不能在多邊場合談這些敏感問題。[31] 隨著北京宣稱南海是中國的核心利益，並將建設海洋強國當作戰略目標，中國對南海島礁問題轉趨強硬。2014 年 11 月 28 日，習近平在中央外事工作會議上發表談話，指出中國已經進入中華民族偉大復興的關鍵階段，必須有自己特色的大國外交，且須落實總體國家安全觀，「要堅決維護領土主權和海洋權益，維護國家統一，妥善處理好領土島嶼爭端問題」。[32] 中國國防大學軍事管理學院教授邢廣梅指出，在海洋強國的戰略下，中國海上安全是衡量建設海洋強國的重要指標。為了達成海洋強國的目標，中國必須加強海洋綜合管控能力，這包括強化海空軍建設，提高制海權與制空權，以及建立海洋安全應急機制，增強維護爭議地區的權益等。[33]

　　2015 年 5 月，中國公布新版國防白皮書《中國的軍事戰略》，高度關注海洋事務。《中國的軍事戰略》闡述，儘管國際局勢基本穩定使中國仍處於戰略機遇期，但中國所面臨的多元複雜安全威脅日益增多，且傳統與非傳統安全威脅同樣彼此影響。其中，中國以不點名的方式指稱個別海上鄰國在牽涉中國領土主權及海洋權益問題上進行挑釁，在非法「占據」的中方島礁上強化軍事部署，一些區域外的國家也積極介入南海問題，特定國家密集對中國執行海空抵近偵察，中國必須有長期海上維權鬥爭的準備。此外，隨著國家利益不斷延伸，海外利益安全問題亦受到矚目，如海外能源資源、戰略通道安全等。白皮書更提及中國的國家戰略目標，即在共黨成立一百年時全面建成小康社會、建國一百年時達成富強民主文明和

---

31 宋忠平，《南海，南海》（北京：中國發展出版社，2016），頁73。
32 習近平，《習近平談治國理政第二卷》（北京：外文出版社，2017），頁441-444。
33 邢廣梅，〈海洋強國戰略框架下的我國海上安全〉，《中國海洋大學學報（社會科學版）》，第2期（2019），頁3-5。

諧的社會主義現代化國家，實現中華民族偉大復興的中國夢，而中國夢等
同強軍夢。[34]

　　《中國的軍事戰略》白皮書詮釋，中國國家安全內涵與範圍大幅擴
大及複雜，必須堅持總體國家安全觀，統籌內部安全和外部安全、國土安
全和國民安全、傳統安全與非傳統安全、生存安全與發展安全、自身安全
與共同安全等。為了實踐國家戰略目標，落實總體國家安全觀，這對軍隊
提出新要求，要能夠維護國家安全與發展利益，所以要更加重視運用軍事
力量及手段塑造有利戰略局面，以保障國家的和平發展，也要積極關注新
型安全領域挑戰，努力掌握軍事競爭戰略主動權，並配合國家戰略利益發
展，加強參加地區與國際合作等，因此解放軍需要肩負維護國家領土、領
空、領海主權及安全、維護新型領域安全與利益、參加地區與國家安全合
作等任務。[35]

　　《中國的軍事戰略》強調，自中國成立以來，始終維持積極防禦的
戰略方針，並依據國家安全情勢變化調整相關內容，如1993年制定的戰
略方針是以打贏現代化技術，特別是高技術條件下局部戰爭為準則，2004
年則調整為打贏信息化條件下的局部戰爭。《中國的軍事戰略》聲明，基
於情勢變化，除了維持打贏信息化條件下的局部戰爭的軍事鬥爭準備基點
外，另強調凸出海上軍事鬥爭及軍事鬥爭準備，有效控制重大危機與因應
連鎖反應，捍衛國家領土主權、統一及安全。具體而言，就是運用各軍
兵種一體化作戰力量，進行「信息主導、精打要害、聯合制勝的體系作

34　中華人民共和國國務院新聞辦公室，〈中國的軍事戰略〉，中華人民共和國國防部，2015年
　　5月26日，http://www.mod.gov.cn/big5/regulatory/2015-05/26/content_4617812.htm。
35　同註34。

戰」。[36]

　　因此，在發展軍事力量建設上，更加強調海洋議題，包括：（一）在軍兵種部分，解放軍海軍依據近海防禦、遠海護衛的戰略要求，逐步落實近海防禦型轉變為近海防禦型結合遠海護衛型，提升海上作戰力量體系，並強化戰略威攝與反擊、海上機動作戰、海上聯合作戰、綜合防禦作戰與綜合保障能力。解放軍空軍依據空天一體、攻防兼備的戰略要求，落實國土防空型轉變為攻防兼備型，建構因應信息化作戰的空天防禦力量體系，提升戰略預警、空中打擊、防空反導、信息對抗、空降作戰、戰略投送及綜合保障能力；（二）在發展重大安全領域力量部分，《中國的軍事戰略》特別點出海洋是重大安全領域之一，強調海洋攸關中國長治久安與可持續發展，必須調整傳統重陸輕海的觀念，轉而高度重視經略海洋、維護海權，建設和國家安全與發展利益相符的現代海上軍事力量體系，維護國家主權、海洋權益、戰略通道安全、海外利益安全、參與海洋國際合作等，達成海洋強國的目標；（三）在深化軍民融合部分，《中國的軍事戰略》也把海洋列入發展範圍之一。[37]

　　2015 年 11 月 24 日，習近平召開中央軍委改革工作會議，會中宣布全面實施改革強軍戰略，聲明「深化國防和軍隊改革是實現中國夢、強軍夢的時代要求，是強軍興軍的必由之路」。[38] 中國人民解放軍國防大學校長張仕波分析，習近平提出新形勢下軍事戰略方針目的有三，一是推動國防和軍隊現代化建設，以軍事鬥爭準備為龍頭，帶動現代化建設，意即以

36　中華人民共和國國務院新聞辦公室，〈中國的軍事戰略〉，中華人民共和國國防部，2015年5月26日，http://www.mod.gov.cn/big5/regulatory/2015-05/26/content_4617812.htm。
37　同註36。
38　習近平，《習近平談治國理政第二卷》（北京：外文出版社，2017），頁406-411。

軍事需求分配資源，聚焦在軍事鬥爭準備的重點，從而進行重大建設，並推動部隊現代化。二是推動新一輪的國防及軍隊改革。三是指導軍事鬥爭準備，也就是要更新思想觀念，推動軍事鬥爭準備從維護生存利益，向維護發展利益方向發展，從維護領土、領海、領空安全，向全面維護領土、海洋等安全面向發展。[39] 因此，習近平強調要凸出海上軍事鬥爭和軍事鬥爭準備，主要就是因為中國和周邊國家的領土以及海洋爭端問題情勢日趨複雜，特別是海上軍事鬥爭態勢明確且嚴峻，變成影響中華民族復興的重要限制因素。基於確保國家安全及發展利益，中國必須要凸顯海上軍事鬥爭與軍事鬥爭準備的重要性。[40]

2017 年 5 月，習近平視察解放軍海軍時指出，強大的海軍有助實踐海洋強國與達成中國夢的目標。[41] 2018 年 4 月 12 日，解放軍在南海舉行海上閱兵。習近平親自檢閱部隊並發表談話，強調在實現中華民族偉大復興的道路上建立強大海軍的重要性。習近平再次聲明應該積極推動海軍現代化，目標是建立世界一流的海軍。此次閱兵共有 48 艘戰艦、76 架戰機、1 萬多名官兵參與，且中共「十八大」後列裝艦艇占受閱艦艇一半以上，是解放軍史上最大規模海上閱兵。此次閱兵更是解放軍海軍首次在南海舉行，同時反映中國走向藍水海軍，具備遠洋作戰能力的意涵。[42]

39 張仕波，《推進強軍偉業的戰略思考》（北京：人民出版社，2017），頁102-104。
40 同註39，頁101-102。
41 〈建設海洋強國，習近平從這些方面提出要求〉，《中國共產黨新聞網》，2019年7月11日，http://cpc.people.com.cn/BIG5/n1/2019/0711/c164113-31226894.html。
42 中華人民共和國國防部，〈中央軍委在南海海域隆重舉行海上閱兵〉，中華人民共和國國防部，2018年4月12日，http://www.mod.gov.cn/big5/leaders/2018-04/12/content_4809303.htm；胡波，〈南海閱兵釋放的海軍發展信號〉，《時代報告》，第4期（2018），頁38-40。

二、南部戰區統籌南海事務並擴大實戰化訓練

　　在習近平視南海為核心利益並推動強軍的要求下，軍事改革成為提升解放軍戰力的方式之一。2015 年中國國防白皮書闡述，在維持積極防禦的軍事戰略不變下，解放軍應該堅持以下原則，包括貫徹總體國家安全觀，加強軍事鬥爭準備，預防危機、遏制戰爭、打贏戰爭；積極因應對國家可能面臨的綜合安全威脅；保持維權及維穩的平衡，一方面維護國家領土主權和海洋權益，另一方面維護周邊安全穩定；積極爭取軍事鬥爭戰略主動，運籌謀劃各方向各領域軍事鬥爭，利用機會加速軍事建設及改革，提升軍隊因應多種安全威脅、達成多樣化軍事任務能力。[43] 2016 年 2 月 1 日，解放軍五大戰區成立，首任南部戰區司令員是王教成、政治委員是魏亮。[44] 中國軍事專家宋忠平分析，習近平推動軍改，在新體制下，南部戰區負責南海相關的軍事任務，而海空軍、火箭軍、戰略支援部隊將扮演重要角色。舉例而言，中國的航空母艦在南海可發揮重要作用，如在南沙群島海域可配合駐守島礁的各軍種執行收復島礁及保衛島礁之軍事任務，也可在西沙群島海域和駐地海空軍合作，使航空母艦得到陸地火力的支援及保護，甚至可以動用火箭軍的反航母彈道飛彈進行嚇阻及長程攻擊。[45] 換言之，南部戰區擔負維護南海主權的重責。

　　2017 年 1 月，中國發布《中國的亞太安全合作政策》，稱儘管亞太地區整體穩定，但仍存在領土主權和海洋權益爭端等不確定因素。對於領

43　中華人民共和國國務院新聞辦公室，〈中國的軍事戰略〉，中華人民共和國國防部，2015年5月26日，http://www.mod.gov.cn/big5/regulatory/2015-05/26/content_4617812.htm。
44　李宣良，〈中國人民解放軍戰區成立大會在北京舉行 習近平主席向五大戰區授予軍旗並發布訓令 宣布建立中國人民解放軍東部戰區南部戰區西部戰區北部戰區中部戰區〉，《新華網》，2016年2月1日，http://www.xinhuanet.com//politics/2016-02/01/c_1117960554.htm。
45　宋忠平，《南海，南海》（北京：中國發展出版社，2016），頁123-129。

土和海洋權益爭議，中國主張應該在尊重歷史事實的基礎上，根據《聯合
國海洋法公約》等在內的國際法與規範，由直接相關的主權國家之間進行
對話談判及和平解決，管控局勢，維護區域和平及穩定。白皮書重申對南
沙群島及附近海域擁有主權，堅持互利合作，並維護南海航行與飛越自
由，以及區域和平穩定。然而，對於侵犯中國領土主權和海洋權益等行
為，中國將會做出必要回應。[46] 2018 年 11 月 30 日，美艦進入中國宣稱的
西沙領海，解放軍發表聲明表達抗議。解放軍退役將領羅援解讀，中國之
前相關抗議是由國防部發布，此次則由南部戰區發言人發表抗議聲明，這
意味解放軍已進入備戰狀態。[47] 2020 年 3 月 10 日，解放軍南部戰區發言
人李華敏再次對美艦進入西沙領海發表聲明進行抗議，並表示由南部戰區
組織海空軍兵力全程進行跟蹤監視、查證識別與警告驅離等措施；重申中
國對南海諸島與其附近海域擁有主權，解放軍保持高度戒備，且採取必要
措施，堅定維護主權及南海地區和平穩定。[48] 也就是說，解放軍已經強化
南部戰區應處南海事務的角色。

　　此外，《中國的軍事戰略》針對因應軍事鬥爭準備部分列出重點方
向，包括：（一）著重加強訊息系統的體系作戰能力，逐步建立一體化聯
合作戰體系，並強化建設偵察預警系統和指揮控制系統，發展中遠程精確
打擊力量，完善綜合保障體系，建立完整的軍委聯合作戰指揮機構與戰區
聯合作戰指揮體制；（二）統籌推動各方向與領域的軍事鬥爭準備，包括

---

46 中華人民共和國國務院新聞辦公室，〈中國的亞太安全合作政策〉，中華人民共和國國防
　　部，2017年1月11日，http://www.mod.cn/big5/regulatory/2017-01/11/content_4769725.htm。
47 〈2019，南海、台海是否會再起烽煙 —— 環球時報年會第三議題嘉賓討論精彩內容摘編〉，
　　《環球網》，2018年12月14日，https://opinion.huanqiu.com/article/9CaKrnKfTXM。
48 〈南部戰區新聞發言人就美艦擅闖我西沙領海發表談話〉，中華人民共和國國防部，2020年
　　3月11日，http://www.mod.gov.cn/topnews/2020-03/11/content_4861822.htm。

傳統安全領域和新型安全領域軍事鬥爭準備、維護國家主權和安全、維護國家海洋權益、因應武裝衝突與突發事件準備；因應武器裝備更新換代與作戰樣式發展變化，進一步改善戰場布局，加強戰略預置等；（三）保持戰備狀態，包括嚴密組織邊海空防戰備巡邏及執勤，如海軍實施常態化戰備巡邏，在相關海域保持軍事存在，而空軍堅持平戰一體、全域反應、全疆到達原則，保持靈敏高效的戰備狀態；（四）提高軍事訓練實戰化；（五）組織非戰爭軍事行動準備，如搶險救災、反恐維穩、維護權益、安保警戒、國際維和、國際救援等非戰爭軍事行動任務，一方面提升軍事作戰能力，另一方面強化軍隊處理非戰爭軍事行動的能力，改善軍隊處置突發事件應急指揮機制及國家應急管理機制協調運作。[49]

為了落實上述原則與方向，解放軍擴大在南海地區的實戰化訓練，類型至少包括：（一）戰巡南海：解放軍空軍負責，由轟 -6K、殲擊機、空中加油機、蘇 -35 等各式戰機至南海進行巡航任務；[50]（二）遠海艦機實戰化對抗訓練：南海艦隊航空兵負責，由轟炸機、殲擊機、預警機等多架戰機分批從不同機場起飛，前往西太平洋海域與中國海軍護航艦艇編隊進行對抗訓練；[51]（三）長航時連續預警偵察訓練：南部戰區海軍航空兵負責，出動多批次戰機進行實戰化訓練（提高航行時數、全程設置敵情及戰術背景、加大夜間訓練、資訊串聯與交換、無預警實戰對抗等），可截獲

---

[49] 中華人民共和國國務院新聞辦公室，〈中國的軍事戰略〉，中華人民共和國國防部，2015年5月26日，http://www.mod.gov.cn/big5/regulatory/2015-05/26/content_4617812.htm。

[50] 〈中國空軍蘇-35戰機飛赴南海戰鬥巡航〉，《新華網》，2018年2月7日，http://www.xinhuanet.com/2018-02/07/c_1122383500.htm；〈中國空軍航空兵赴南海常態化戰鬥巡航〉，《新華網》，2016年7月18日，http://www.xinhuanet.com//politics/2016-07/18/c_1119238417.htm。

[51] 〈南海艦隊航空兵開展遠海艦機實戰化對抗訓練〉，《新華網》，2017年12月21日，http://www.xinhuanet.com/politics/2017-12/21/c_1122148453.htm。

多種「敵」對空雷達訊號；[52]（四）遠海聯合訓練：南海艦隊負責，搭配空軍、火箭軍與戰略支援部隊等，前往南海等海域演訓；[53]（五）跨區機動演習：解放軍海軍出動「遼寧號」航母編隊至南海相關海域演練，提高航母編隊體系作戰能力。「山東號」航母則是在南海演訓後交付海軍，正式成軍。[54]

2019 年 7 月，中國《新時代的中國國防》白皮書評估，南海總體情勢趨於穩定，區域內國家妥善管控風險及分歧，但指出個別區域外國家機艦對中國密集進行抵近偵察，與非法闖入中國領海和有關島礁鄰近海域及空域，衝擊中國國家安全。中國仍採取防禦性國防政策，把維護國家海洋權益列入目標之一。中國重申南海諸島是中國固有領土，推動南海島礁基礎設施與部署防禦力量，是行使國家主權的方式之一。中國持續與周邊國家透過協商解決問題，以維護海上通道安全、航行和飛越自由、區域和平穩定等。但另一方面，解放軍海空軍也在南海進行海上閱兵、實戰化訓練，積極捍衛國家主權及利益。[55]

歸納來說，在習近平中華民族偉大復興的中國夢下，解放軍也朝向世界一流軍隊的強軍夢方向前進。當南海成為中國的核心利益，解放軍的軍事戰略自然就把強化海上軍事鬥爭視為重要部分。因此，解放軍海軍與空軍皆進行轉型，新設的南部戰區負責南海事務，加強有關的軍事訓練及演

---

52 〈南部戰區海軍航空兵某師組織長航時連續預警偵察訓練〉，中華人民共和國國防部，2019年12月15日，http://www.mod.gov.cn/power/2019-12/15/content_4856792.htm。

53 〈南部戰區海軍遠海聯合訓練編隊啟航〉，中華人民共和國國防部，2019年1月17日，http://www.mod.gov.cn/power/2019-01/17/content_4834790.htm。

54 〈海軍遼寧艦航母編隊組織跨區機動訓練〉，中華人民共和國國防部，2020年4月13日，http://www.mod.gov.cn/big5/topnews/2020-04/13/content_4863626.htm；〈我國第一艘國產航空母艦交付海軍 習近平出席交接入列儀式〉，中華人民共和國國防部，2019年12月17日，http://www.mod.gov.cn/big5/topnews/2019-12/17/content_4857037.htm。

55 中華人民共和國國務院新聞辦公室，〈新時代的中國國防〉，中華人民共和國國防部，2019年7月24日，http://www.mod.gov.cn/big5/regulatory/2019-07-24/content_4846424.htm。

習，模擬因應來自海上的威脅與挑戰。

伍、南海的和平前景與國際社會的擔憂

中國透過推動制定《南海行為準則》，展現其追求南海和平發展的機會。然而，中國也把軍民融合與軍民兩用當作南海島礁建設的重要元素，持續透過軍事手段捍衛中國在南海的主權。對此，國際社會對南海的和平前景多持謹慎的態度。

一、推動制定《南海行為準則》

2002 年，中國與東協（Association of Southeast Asian Nations, ASEAN）達成《南海各方行為宣言》。然而，南海有關爭端並未獲得解決。因此，《南海行為準則》就備受期待。2013 年 9 月，中國開始與東協推動《南海行為準則》的談判。2014 年，中國總理李克強在東亞峰會上針對南海問題提出雙軌思路，即有關具體爭議由當事國透過談判方式處理爭議，至於南海整體的和平穩定由中國與東協一同維護的立場。2015 年，中國外交部長王毅對外表示，南海局勢總體穩定，中國不會允許南海陷入失序的狀態。「中國與部分國家存在的南沙爭議焦點不是九段線，而是這些國家非法占領部分中國南沙島礁引發的領土主權爭議，中國將依法維護南沙群島及其附近海域的主權和正當權益」。王毅重申中國處理南海問題的雙軌思維，宣稱將積極推動《南海行為準則》的談判。[56]

---

56 〈李克強東亞峰會不避難題 就南海強調「雙軌思路」〉，《人民網》，2014年11月14日，http://politics.people.com.cn/BIG5/n/2014/1114/c1001-26024553.html；馬玉潔、包雪琳，〈王毅：中國不允許任何國家把南海搞亂！〉，《新華網》，2015年8月4日，http://big5.xinhuanet.com/gate/big5/sg.xinhuanet.com/2015-08/04/c_128089833.htm。

在南海仲裁案後，習近平隨即重申南海諸島是中國領土的一部分，闡明中國在南海的領土主權及海洋權益不受仲裁案影響的立場。可是，習近平亦表示，中國仍會堅持和平發展與維護南海和平穩定的路線，「致力於同直接有關的當事國在尊重歷史事實的基礎上，根據國際法，通過談判協商和平解決有關爭議」。[57] 2018 年，在中國與東協的外長會議上，雙方宣布形成《南海行為準則》單一磋商文本草案。王毅表示，此舉代表向完成《南海行為準則》又邁進一步，也意味中國與東協國家有能力維護南海的和平與穩定，並透過談判協商建立可以共同遵守的地區規則。[58] 2019 年，中國與東協完成《南海行為準則》單一磋商文本草案的一讀程序。對此，王毅表示，中國與東協提前完成一讀程序，為三年完成《南海行為準則》的目標構成有利條件。[59]

二、增強島礁軍民融合並採取軍事手段捍衛南海主權

由於南海幅員遼闊，加上島礁在南海地位的特殊性，解放軍若要發揮最大戰力，勢必要善用各種資源。換言之，中國在南海的船隻、島礁上的碼頭等基礎設施，除了提供民間使用之外，必須兼顧軍事需要，符合軍民兩用的原則。《中國的軍事戰略》把海洋領域的軍民融合列入重點項目，聲明加快重點建設領域軍民融合發展，擴大政策支持基礎領域、重點技術

---

57 楊依軍，〈習近平會見歐洲理事會主席圖斯克和歐盟委員會主席容克〉，《新華網》，2016 年7月12日，http://www.xinhuanet.com//politics/2016-07/12/c_1119207979.htm。

58 〈王毅：「南海行為準則」單一磋商文本草案形成，證明中國與東盟國家有能力達成共同遵守的地區規則〉，中華人民共和國外交部，2018年8月2日，https://www.fmprc.gov.cn/web/wjb_673085/zzjg_673183/xybfs_673327/dqzzhzjz_673331/zgalb_673389/xgxw_673395/t1582564.shtml。

59 袁夢晨、楊舟、方棟，〈文本草案一讀提前完成 東盟各國外長評價積極「南海行為準則」磋商邁出關鍵一步〉，《人民網》，2019年8月3日，http://paper.people.com.cn/rmrbhwb/html/2019-08/03/content_1939361.htm。

領域與主要行業標準軍民通用，利用國防工業體系發展武器裝備、利用社會保障體系推動後勤社會化保障等，並廣泛推動軍民合建共用基礎設施，推動軍地海洋、太空、空域、測繪、導航、氣象、頻譜等資源的開發與合作使用，促進軍地資源的相互利用。此外，《中國的軍事戰略》也提出要改善軍地統籌建設運行模式，如在國家層面建立軍民融合發展的統一領導、軍地協調、需求對接、資源共享機制；推動統合運用軍事和各領域力量，建立完整的軍地聯合應對重大危機與突發事件行動機制。[60]中國學者宋忠平也倡議要強化在三沙市的軍民融合，包括海洋環境保護、突發公共安全事件應急救援體系、海洋文化產業體系、國防文化產業體系、聯防體系等。[61]

這也意味，中國把軍民融合及軍民兩用當作南海島礁建設的重要內涵。舉例而言，負責海南省與三沙市之間的大型交通補給船都具有一定的載重量、續航力及直升機平台等，具有在戰時可擔負軍事任務的可能性。2016年，中國開始在南沙島礁興建與部署防空飛彈及雷達系統。同年，中國中央軍委副主席范長龍以視察南沙島礁的燈塔、氣象等基礎設施之名義，率領軍地部門負責人登島視察相關設施，慰問施工人員及官兵。[62]從中國的角度，南海議題攸關主權原則的維權及維穩問題，因此並不否認中國有在相關島礁進行軍事部署，包括修建軍民兩用機場與港口、安設電子

60　中華人民共和國國務院新聞辦公室，〈中國的軍事戰略〉，中華人民共和國國防部，2015年5月26日，http://www.mod.gov.cn/big5/regulatory/2015-05/26/content_4617812.htm。

61　宋忠平，《南海，南海》（北京：中國發展出版社，2016），頁132-137。

62　〈三沙1號船可載99坦克縱橫南海 首航具里程碑意義〉，《人民網》，2015年1月7日，http://military.people.com.cn/BIG5/n/2015/0107/c1011-26339712.html；〈范長龍視察南沙島礁〉，《新華網》，2016年4月15日，http://www.xinhuanet.com//mil/2016-04/15/c_128899718.htm；〈美炒作中國華陽礁建雷達 我軍方批駁「蓄意製造議題」〉，《環球網》，2016年2月24日，https://world.huanqiu.com/article/9CaKrnJU3ko。

戰裝備等,但聲明相關軍事部署是屬於防禦性質。[63] 2017 年 6 月 20 日,習近平在中央軍民融合發展委員會第一次全體會議上指出,將軍民融合提高至國家戰略,是中國從國家發展與國家安全全局做出的重大決策,且推動軍民融合必須聚焦在包括海洋在內的重點領域,因為這些領域軍民共用性強,才能發揮最大效用。[64] 2018 年 8 月,解放軍南部戰區指揮海軍、空軍與聯合保障部隊前往永暑礁執行救援漁民任務,建立中國在南沙島礁因應突發公共安全事件的能力,亦完成南部戰區成立後的首次對南沙漁民的非戰爭軍事任務。[65]

　　面對外國使用軍事手段介入南海,中國也利用軍事措施進行反制,積極保護南海主權及利益,包括擴建島礁跑道、部署防禦性武器等。[66] 2016 年 3 月,美國海軍航空母艦前往南海巡弋。中國派出多艘戰艦與船隻干擾圍堵,亦出動電子偵察船進行監視。宋忠平評析,美國積極介入南海相關事務,目的就是針對中國,因此中國採取軍事措施反制美國。2018 年 12 月,中國退役將領羅援證實,中國已在永暑礁、渚碧礁等島礁上修建機場,部署防禦性武器裝備;對於美艦進入中國西沙領海範圍,中國採取實際行動,對入侵艦艇實施取證、警告和驅趕等措施。[67] 隨著美國與其他國家以「航行自由」與軍事演習等名義不斷在南海展開軍事行動,中國國防

63 朱鋒,〈「印太戰略」陰影下的南海大國較量〉,《世界知識》,第1期(2018),頁20;余敏友、張琪悅,〈南海島礁建設對維護我國南海主權與海洋權益的多重意義〉,《邊界與海洋研究》,第4卷第2期(2019),頁51-52。

64 習近平,《習近平談治國理政第二卷》(北京:外文出版社,2017),頁412-414。

65 〈解放軍運輸機飛行數千公里奔赴永暑礁 只為一件事〉,《環球網》,2018年8月10日,http://china.huanqiu.com/article/2018-08/12690204.html?agt=16372。

66 吳士存、陳相秒,〈中美南海博弈:利益、衝突與動因 —— 兼論破解南海「安全困局」之道〉,《亞太安全與海洋研究》,第4期(2019),頁44。

67 宋忠平,《南海,南海》(北京:中國發展出版社,2016),頁32-33;〈2019,南海、台海是否會再起烽煙 —— 環球時報年會第三議題嘉賓討論精彩內容摘編〉,《環球網》,2018年12月14日,https://opinion.huanqiu.com/article/9CaKrnKfTXM。

部表達堅決反對的態度，並批評相關舉措無助南海地區的和平穩定，解放軍會高度警戒，捍衛主權、安全與發展利益。[68]

三、國際社會對南海和平抱持審慎立場

當習近平在南海展現擴張領土的野心與執行強勢的政策作為，美國在內的國際社會提高了對南海局勢的關注。美國國內觀察，在習近平的中國夢下，解放軍推動軍事現代化，強化海上力量是重要的一部分，而戰略目標是控制南海等近海區域。[69] 儘管有南海仲裁案，中國仍忽視國際規範，持續透過島礁軍事化，成功促進中國的主權主張。[70] 當中國愈加重視南海議題，已經不能排除南海是美中關係可能的衝突點。[71] 中國在南海的擴張行為，威脅到美國、美國的盟邦夥伴、與國際社會的經濟及國家利益。若美國及其盟邦夥伴沒有及時且全面地採取對策，中國在南海的攻勢將會繼續擴大。[72] 正因為中國擴大對南海過度且非法的海上主張，川普政府正強

---

68 中華人民共和國國防部，〈2020年4月國防部例行記者會文字實錄〉，中華人民共和國國防部，2020年4月30日，http://www.mod.gov.cn/jzhzt/2020-04/30/content_4864572_3.htm。

69 Andrew S. Erickson, "Chapter 8 China's Maritime Ambitions," in Sumit Ganguly, Andrew Scobell and Joseph Chinyong Liow eds., *The Routledge Handbook of Asian Security Studies* (2nd ed.) (New York: Routledge, 2020), pp. 100-101.

70 Elizabeth C. Economy, " China's New Revolution The Reign of Xi Jinping," *Foreign Affairs*, Vol. 97, No. 3 (May/June 2018), pp. 60, 69; Aaron L. Friedberg, "Competing with China," *Survival*, Vol. 60, No. 3 (June/July 2018), pp. 21-23; Fareed Zakaria, "The New China Scare Why America Shouldn't Panic About Its Latest Challenger," *Foreign Affairs*, Vol. 99, No. 1 (January/February 2020), pp. 60, 64.

71 Graham Allison, "China vs. America Managing the Next Clash of Civilizations," *Foreign Affairs*, Vol. 96, No. 5 (September/October 2017), p. 88; Andrew Scobell, "The South China Sea and U.S.-China Rivalry," *Political Science Quarterly*, Vol. 133, No. 2 (Summer 2018), pp. 199-224.

72 Ely Ratner, "Course Correction How to Stop China's Maritime Advance," *Foreign Affairs*, Vol. 96, No. 4 (July/August 2017), pp. 64-72; Mackubin T. Owens, Bradley Bowman and Andrew Gabel, "Dangerous Waters," *The National Interest*, No. 165 (January/February 2020), p. 36; Mira Rapp-Hooper, "The United States Still Needs the System That Put It on Top," *Foreign Affairs*, Vol. 99, No. 2 (March/April 2020), pp. 132-133.

化對中國的反制措施，如制裁協助中國在南海推動島礁建設的企業。[73] 日本學者分析，中國將南海視為核心利益之一，因此在習近平上台後，中國擴大在南海島礁的建設、軍事活動及準軍事活動，提升中國在南海的軍事存在感，並施壓南海周邊的聲索國，藉此保護中國的海上權利與利益。然而，北京這些舉動引發中國周邊國家及美國在內的國際社會高度警覺。[74]

美國國防部《2020中國軍事與安全發展報告》（*Military and Security Developments Involving the People's Republic of China 2020*）注意到，南海是重要的海上運輸線，東北亞國家高度依賴南海進行能源及商業活動，中國本身也依賴南海作為能源與經濟活動的海上運輸線。2009年，中國主張南海主權，並引用九段線作為依據。然而，2016年，國際仲裁法庭認為中國以九段線為依據所做的南海主張，不能超越國際海洋法的規範。儘管如此，在中國不斷強化軍力的情況下，中國已經在第一島鏈內建立區域拒止／反介入（Anti-Access/Area Denial, A2AD）的能力，這範圍涵蓋南海。南海是南部戰區的負責範圍，而中國自製航母極可能以南部戰區的榆林港作為母港。此外，中國推動南海島礁的軍事建設。整體而言，中國在南海的政策是中國軍民融合戰略的一種展現，包括建立符合軍事標準的民用建設，並利用民間建設達成軍事目的。中國整個軍民融合戰略是要建立國家的戰略體系與能力，用來支持國家復興的目標。儘管《南海行為準則》已經在2019年7月完成一讀，並預計在2021年完成三讀。然而，《2020

73　Nadia Schadlow, "The End of American Illusion Trump and the World as It Is," *Foreign Affairs*, Vol. 99, No. 5 (September/October 2020), p. 41; Gregory Poling and Zack Cooper, "Washington Tries Pulling Economic Levers in the South China Sea," Asia Maritime Transparency Initiative, August 28, 2020, https://amti.csis.org/washington-tries-pulling-economic-levers-in-the-south-china-sea/.

74　Masafumi Iida, "Chapter 1 China's Foreign Strategy Causes Friction with the Existing World Order," in National Institute for Defense Studies, ed, *NIDS China Security Report 2019: China's Strategy for Reshaping the Asian Order and Its Ramification* (Tokyo: The National Institute for Defense Studies, 2019), pp. 7, 11-13, 16-17, 22.

中國軍事與安全發展報告》評估，即使達成協議，也不太可能有實質的內容。[75]

美國國務院政策規劃辦公室出版的《中國挑戰要素》（*The Elements of the China Challenge*）研究報告指出，中國尋求擴大主權範圍，包括南海在內。中國共產黨利用共產主義與民族主義，當作聲索南海在內的領土論述基礎。可是，中國宣稱的主權範圍超過國際法所允許的範圍，這構成中國崛起的挑戰之一。而且，中國建設與軍事化爭議島礁，已經改變海上的權力平衡。《中國挑戰要素》報告分析，解放軍的海空軍定期與不定期在南海等地展現軍事實力，挑戰了南海區域國家的海軍及執法船隻。中國也忽視國際仲裁法庭 2016 年的裁決，並在爭議島礁部署反艦飛彈、防空飛彈及其他軍事能力，挑戰了國際法及國際秩序。對此，國務院批評這明顯違反習近平在 2015 年的公開承諾，即中國不追求在爭議島嶼推動軍事化，但中國依然在與周邊國家存在爭議的島礁上強化軍事措施及採取軍事作為。[76] 美中經濟暨安全審查委員會（U.S- China Economic and Security Review Commission, USCC）的報告亦點出，中國在南海島礁持續推動相關建設與軍事化的作為是造成美中關係持續緊張的原因之一。北京在南海的作為明顯違反其自己的承諾及對國際的義務，包括使用解放軍等在內的軍事與準軍事手段，恫嚇南海周邊國家及美國等其他國家，引發各國的反彈。[77]

---

[75] Office of the Secretary of Defense, "Military and Security Developments Involving the People's Republic of China 2020," September 1, 2020, pp. 9, 18, 20, 72-76, 99-100, 101-102, 133.

[76] The Policy Planning Staff, *The Elements of the China Challenge* (Washington, D.C.: Office of the Secretary of State, 2020), pp. 9, 18-19, 32-34.

[77] U.S- China Economic and Security Review Commission, "2020 REPORT TO CONGRESS of the U.S.-CHINA ECONOMIC AND SECURITY REVIEW COMMISSION," December 1, 2020, pp. 8, 28-29, 59-60, 62-64, 357-361, 365-366, 394-395, 400, 404, 405-407.

　　日本防衛省出版《2020年防衛白皮書》（*DEFENSE OF JAPAN 2020*）也批評，中國持續在南海推動軍事化作為，企圖透過恫嚇的方式創造一個實質占領，構成單方面改變現狀。這引發日本的關切，認為已經改變印太區域平衡的情勢。美國與日本經常透過聯合聲明的方式，對中國在南海的作為表達關切，反對中國透過恫嚇的方式單方面改變現狀，以確保法治與航行自由。此外，日本希望《南海行為準則》能夠符合國際法的規範，並不傷害所有南海爭端國的合法權益及利益。[78] 東協則強調南海和平穩定、航行與飛越自由的重要性，期盼與中國早日達成符合《聯合國海洋法公約》等國際法規範，且有效並具實質內涵的《南海行為準則》。東協呼籲各方避免採取導致緊張升級的行動，也強調《聯合國海洋法公約》應該是解決有關海上權利、主權權利、管轄權與具正當利益的基礎。[79]

　　整體而言，北京雖想要藉由推動《南海行為準則》，說服周邊國家及國際社會，中國仍是期盼南海是和平之海。然而，中國同時採取實際的軍事行動維護南海主權，對島礁的建設更強調軍民融合及軍民兩用，藉以掌握南海軍事上的主導權，使得其宣傳效果大打折扣。美國、日本與東協國家都對北京的作為採取保留觀望，甚至批評的立場。

陸、結論

　　自中國崛起以來，北京不斷宣揚和平崛起是中國必走的道路，也因

---

78 Japan Ministry of Defense, "DEFENSE OF JAPAN 2020," September 11, 2020, pp. 30, 59, 75-77, 383.

79 Association of Southeast Asian Nations (ASEAN), "Chairman's Statement of the 37th ASEAN Summit," November 12, 2020.

此在對外政策上努力降低軍事作為的角色及地位。這樣的主張及政策走向也適用南海，北京不斷聲明和平解決南海爭議，也與東協簽署《南海各方行為宣言》，展現和平維護者及貢獻者的形象。然而，在習近平主政下，北京對南海的態度及立場已經出現明顯轉變。這是因為南海的角色與地位已經提升到戰略層級，牽涉到中國的核心利益，連結到中華民族偉大復興的中國夢以及中國解放軍的強軍夢，也與北京建設海洋強國的目標密切相關，產生環環相扣的情況。北京展現積極捍衛南海的態度、決心及相關作為，一方面採取各種措施強化對南海的行政管轄權，另一方面也調整軍事戰略，擴大在南海與相關島礁的軍事建設及存在。儘管 2016 年南海仲裁案做出不利北京的裁決，卻絲毫沒有動搖習近平維護南海主權的決心及作為。

在習近平中國夢與強軍夢的驅使下，北京企圖掌控南海的野心愈加明顯。北京持續落實對南海的行政管轄權及展現軍事力量，相關政策彼此相互支持與作用，使其南海政策發揮極大效用，達到維護主權、安全及兼顧發展利益的效益。雖然北京宣稱積極推動《南海行為準則》談判，但同時亦透過軍事手段來捍衛南海主權。當中國崛起的軍事比重愈來愈高，國際社會多認為南海和平將面臨考驗。換言之，在可預見的未來，北京除了宣稱要和平解決南海爭端外，民族主義與強軍建設亦將構成習近平南海政策的基本要素，這將明顯衝擊區域安全及秩序，長期發展值得密切注意。

參考文獻

一、中文部分

〈「三沙 2 號」交通補給船首航永興島〉，三沙市政府，2019 年 8 月 21 日，
　　http://www.sansha.gov.cn/sansha/mtjjs/201908/021a6f719b874e6cb33bbc0
　　4a8581748.shtml。

〈2019，南海、台海是否會再起烽煙—環球時報年會第三議題嘉賓討論
　　精彩內容摘編〉，《環球網》，2018 年 12 月 14 日，https://opinion.
　　huanqiu.com/article/9CaKrnKfTXM。

〈三沙 1 號船可載 99 坦克縱橫南海 首航具里程碑意義〉，《人民網》，
　　2015 年 1 月 7 日，http://military.people.com.cn/BIG5/n/2015/0107/c1011-
　　26339712.html。

〈中國空軍航空兵赴南海常態化戰鬥巡航〉，《新華網》，2016 年 7 月 18
　　日，http://www.xinhuanet.com//politics/2016-07/18/c_1119238417.htm。

〈中國空軍蘇 -35 戰機飛赴南海戰鬥巡航〉，《新華網》，2018 年 2 月 7 日，
　　http://www.xinhuanet.com/2018-02/07/c_1122383500.htm。

〈中國南海部分島礁和海底地理實體的標準名稱公布〉，《中國新聞網》，
　　2020 年 4 月 19 日，http://www.chinanews.com/gn/2020/04-19/9161434.
　　shtml。

〈中國科學院島礁綜合研究中心永暑站、渚碧站啟用〉，《新華網》，
　　2020 年 3 月 20 日，http://www.xinhuanet.com/tech/2020-03/20/c_11257
　　42608.htm。

〈中國海警：越南漁船在西沙撞我海警船後沉沒〉，《人民日報》，2020
　　年 4 月 3 日，https://wap.peopleapp.com/article/5351074/5262034。

〈中國電信開通海南三沙市永暑礁、永興島 5G 基站〉，三沙市政府，2019
　　年 7 月 25 日，http://www.sansha.gov.cn/sansha/mtjjs/201907/5c287a98d7d
　　f4f76a9a008c669b1d02a.shtml。

〈王毅：「南海行為準則」單一磋商文本草案形成，證明中國與東盟國家有能力達成共同遵守的地區規則〉，中華人民共和國外交部，2018年8月2日，https://www.fmprc.gov.cn/web/wjb_673085/zzjg_673183/xybfs_673327/dqzzhzjz_673331/zgalb_673389/xgxw_673395/t1582564.shtml。

〈我國在南海新建5座大型燈塔4座已發光〉，交通運輸部南海航海保障中心，2017年5月15日，https://www.nhhb.org.cn/getArticlebyPid?guid=7ef163ca-40b8-49cb-a193-332c7da10b2a&istype=1。

〈我國第一艘國產航空母艦交付海軍　習近平出席交接入列儀式〉，中華人民共和國國防部，2019年12月17日，http://www.mod.gov.cn/big5/topnews/2019-12/17/content_4857037.htm。

〈李克強東亞峰會不避難題　就南海強調「雙軌思路」〉，《人民網》，2014年11月14日，http://politics.people.com.cn/BIG5/n/2014/1114/c1001-26024553.html。

〈南沙群島永暑礁、渚碧礁、美濟礁海洋觀測中心正式啟用〉，《新華網》，2018年10月31日，http://www.xinhuanet.com/tech/2018-10/31/c_129983377.htm。

〈南海救助局三沙海上救助中心正式運行〉，《新華網》，2019年10月10日，http://www.xinhuanet.com/2019-10/10/c_1125088022.htm。

〈南海艦隊航空兵開展遠海艦機實戰化對抗訓練〉，《新華網》，2017年12月21日，http://www.xinhuanet.com/politics/2017-12/21/c_1122148453.htm。

〈南部戰區海軍航空兵某師組織長航時連續預警偵察訓練〉，中華人民共和國國防部，2019年12月15日，http://www.mod.gov.cn/power/2019-12/15/content_4856792.htm。

〈南部戰區海軍遠海聯合訓練編隊啟航〉，中華人民共和國國防部，2019年1月17日，http://www.mod.gov.cn/power/2019-01/17/content_483 4790.htm。

〈南部戰區新聞發言人就美艦擅闖我西沙領海發表談話〉，中華人民共和

國國防部，2020 年 3 月 11 日，http://www.mod.gov.cn/topnews/2020-03/
　　11/content_4861822.htm。

〈建設海洋強國，習近平從這些方面提出要求〉，《中國共產黨新聞網》，
　　2019 年 7 月 11 日，http://cpc.people.com.cn/BIG5/n1/2019/0711/c164113-
　　31226894.html。

〈美炒作中國華陽礁建雷達 我軍方批駁「蓄意製造議題」〉，《環球網》，
　　2016 年 2 月 24 日，https://world.huanqiu.com/article/9CaKrnJU3ko。

〈胡錦濤在中國共產黨第十八次全國代表大會上的報告〉，《中國共產
　　黨新聞網》，2012 年 11 月 8 日，http://cpc.people.com.cn/n/2012/1118/
　　c64094-19612151-8.html。

〈范長龍視察南沙島礁〉，《新華網》，2016 年 4 月 15 日，http://www.
　　xinhuanet.com//mil/2016-04/15/c_128899718.htm。

〈風浪中守望生命！他們在祖國最南端已值守 500 天〉，交通運輸部南海
　　救助局，2019 年 11 月 20 日，https://www.nh-rescue.cn/xxkd/info_26_ite
　　mid_5078.html。

〈海南首家 5G+ 智慧銀行三沙開通〉，三沙市政府，2019 年 10 月 21 日，
　　http://www.sansha.gov.cn/sansha/mtjjs/201910/b893a6cf93194f87baf0aff28a
　　c3788f.shtml。

〈海軍遼寧艦航母編隊組織跨區機動訓練〉，中華人民共和國國防部，
　　2020 年 4 月 13 日，http://www.mod.gov.cn/big5/topnews/2020-04/13/cont
　　ent_4863626.htm。

〈國務院批准海南省三沙市設立市轄區〉，《人民網》，2020 年 4 月 18 日，
　　http://politics.people.com.cn/BIG5/n1/2020/0418/c1001-31678888.html。

〈習近平：南海諸島是老祖宗留下〉，《國際日報》，2015 年 10 月 19 日，
　　http://www.chinesetoday.com/big/article/1052365。

〈習近平在中國共產黨第十九次全國代表大會上的報告〉，《中國共產黨
　　新聞網》，2017 年 10 月 28 日，http://cpc.people.com.cn/BIG5/n1/2017/
　　1028/c64094-29613660.html。

〈解放軍運輸機飛行數千公里奔赴永暑礁 只為一件事〉，《環球網》，

2018 年 8 月 10 日，http://china.huanqiu.com/article/2018-08/12690204.
　　html?agt=16372。

〈解放軍總參謀長：老祖宗留下的土地一寸也不能丟〉，《人民網》，
　　2014 年 5 月 16 日，http://military.people.com.cn/n/2014/0516/c1011-
　　25027270.html。

中國國際法學會，〈菲律賓所提南海仲裁案仲裁庭的裁決沒有法律效
　　力〉，中國國際法學會，《中國國際法年刊 南海仲裁案管轄權問題專
　　刊》（北京：法律出版社，2016），頁 1-29。

中華人民共和國國防部，〈2020 年 4 月國防部例行記者會文字實錄〉，
　　中華人民共和國國防部，2020 年 4 月 30 日，http://www.mod.gov.cn/
　　jzhzt/2020-04/30/content_4864572_3.htm。

中華人民共和國國防部，〈中央軍委在南海海域隆重舉行海上閱兵〉，中
　　華人民共和國國防部，2018 年 4 月 12 日，http://www.mod.gov.cn/big5/
　　leaders/2018-04/12/content_4809303.htm。

中華人民共和國國務院新聞辦公室，〈中國的亞太安全合作政策〉，中
　　華人民共和國國防部，2017 年 1 月 11 日，http://www.mod.gov.cn/big5/
　　regulatory/2017-01/11/content_4769725.htm。

中華人民共和國國務院新聞辦公室，〈中國的軍事戰略〉，中華人民共
　　和國國防部，2015 年 5 月 26 日，http://www.mod.gov.cn/big5/regulatory/
　　2015-05/26/content_4617812.htm。

中華人民共和國國務院新聞辦公室，〈新時代的中國國防〉，中華人民共
　　和國國防部，2019 年 7 月 24 日，http://www.mod.gov.cn/big5/regulatory/
　　2019-07/24/content_4846424.htm。

朱鋒，〈「印太戰略」陰影下的南海大國較量〉，《世界知識》，第 1 期
　　（2018），頁 18-21。

余敏友、張琪悅，〈南海島礁建設對維護我國南海主權與海洋權益的多重
　　意義〉，《邊界與海洋研究》，第 4 卷第 2 期（2019），頁 34-55。

吳士存、陳相秒，〈中美南海博弈：利益、衝突與動因 —— 兼論破解南海
　　「安全困局」之道〉，《亞太安全與海洋研究》，第 4 期（2019），頁

40-56。

宋忠平，《南海，南海》（北京：中國發展出版社，2016）。

李乃勝，〈強化認知能力，提供控制能力，堅決維護國家海洋權益〉，李乃勝等編著，《經略海洋（2017）》（北京：海洋出版社，2018），頁3-13。

李宣良，〈中國人民解放軍戰區成立大會在北京舉行 習近平主席向五大戰區授予軍旗並發布訓令 宣布建立中國人民解放軍東部戰區南部戰區西部戰區北部戰區中部戰區〉，《新華網》，2016年2月1日，http://www.xinhuanet.com//politics/2016-02/01/c_1117960554.htm。

邢廣梅，〈海洋強國戰略框架下的我國海上安全〉，《中國海洋大學學報（社會科學版）》，第2期（2019），頁3-5。

胡波，〈南海閱兵釋放的海軍發展信號〉，《時代報告》，第4期（2018），頁38-40。

袁夢晨、楊舟、方棟，〈文本草案一讀提前完成 東盟各國外長評價積極「南海行為準則」磋商邁出關鍵一步〉，《人民網》，2019年8月3日，http://paper.people.com.cn/rmrbhwb/html/2019-08/03/content_1939361.htm。

馬玉潔、包雪琳，〈王毅：中國不允許任何國家把南海搞亂！〉，《新華網》，2015年8月4日，http://big5.xinhuanet.com/gate/big5/sg.xinhuanet.com/2015-08/04/c_128089833.htm。

張仕波，《推進強軍偉業的戰略思考》（北京：人民出版社，2017）。

張召忠，《史說島爭》（北京：北京出版社，2014）。

張良福，〈改革開放40年來中國涉海法理維權歷程的回顧與展望〉，《國際法研究》，第3期（2019），頁24-42。

習近平，《習近平談治國理政第二卷》（北京：外文出版社，2017）。

郭紅彥，〈「兵」市魚水情—三沙市雙擁工作紀實〉，《今日海南》，第1期（2014），頁42-43。

馮星，〈「三沙一號」今首航 擴大三沙行政管轄覆蓋面〉，《人民網》，2015年1月5日，http://hi.people.com.cn/BIG5/n/2015/0105/c231190-

23444815.html。

楊依軍，〈習近平會見歐洲理事會主席圖斯克和歐盟委員會主席容克〉，《新華網》，2016 年 7 月 12 日，http://www.xinhuanet.com//politics/2016-07/12/c_1119207979.htm。

賈宇、密晨曦，〈新中國 70 年海洋事業的發展〉，《太平洋學報》，第 28 卷第 2 期（2020），頁 1-17。

鍾堅，〈我國最南端的消防隊正式成立〉，《中國消防》，第 4 期（2017），頁 17。

二、英文部分

Allison, Graham, "China vs. America Managing the Next Clash of Civilizations," *Foreign Affairs*, Vol. 96, No. 5 (September/October 2017), pp. 80-89.

Association of Southeast Asian Nations (ASEAN), "Chairman's Statement of the 37th ASEAN Summit," November 12, 2020.

Economy, Elizabeth C., "China's New Revolution The Reign of Xi Jinping," *Foreign Affairs*, Vol. 97, No. 3 (May/June 2018), pp. 60-74.

Erickson, Andrew S., "Chapter 8 China's Maritime Ambitions," in Sumit Ganguly, Andrew Scobell and Joseph Chinyong Liow eds., *The Routledge Handbook of Asian Security Studies* (2nd ed.) (New York: Routledge, 2020), pp. 100-114.

Friedberg, Aaron L., "Competing with China," *Survival*, Vol. 60, No. 3 (June/July 2018), pp. 7-64.

Iida, Masafumi, "Chapter 1 China's Foreign Strategy Causes Friction with the Existing World Order," in National Institute for Defense Studies ed., *NIDS China Security Report 2019: China's Strategy for Reshaping the Asian Order and Its Ramification* (Tokyo: The National Institute for Defense Studies, 2019), pp. 5-23.

Japan Ministry of Defense, "DEFENSE OF JAPAN 2020," September 11, 2020.

Office of the Secretary of Defense, "Military and Security Developments Involving the People's Republic of China 2020," September 1, 2020.

Owens, Mackubin T., Bradley Bowman and Andrew Gabel, "Dangerous Waters," *The National Interest*, No. 165 (January/February 2020), pp. 36-44.

Poling, Gregory and Zack Cooper, "Washington Tries Pulling Economic Levers in the South China Sea," Asia Maritime Transparency Initiative, August 28, 2020, https://amti.csis.org/washington-tries-pulling-economic-levers-in-the-south-china-sea/.

Rapp-Hooper, Mira, "The United States Still Needs the System That Put It on Top," *Foreign Affairs*, Vol. 99, No. 2 (March/April 2020), pp. 127-140.

Ratner, Ely, "Course Correction How to Stop China's Maritime Advance," *Foreign Affairs*, Vol. 96, No. 4 (July/August 2017), pp. 64-72.

Schadlow, Nadia, " The End of American Illusion Trump and the World as It Is," *Foreign Affairs*, Vol. 99, No. 5 (September/October 2020), pp. 35-45.

Scobell, Andrew, "The South China Sea and U.S.-China Rivalry," *Political Science Quarterly*, Vol. 133, No. 2 (Summer 2018), pp. 199-224.

The Policy Planning Staff, *The Elements of the China Challenge* (Washington, D.C.: Office of the Secretary of State, 2020).

U.S-China Economic and Security Review Commission, "2020 REPORT TO CONGRESS of the U.S.-CHINA ECONOMIC AND SECURITY REVIEW COMMISSION," December 1, 2020.

Wong, Edward, "China Hedges Over Whether South China Sea Is a 'Core Interest' Worth War," *The New York Times*, March 30, 2011, https://www.nytimes.com/2011/03/31/world/asia/31beijing.html.

Zakaria, Fareed, "The New China Scare Why America Shouldn't Panic About Its Latest Challenger," *Foreign Affairs*, Vol. 99, No. 1 (January/February 2020), pp. 52-69.

第三章　美國川普政府「印太戰略」下的南海策略

陳亮智

壹、前言

　　2020 年美國與中國雙方各自在南中國海（South China Sea, SCS，以下簡稱南海）進行大規模的軍事演習，而雙方亦針對彼此在南海水域的軍事力量與種種作為提出嚴厲的批判。[1] 也因此，若干國際媒體認為，當前華盛頓與北京在南海的軍事較量已使得南海成為國際上最具軍事衝突與危險的海域。[2] 事實上，若是回顧過去這三年半以來美中雙方在南海的作為與互動，我們發現華盛頓與北京在南海主權爭議的衝突上非但沒有表現退讓的跡象，反而有競爭愈趨激烈的態勢。隨著 2020 年上半年新冠肺炎疫情對全球政治、經濟、交通與健康的嚴重衝擊，美國逐漸加大在政治外交、國際貿易、軍事與科技等各方面對中國崛起的反制，而南海議題亦在其中。

1　「2020年7月6日外交部發言人趙立堅主持例行記者會」，中華人民共和國外交部，2020年7月6日，https://www.fmprc.gov.cn/web/fyrbt_673021/jzhsl_673025/t1795264.shtml；U.S. Department of State, "U.S. Position on Maritime Claims in the South China Sea," July 13, 2020, https://www.state.gov/u-s-position-on-maritime-claims-in-the-south-china-sea/.

2　Zack Cooper and Bonnie S. Glaser, "What Options Are on the Table In the South China Sea?" War on the Rocks, July 22, 2020, https://warontherocks.com/2020/07/what-options-are-on-the-table-in-the-south-china-sea/; BA Hamzah, "US, China Play Dangerous South China Sea Game," *Asia Sentinel*, July 24, 20202, https://www.asiasentinel.com/p/us-china-play-dangerous-south-china; EurAsian Times Desk, "US Could Attack China, Seized Disputed Islands In South China Sea Before 2020 US Elections—Military Experts," EurAsian Times, July 26, 20202, https://eurasiantimes.com/us-could-attack-nansha-islands-in-south-china-sea-before-us-elections-chinese-military-experts/.

　　雖然解釋川普政府近期對中國的南海政策可以從美國總統大選的角度切入，但是此一策略更應該從川普政府的「印太戰略」（Indo-Pacific Strategy, IPS）來看，因為這段期間華盛頓在南海所採取的策略正是「印太戰略」的實踐，包括主張南海是國際公海水域以及在此水域各國皆有船隻「航行自由」（freedom of navigation）的權利。為了反制中國對南海的傳統與法律主權主張，以及在南海島嶼上的填海造陸與設置軍事設施，美國採取了一系列的反制行動，包括相較於歐巴馬（Barack Obama）政府次數更多、頻率更高的「航行自由任務」（Freedom of Navigation Operations, FONOPs），以及近期所舉行的雙航艦戰鬥群演習。此外，美國在南海反制中國的動作並非只是華盛頓的單邊行動而已，其亦尋求與盟邦及區域內的夥伴的共同合作以抗衡北京在此的強勢作為。因此，若說美中雙方對彼此的南海主張皆不表認同，同時又擺下重兵與增強部署，則愈趨激烈的軍事競爭態勢與日益升高的軍事衝突危險當是自然合理的發展。

貳、美國「印太戰略」與其南海行動的關連

一、美國「印太戰略」

　　為了回應中國崛起而對西太平洋與印度洋區域秩序的衝擊，川普政府於2017年開始提出「印太戰略」構想，並在此一戰略當中進行一系列的軍事行動。[3] 基本上，川普政府「印太戰略」與先前幾任美國政府「亞太

3　基本上，「印太戰略」包含的面向非常多元，其總體戰略觸及政治、外交、軍事、經濟、與基礎建設、網路數位發展等非傳統安全等相關議題。參照：李哲全、李俊毅主編，《2018印太區域安全情勢評估報告》（台北：財團法人國防安全研究院，2018），頁20-22、24-25；Herbert J. "Hawk" Carlisle, "Opening the Aperture: Advancing US Strategic Priorities in the Indo-Pacific Region," *Journal of Indo-Pacific Affairs*, Vol. 1, No.1 (Fall 2018), pp. 4-14.

政策」（Asia-Pacific Policy）的最大差異便是將印度洋納入其整體戰略架構當中，而使「印太戰略」涵蓋了「太平洋」與「印度洋」兩大區域。[4]同時，「印太戰略」亦強調印度此一國家在整個戰略架構中的重要性，因為隨著中國不斷地在西太平洋與印度洋擴張勢力，美國認為必須加強與印度的戰略夥伴關係，以制衡中國在東南亞與南亞日漸升高的政治、經濟與軍事影響力。

當我們回顧整個「印太戰略」的發展過程，其可謂是經由主要的政治菁英詮釋以及重要的政府文件載明，而逐漸從模糊演進到清晰，而2019年則是此一戰略構想發展的分水嶺。在此之前，美國並未在具體的官方文件出版中提出有關「印太戰略」的實質定義、政策目標、具體內容與實踐策略方法，而是將相關的理念散落在政府外交與國防高層官員的演講當中。2019年6月1日與11月4日，美國國防部與國務院分別對「印太戰略」發布了兩份極為重要的政策文件，並在當中清楚地說明華盛頓對印太區域安全環境與挑戰的看法，同時也提出美國對此一區域安全的願景圖像與實踐策略。

首先，在2019年之前，川普政府的第一任國務卿提勒森（Rex Tillerson）於2017年10月18日的演說中便首次提到「印太區域」的地緣政治名詞，美國期盼在「安全、穩定與繁榮」前提下，與印度及其他區域國家共同建立一個「自由與開放的印太區域」（a free and open Indo-Pacific region）。[5]川普則是稍後於2017年11月10日在越南所舉行的亞太經濟

---

4 白宮認為印太區域的範圍是從印度西岸到美國西岸。參閱：The White House, *National Security Strategy of the United States of America* (Washington, D.C.: The White House, 2017), p. 46.

5 Rex Tillerson, "Defining Our Relationship with India for the Next Century: An Address by U.S. Secretary of State Rex Tillerson," *Center for Strategic and International Studies*, October 18, 2017, https://www.csis.org/analysis/defining-our-relationship-india-next-century-address-us-secretary-state-rex-tillerson.

合作（Asia-Pacific Economic Cooperation, APEC）高峰會中針對提勒森先前所言的「自由與開放的印太區域」提出進一步說明。川普主張美國一方面追求平等互惠的國際貿易，另一方面則願意與印太區域國家簽署雙邊的自由貿易協定，以促進區域的經濟繁榮。[6] 2018 年 7 月 30 日，川普政府的第二任國務卿蓬佩奧（Mike Pompeo）則提出「美國印太區域經濟願景」（America's Indo-Pacific Economic Vision）倡議，主張美國應該努力把「環印度洋國家聯盟」（Indian Ocean Rim Association, IORA）納入印太區域經濟發展的計畫當中。[7] 至此，美國是提出「印太區域」的地緣政治名詞，然此一概念距離「印太戰略」的想法仍有一段差距。而且，在川普、提勒森與蓬佩奧的上述說明裡，「印太區域」的概念則是側重在「經濟」與「國際貿易」的面向，也就是美國希望透過雙邊平等且互惠的「自由」貿易與一個「開放」的國際市場來推動區域的經濟發展與繁榮。而在軍事安全方面，川普政府的首任國防部長馬提斯（James Mattis）於 2018 年 6 月 2 日出席「香格里拉對話」（The Shangri-La Dialogue）時，在演說中除了對「自由與開放的印太區域」概念做出更為完整的解釋之外，他亦強調印太地區不應該由任何一個國家所稱霸與主宰，美國會提供軍事上的協助與軍事安全合作以確保區域的安全與穩定，同時維繫區域內的航行與飛行自由。[8] 準此，馬提斯的演說則是將「印太區域」的概念從「經濟」與「國際貿易」的面向擴展到包含「軍事安全」與「區域穩定」的領域。這顯示美國的「印

---

6 The White House, "Remarks by President Trump at APEC CEO Summit," November 10, 2017, https://www.whitehouse.gov/briefings-statements/remarks-president-trump-apec-ceo-summit-da-nang-vietnam/.

7 U.S. Department of State, "Remarks on 'America's Indo-Pacific Economic Vision'," July 30, 2018, https://china.usembassy-china.org.cn/remarks-on-americas-indo-pacific-economic-vision/.

8 U.S. Department of Defense, "Remarks by Secretary Mattis at Plenary Session of the 2018 Shangri-La Dialogue," June 2, 2018, https://www.defense.gov/Newsroom/Transcripts/Transcript/Article/1538599/remarks-by-secretary-mattis-at-plenary-session-of-the-2018-shangri-la-dialogue/.

太區域」想法並非只是關注到國際經濟貿易的自由開放，其亦主張區域的
地理空間與安全秩序必須也是自由開放。

　　其次，在2019年之後，美國國防部於6月1日發表了《印太戰
略報告》（*Indo-Pacific Strategy Report: Preparedness, Partnerships, and
Promoting a Networked Region*），國務院則是在11月4日發布了《自由
開放印太：促進共同願景》（*A Free and Open Indo-Pacific: Advancing a
Shared Vision*）報告。[9]這兩份文件充分綜整與論述了川普政府的「印太
戰略」倡議，對其戰略構想、政策願景與實踐的行動方案均做了清楚的說
明。至此美國的「印太戰略」可謂大致清晰而明朗，同時也將上述「印太
區域」的概念清楚地推演至「印太戰略」的構想與計畫。整體來說，美國
「印太戰略」的戰略願景是在於建立一個「自由與開放的印太區域」，並
以實踐四項主要的核心價值與原則：第一、尊重國家主權獨立；第二、和
平解決國際爭端；第三、落實自由與公平互惠的國際貿易；第四、以國際
規範與國際公法為基礎的國際秩序。[10]美國希望運用其國家的力量，包括
部署強大的軍事力量，並且聯合區域內的同盟與夥伴國家一起行動，以保
障並促進上述所揭示的核心價值與原則，尤其是在面對中國（與俄羅斯）
此等「修正主義者強權」（revisionist power）的挑戰。由於北京正以其「一
帶一路」倡議來推動它在印太區域內的政經實力與影響力，華盛頓希望以

9　U.S. Department of Defense,"Indo-Pacific Strategy Report: Preparedness, Partnerships, and
　　Promoting a Networked Region," June 1, 2019, https://media.defense.gov/2019/Jul/01/2002152311/-
　　1/-1/1/DEPARTMENT-OF-DEFENSE-INDO-PACIFIC-STRATEGY-REPORT-2019.PDF; U.S.
　　Department of State, "A Free and Open Indo-Pacific: Advancing a Shared Vision," November 4,
　　2019, https://www.state.gov/wp-content/uploads/2019/11/Free-and-Open-Indo-Pacific-4Nov2019.
　　pdf.
10　U.S. Department of Defense, "Indo-Pacific Strategy Report: Preparedness, Partnerships, and
　　Promoting a Networked Region," pp. 3-4, 17-19; 李哲全、王尊彥主編，《2019印太區域安全情
　　勢評估報告》（台北：財團法人國防安全研究院，2019），頁5-6。

「印太戰略」作為主要政策框架反制北京對美國全球領導威信與既有國際秩序的挑戰。[11]

　　以此戰略架構為基礎，川普政府「印太戰略」中維繫區域安全與穩定的具體軍事作為包含以下幾項：第一、川普總統宣示將籌建擁有 355 艘艦艇的海軍政策。[12] 第二、2018 年 5 月 30 日，美國國防部宣布將原美軍「太平洋司令部」（United States Pacific Command, USPACOM）改為「印太司令部」（United States Indo-Pacific Command, USINDOPACOM），以因應中國對印、太兩洋的潛在軍事威脅，特別是北京藉由「一帶一路」倡議而「夾帶」其海外軍事基地的取得以及大力發展其遠洋海軍。第三、與歐巴馬政府的政策相似，川普政府在東海問題上採取支持日方的做法 —— 川普與安倍晉三再次確認釣魚台列嶼（日方稱尖閣諸島）為美日安保條約第 5 條所涵蓋的規範範圍；美日雙方均反對任何片面改變日本擁有管轄該列嶼諸島的權利；美日兩國會加強合作以維護東海的安全穩定。第四、在南海主權爭議方面，川普政府認為南海是國際公海，因此任何國家的船艦與航空器均具有自由航行與飛行的權利。美國反對中國在南海進行的填海造陸工程與軍事化作為。同時，為反制北京在南海勢力的擴張，華盛頓不斷地執行其軍艦「航行自由任務」，並在此海域與美國的盟邦與夥伴舉行聯合軍事演習。[13] 第五、在台海安全議題上，首先美國國會通過若干法案

11　Ibid.

12　David Later, "Trump Just Made a 355-ship Navy National Policy," Defense News, December 13, 2017, https://www.defensenews.com/congress/2017/12/14/trump-just-made-355-ships-national-policy/.

13　2018年5月，美國取消中國參與2018年環太平洋軍演；8月，美國國會通過《2019財政年度國防授權法》，並在其中要求美國國防部長與國務卿必須共同向國會報告中國在南海軍力發展的狀況。美方主張中方必須滿足以下的條件方能再次參加環太平洋軍演：第一、停止繼續填海造陸工程；第二、撤除目前所有的軍事部署；並且第三、連續四年對南海區域穩定做出實質的貢獻。參照：李哲全、李俊毅主編，《2018印太區域安全情勢評估報告》（台北：財團法人國防安全研究院，2018），頁28。

以支持台灣的國防與外交，包括《2018 財政年度國防授權法》（*National Defense Authorization Act for Fiscal Year 2018, NDAA FY2018*）（2017 年 9 月）、《台灣旅行法》（*Taiwan Travel Act*）（2018 年 3 月）、《2019 財政年度國防授權法》（*National Defense Authorization Act for Fiscal Year 2019, NDAA FY2019*）（2018 年 8 月）與《2019 年台灣友邦國際保護及加強倡議法案》（*Taiwan Allies International Protection and Enhancement Initiative (TAIPEI) Act of 2019, TAIPEI Act*）（2019 年 10 月）等。其次美國則是以軍艦不定期的方式航行通過台灣海峽，而這也是呼應美國的主張 —— 「航行自由」。再者美國則是透過新的一波的對台軍售案以支持台灣對抗中國的軍事威脅，包括 108 輛 M1A2T 戰車、250 具刺針防空飛彈與 66 架 F-16V Block 70（F-16C/D 型）戰鬥機。[14] 準此，很明顯地，美國「印太戰略」中的軍事作為與行動是為了回應中國快速的軍事現代化所帶來的潛在威脅，以及它在「一帶一路」倡議中所逐漸顯現的軍事企圖與行動。

二、美國南海行動與其「印太戰略」的關連性

　　「印太戰略」既是美國用以回應中國崛起對印太秩序衝擊的政策方案，則美國在東海、台海、南海與印度洋的行動將呼應「印太戰略」所接櫫的核心價值與原則。其中，美國在南海的行動最主要便是呼應「印太戰略」所宣示 —— 建立一個「自由與開放的印太區域」。由於北京近年來在南海的作為頗有將南海劃為（或化為）中國的「內海」（inland seas）或「內

---

14 李哲全、王尊彥主編，《2019印太區域安全情勢評估報告》（台北：財團法人國防安全研究院，2019），頁9-12。

水」（internal waters），因此如同華盛頓所稱，美國認為印太地區「不應該由任何一個國家所稱霸與主宰」，既不是由中國，也不是由美國來主導區域的秩序。因為如此，維持一個「自由與開放的印太區域」既是符合美國，也是符合中國與南海周邊國家的利益；美國反對中國有關南海的主權主張，以及它在南海所實施的填海造陸與軍事化作為。為了反制北京已在南海所進行的人造島嶼與軍事化工程，華盛頓以不斷的「航行自由任務」挑戰中國對南海的「內海化」（或「內水化」）作為，並實踐其南海為國際公海的主張。而在南海所舉行的軍事演習上，不論是由美國單方面所進行，抑或是由美國與盟邦或夥伴國家採取雙邊或多邊的方式進行，此亦呼應美國在「印太戰略」裡關於提供軍事協助與軍事安全合作以確保區域安全與穩定的主張。

除了在南海進行「航行自由任務」與軍事演習之外，另一個美國在南海的行動則是呼應「印太戰略」所強調：美國尋求強化與區域同盟及夥伴國家的合作，以共同回應中國崛起所對印太地緣政治造成的衝擊。雖然美國在國際政治、外交、經濟與軍事等方面仍具有優勢的地位，也雖然川普政府在若干國際事務上表現出單邊主義與強勢要求盟邦的作為，但是在「印太戰略」中，美國仍深知同盟與夥伴國家的重要性，因而希望與這些國家共同承擔（burden sharing），並加強美國和他們之間的安全合作關係。[15] 而在南海主權爭議問題上，事涉此一爭議糾紛的國家則有台灣、菲

---

15 美國在「印太戰略」中強調同盟及夥伴國家的重要性可從《印太戰略報告》中觀察得出。該報告在第21頁至第51頁便說明了夥伴關係（partnerships）與網絡關係（a networked region）的角色及功能，其中美國點名所欲尋求合作的盟邦及夥伴國家，包括日本、南韓、澳洲、菲律賓、泰國、新加坡、台灣、紐西蘭、蒙古、印度、斯里蘭卡、馬爾地夫、孟加拉、尼泊爾、越南、印尼、馬來西亞、汶萊、寮國與柬埔寨等20個國家，這幾乎涵蓋了印太區域內的主要國家。而其中與南海相關的國家則有菲律賓、新加坡、台灣、越南、印尼、馬來西亞與汶萊等7個國家。參照：U.S. Department of Defense, "Indo-Pacific Strategy Report: Preparedness, Partnerships, and Promoting a Networked Region," pp. 21-44.

律賓、越南、印尼、馬來西亞、汶萊與中國等國家。而美國在南海的行動
中則分別與菲律賓、越南、新加坡、印尼、馬來西亞與汶萊等國，甚至是
整個東協國家組織（Association of Southeast Asian Nations, ASEAN）加強
外交與安全合作關係。準此，就強化與區域同盟及夥伴的合作而言，美國
在南海的行動是其「印太戰略」的縮影與實踐。

參、川普政府的南海策略

　　誠如上一節所述，美國川普政府的南海策略基本上是呼應其「印太
戰略」的核心價值與原則 —— 建立一個「自由與開放的印太區域」；而
美國在南海的作為則是其「印太戰略」的縮影與實踐。其策略主要可區分
為二：第一、美國以實質的軍事力量呈現（military presence），主要是透
過「航行自由任務」與軍事演習方式，反制中國在南海的主張與作為；第
二、美國採取強化與南海區域盟邦與夥伴國家的合作，力求南海的區域秩
序與國際關係不被中國所完全宰制。截至目前為止，華盛頓的南海策略或
許能夠對北京在南海的勢力擴張發揮某種程度的制衡作用，但因為若干根
本的結構因素，以及東南亞國家本身的利益考量，美國在南海的策略運用
能否成功，其本身仍面臨許多的限制與挑戰。

一、美國的南海策略之一：「航行自由任務」與軍事演習

　　為了反制北京在南海的作為，不論是其有關九段線之歷史與法律的領
土及主權主張，抑或是在海域島礁上進行填海造陸與軍事建設，華盛頓則
以軍事力量作為基礎（主要是海軍船艦與空軍軍機），藉「航行自由任務」

之名而強勢進入北京所聲稱之南海島礁的 12 海里領海海域。此無異是直接挑戰中國在南海與南海島礁上的主權主張。對美國而言，若其認定南海為國際公海，則南海的上空則為國際空域，也因此，任何國家（包括中國與美國）的船艦皆可行駛於南海的每一片水域，航空器皆可飛行於南海上空的每一片空域。南海是一片「自由與開放」的空間，不為某一特定國家之「內海」或「內水」。

　　雖然川普於 2017 年 1 月 20 日就任美國總統，但是川普總統任內的第一次南海「航行自由任務」卻是在該年的 5 月 24 日才實施（中間有四個月的時間差距），是由美國海軍飛彈驅逐艦「杜威號」（*USS Dewey, DDG-105*）駛進南沙美濟礁 12 海里以內水域，而中國的反應則是採取跟隨及警告。姑且不論為什麼川普政府在就任四個月之後才採取第一次的南海「航行自由任務」，根據公開的報導資料所示，美國在川普政府任內所進行的南海「航行自由任務」確實有逐年上升的趨勢，其進行次數如下：2017 年進行 4 次，2018 年進行 5 次，2019 年進行 11 次，與 2020 年（至 7 月 14 日止）進行 6 次（有關川普政府任內美國在南海的航行自由行動，請參照附表一）。此一趨勢變化可視為川普政府確實以「航行自由任務」挑戰中國在南海的主權主張，且其次數與頻率是逐年增加。若是再與前任歐巴馬政府相較（歐巴馬政府於 2015 年進行 1 次，2016 年進行 3 次），則顯然川普政府在南海議題上反制中國的態度是較歐巴馬政府更為積極。[16]

　　「航行自由任務」固然可以對中國在南海的主權聲張與其他作為發揮

---

16 中國南海研究院，《美國在亞太地區的軍力報告（2020）》（海口：中國南海研究院，2020），頁46。

「挑戰」與「騷擾」作用，然而此一策略恐怕仍無法改變北京既定的主張與工程（或工事）進行。一旦中國將其在南海所占據的島礁填補成更為廣闊與更為堅固的島嶼時（主要包括西沙群島中的永興島與中建島，南沙群島中的南薰礁、永暑礁、赤瓜礁、美濟礁，以及黃岩島等），其在海外將擁有面積更為遼闊的領土，自然而然地也將向外擴展其領海、鄰接區與專屬經濟海域（Exclusive Economic Zone, EEZ），屆時也將壓縮南海的國際公海水域空間，並限制國際船艦、航空器在此的航行與通過。此外，若是北京更進一步將這些島嶼予以軍事化，則南海與航行其中的國際船艦與航空器都將受到部署其上之戰機、軍艦與飛彈的威脅，此時南海將真正成為中國的「內海」或「內水」。

　　為此，美國亦在南海採取軍事演習的方式以挑戰中國逐步將其軍事力量部署在其所控制的南海島礁上。以 2018 年、2019 年與 2020 年這三年來看，美國即多次地以雙邊或多邊的方式在南海舉行聯合軍事演習，包括 2018 年 1 月 15 日至 2 月 2 日的「突擊吊索 2018 演習」（美國與新加坡），以及 2018 年 5 月 7 日至 18 日的「肩並肩聯合軍演」（美國、菲律賓、澳洲、日本）。2019 年有 1 月 11 日至 16 日的「南海聯合執行任務中的演習」（美國與英國），4 月 1 日至 12 日的「肩並肩 2019 聯合軍演」（美國、菲律賓、澳洲），5 月 2 日至 8 日的「共同巡航南海多邊訓練」（美國、印度、日本、菲律賓），以及 9 月 2 日至 6 日，美國第一次與東協國家組織十個成員國的海軍在南海舉行聯合演習。2020 年則有 4 月 13 日至 18 日的「南海聯合行動」（美國與澳洲），以及 7 月 4 日與 7 月 17 日，美國在南海舉行了兩次雙航空母艦戰鬥群的演習。這兩次演習主要是由「尼米茲號」（*USS Nimitz, CVN-68*）與「雷根號」（*USS Ronald Reagan,*

CVN-76）進行。稍後，7 月 19 日至 23 日，「雷根號」航艦則是在南海
與西太平洋和日本與澳洲海軍舉行聯合軍演，其目的是為了牽制中國在南
海的武力擴張（有關 2018 年至 2020 年美國在南海所參加的軍事演習，請
參照附表二）。此外，2020 年 10 月 6 日，美國國務卿蓬佩奧於訪問日本
時，與日本、澳洲及印度的外交部長舉行了「四方安全對話」（QUAD），
四國一致希望加強合作以抗衡中國在印太區域的軍事擴張行為。[17]

軍事演習或聯合軍事演習的策略或許能補強「航行自由任務」的不
足，抑或能在短期內對中國在南海軍事力量的擴張形成「牽制」與「嚇阻」
效果，然而此兩種策略真能抑止，甚至是根除、解決中國在南海所取得的
既有成果與戰略優勢嗎？本文的答案是否定的。一個重要的關鍵是中國對
其在南海相關島嶼具有「事實上的占有與控制」（de facto occupation and
control），[18] 也因為如此，北京要在這些島嶼上採取何種建設，或進行何
種程度的軍事化作為，其具有高度的自主性，而美國則實際上很難發揮干
涉的作用。試想華盛頓若是對上述這些島嶼採取軍事登島與占領，或採取
對島上軍事設施進行武力攻擊，或採取海空包圍與封鎖，則北京會採取何
種方式以為回應？根據邏輯演繹，中國應該會傾向採取軍事力量以作為報
復，而美中軍事衝突的危機也將隨之升高。若是事態的發展不被期待是往
此一方向發展，則美國所能採取的策略便是軍事上的「航行自由任務」與
演習，以及外交上對中國南海主張與行為進行反駁、批評。從實際來看，
「航行自由任務」與外交辭令批判恐怕無法改變中國對南海重要島嶼之

---

17 Kuni Miyake, "The Quad Security Dialogue in Tokyo: Who will join next?," *Japan Times*, October
7, 2020, https://www.japantimes.co.jp/opinion/2020/10/07/commentary/japan-commentary/quad-
security-dialogue-tokyo-who-will-join-next/.

18 陳亮智，〈美、中兩國在東海與南海之戰略競爭的比較 —— 兼論日本的角色〉，《全球政治
評論》，第59期（2017），頁84。

「事實上的占有與控制」，也無法去除、阻擋中國在這些島嶼上所完成以及正在進行（或即將進行）的軍事建設。而軍事演習或許能在短期間對中國造成威嚇、牽制的效果，但其對中國上述之島嶼實質占有與軍事化作為，以及長時間下中國在南海的軍事擴張，此一手段恐怕亦無法發揮徹底改變的作用。因此美國目前在南海的軍事策略運用仍然面臨重大的限制與挑戰。

二、美國的南海策略之二：強化與區域盟邦及夥伴合作

在《印太戰略報告》中，美國即表明其希望聯合區域內的同盟與夥伴國家一起行動，以促進一個屬於「自由與開放」的印太區域。也因此，美國的另一個南海策略便是強化與印太區域的盟邦與夥伴國家共同合作，力求南海的區域秩序與國際關係不被中國所完全宰制。值得注意的是，美國所尋求加強合作的對象不只是集中在事涉南海主權爭議聲索的國家，也非只侷限在東協國家組織的國家，而是擴大到印太區域內的同盟與夥伴國家，其原因乃是一個「自由與開放之南海」的利益不只是涉及南海主權爭議聲索國，也不只是關係到東協國家組織成員，而是與印太區域內的國家息息相關。

在與事涉南海主權爭議聲索國家的關係上，以美菲關係為例，雖然2016年6月30日杜特蒂（Rodrigo Duterte）就任菲律賓總統之後即弱化與美國的外交關係，並且也弱化與美國的軍事合作（此時菲國正努力提升與中國的交往），例如2016年6月宣稱要廢止《美菲共同防禦條約》（*The 1951 Mutual Defense Treaty between the United States and the Republic of the Philippines*），以及2020年2月宣布將終止美菲《訪問部隊協定》

（*The 1998 Visiting Forces Agreement*）。然而華盛頓並未因此而讓雙方的軍事同盟關係真正地結束，反而是更加積極地提升對菲律賓的支持。2019年 3 月 1 日，美國國務卿蓬佩奧即宣稱《美菲共同防禦條約》乃適用於南海區域；[19] 2019 年 11 月 19 日，美國國防部長艾斯培（Mark Esper）即表明《美菲共同防禦條約》是適用於整個太平洋，並且包括南海。[20] 在兩國的聯合軍事演習上，近年來參演的人數或有變化，但參演的國家亦加進了日本與澳洲等國。美國於 2018 年 8 月贈送了 4 架 OV-10「野馬」輕型螺旋槳攻擊機給菲律賓。[21] 2020 年 11 月 23 日，美國國家安全顧問歐布萊恩（Robert C. O'Brien）訪問菲律賓，出席美國捐贈國防物資給菲律賓的儀式，並且重申美國與菲律賓之間的同盟關係與夥伴關係。[22]

在與越南的關係上，美國更是加強與越南的高層互動與軍事接觸。2017 年 11 月，川普總統即訪問了越南；而首任國防部長馬提斯亦於 2017年兩度造訪越南。稍後，國防部長艾斯培在 2019 年 11 月訪問了越南；國家安全顧問歐布萊恩則於 2020 年 11 月訪問越南，並在越南的演說中呼籲中國停止在南海的橫行霸道，這都顯示出美國對越南在南海主權爭議中的重視程度。在軍事交流上，美越兩國近年出現極為密切的互動。首先，2018 年 3 月 5 日至 9 日，美國海軍「卡爾文森號」（*USS Carl Vinson, CVN-70*）航空母艦訪問越南，此為越戰結束以來的美國航艦第一

---

19 "Remarks With Philippine Foreign Secretary Theodoro Locsin, Jr. at A Press Availability," *U.S. Department of State*, June 1, 2019, https://www.state.gov/remarks-with-philippine-foreign-secretary-teodoro-locsin-jr/.

20 "Philippines, U.S. Joint Defense Statement," *U.S. Department of Defense*, November 1, 2019, https://www.defense.gov/Newsroom/Releases/Release/Article/2020089/philippines-us-joint-defense-statement/.

21 中國南海研究院，《美國在亞太地區的軍力報告（2020）》，頁54。

22 Ralph Jennings, "High-Level US Visit to Asia Seen as Looking In Trump's Tough China Policy," *Voice of America*, November 23, 2020, https://www.voanews.com/east-asia-pacific/high-level-us-visit-asia-seen-locking-trumps-tough-china-policy.

次訪問越南；同年，越南則首次接受邀請參加「環太平洋 2018」（Rim of the Pacific Exercise 2018, RIMPAC 2018）聯合演習；2020 年 3 月 9 日至 14 日，美國海軍「羅斯福號」（*USS Theodore Roosevelt, CVN-71*）航空母艦訪問越南。其次，美國亦大幅提高對越南的軍事援助，2017 年至 2019 年間，美國提供 2 艘大型巡邏艇與 18 艘小型巡邏艇給越南海岸警衛隊。這對與中國在南海主權上有所衝突的越南而言，華盛頓希望藉此而牽制北京的意圖極為明顯。

在與東協國家組織成員與印太區域國家方面，美國加強與新加坡、汶萊、泰國、寮國與柬埔寨等東協國家的關係，同時也強化與日本、南韓、台灣、澳洲、紐西蘭、蒙古、印度、斯里蘭卡、馬爾地夫、孟加拉與尼泊爾等國的關係。其做法不外乎是美國主管外交與國防的首長往訪，同時也與這些國家建立起型態不等、程度不一的軍事交往，包括軍事訪問、交流、合作、援助、演習、武器採購以及基地使用等等。理論上，美國是希望藉由與這些國家的交好而能有助於一個「自由、開放的南海與印太區域」建立。整體而言，不論是在南海地區，亦或是整個印太區域，川普政府的策略很像是延續了前任歐巴馬政府的「重返亞洲」（Pivot to Asia）政策，但它卻是加強版的「重返亞洲」—— 所關注的地理範圍更為寬廣，所採取的軍事與外交行動更為主動積極。

雖然美國以強化區域內同盟與夥伴國家的方式反制中國在南海的勢力擴張，但是其本身仍有限制與挑戰，尤其是來自於東南亞國家。首先，這些東南亞國家有其各自的環境與條件，它們各自的利益又不盡相同。雖說東協國家組織是以「共識決」作為它們解決區域紛爭的主要方式，但是在回應美中兩國在南海的激烈戰略競爭，以及應該如何對中國做出制衡動

作，東南亞各國本身是呈現多元而無一致的立場，例如在呼應美國「印太戰略」上，菲律賓與越南便呈現極為不同的應對模式。事實上，它們多是避免在美中兩國之間選邊站，並希望在華盛頓與北京之間盡其可能地追求自己國家的戰略聯合（strategic alignment）與經濟利益（economic interest），也就是「避險」（hedging）政策。[23] 另外，印尼鼓吹東協國家應該在美國「印太戰略」與中國「一帶一路」倡議中保持其「中心性」（centrality），尋求調和、整合兩個強權的巨型戰略。有學者便指出，2019 年 6 月 23 日「東協對印太的展望」（ASEAN Outlook on the Indo-Pacific）聲明即充分反應東南亞國家所欲追求的海洋合作關係，並鼓吹以各種雙邊或多邊方式協調出一個相對穩定的權力平衡體系。[24] 由此看來，南海周邊國家或印太區域國家的「自主性」與可能「避險」策略是美國「印太戰略」在南海能否成功的另一個重要關鍵。

肆、結論

　　不論是在南海、台海、東海或印度洋，美國在這些水域的策略與作為的確是立於「印太戰略」所揭櫫的價值與原則；其在南海的策略也正是「印太戰略」的實踐。也不論是採取「航行自由任務」、軍事演習、以及加強與區域盟邦與夥伴國家的交流合作，重點不應該是這些作為「是否」

23　Wu Shicun and Jayanath Colombage, *Indo-Pacific Strategy and China's Response* (Washington: Institute for Chin-America Studies, 2019), p. 7; David Shambaugh, "U.S.-China Rivalry in Southeast Asia: Power Shift or Competitive Coexistence," *International Security*, Vol. 42, No. 4 (Spring 2018), p. 87.

24　Wu and Colombage, *Indo-Pacific Strategy and China's Response*, p. 7; Sophie Boisseau du Rocher, "Great Expectations: ASEAN and the Indo-Pacific Concept," *Diplomat*, June 17, 2019, https://thediplomat.com/2019/06/great-expectations-asean-and-the-indo-pacific-concept/.

在於落實美國「印太戰略」，而是在於「能否」落實「印太戰略」。若是無法落實「印太戰略」，則維持「一個自由與開放的印太區域」與「一個自由與開放的南海」之理想將無法真正實現。或說美國必須在南海維持其強大軍事力量多次數與高頻率的呈現，以及持續投注大量的外交、軍事與經濟資源到東南亞與印太區域國家，如此方能排除北京對南海的單獨壟斷與宰制，維持「一個自由與開放的南海」。

　　然而，本文也清楚地指出，即便華盛頓在南海保持強大軍事力量的展現，也強化與區域同盟國及夥伴的關係，其仍面臨到許多限制與挑戰。前者包括中國對南海島嶼的實質占有與控制，在這些島嶼上所進行的軍事化作為，以及區域國家本身的國家利益計算與政策選擇而非完全呼應美國「印太戰略」及其南海的策略。從邏輯推演而論，若欲真正落實或進一步推進「印太戰略」，很顯然地，美國必須針對前述限制與挑戰提出克服之道。然而，不論是在軍事或外交方面，當華盛頓採取更具強度的作為時，不只是中國將面臨更嚴峻的挑戰，同樣地美國亦將面臨中方可能更具攻擊性反制的風險，而美中關係也將更趨於惡化。此外，美國也必須思考一個「時間性」的問題，即便新冠肺炎疫情有打亂世界秩序的跡象，然而它並未改變美中兩強戰略競爭的格局，反而促使美中戰略競爭更趨白熱化。因此，若是中國持續其在南海島嶼進行擴建工程與軍事化，或持續擴建島礁但暫緩軍事化，或暫緩擴建島礁但強化軍事化，則隨著時間的推移，美國未來以軍事或外交手段維持「一個自由與開放南海」的成本與挑戰將更為提高。

參考文獻

一、中文部分

中國外交部，〈外交部發言人趙立堅主持例行記者會〉，中國外交部，2020 年 7 月 6 日，https://www.fmprc.gov.cn/web/fyrbt_673021/jzhsl_673025/t1795264.shtml。

中國南海研究院，《美國在亞太地區的軍力報告（2020）》（海口：中國南海研究院，2020），頁 46。

李哲全、李俊毅主編，《2018 印太區域安全情勢評估報告》（台北：財團法人國防安全研究院，2018），頁 20-22、24-25。

李哲全、王尊彥主編，《2019 印太區域安全情勢評估報告》（台北：財團法人國防安全研究院，2019），頁 5-6。

陳亮智，〈美、中兩國在東海與南海之戰略競爭的比較 —— 兼論日本的角色〉，《全球政治評論》，第 59 期（2017），頁 84。

二、英文部分

Carlisle, Herbert J. "Hawk," "Opening the Aperture: Advancing US Strategic Priorities in the Indo-Pacific Region," *Journal of Indo-Pacific Affairs*, Vol. 1, No.1 (Fall 2018), pp. 4-14.

Cooper, Zack and Bonnie S. Glaser, "What Options Are on the Table In the South China Sea?" War on the Rocks, July 22, 2020, https://warontherocks.com/2020/07/what-options-are-on-the-table-in-the-south-china-sea/.

du Rocher, Sophie Boisseau "Great Expectations: ASEAN and the Indo-Pacific Concept," *Diplomat*, June 17, 2019, https://thediplomat.com/2019/06/great-expectations-asean-and-the-indo-pacific-concept/.

Later, David, "Trump Just Made a 355-ship Navy National Policy," *Defense News*, December 13, 2017, https://www.defensenews.com/congress/

2017/12/14/trump-just-made-355-ships-national-policy/.

EurAsian Times Desk, "US Could Attack China, Seized Disputed Islands In South China Sea Before 2020 US Elections—Military Experts," *EurAsian Times*, July 26, 2020, https://eurasiantimes.com/us-could-attack-nansha-islands-in-south-china-sea-before-us-elections-chinese-military-experts/.

Hamzah, BA "US, China Play Dangerous South China Sea Game," *Asia Sentinel,* July 24, 2020, https://www.asiasentinel.com/p/us-china-play-dangerous-south-china.

Jennings, Ralph, "High-Level US Visit to Asia Seen as Looking In Trump's Tough China Policy," *Voice of America*, November 23, 2020, https://www.voanews.com/east-asia-pacific/high-level-us-visit-asia-seen-locking-trumps-tough-china-policy.

Miyake, Kuni, "The Quad Security Dialogue in Tokyo: Who will join next?" *Japan Times*, October 7, 2020, https://www.japantimes.co.jp/opinion/2020/10/07/commentary/japan-commentary/quad-security-dialogue-tokyo-who-will-join-next/.

"Philippines, U.S. Joint Defense Statement," *U.S. Department of Defense*, November 1, 2019, https://www.defense.gov/Newsroom/Releases/Release/Article/2020089/philippines-us-joint-defense-statement/.

"Remarks With Philippine Foreign Secretary Theodoro Locsin, Jr. at A Press Availability," *U.S. Department of State*, June 1, 2019, https://www.state.gov/remarks-with-philippine-foreign-secretary-teodoro-locsin-jr/.

Shambaugh, David "U.S.-China Rivalry in Southeast Asia: Power Shift or Competitive Coexistence," *International Security*, Vol. 42, No. 4 (Spring 2018), pp. 85-127.

Shicun, Wu and Jayanath Colombage, *Indo-Pacific Strategy and China's Response* (Washington: Institute for Chin-America Studies, 2019).

The White House, *National Security Strategy of the United States of America* (Washington, D.C.: The White House, 2017).

The White House, "Remarks by President Trump at APEC CEO Summit," November 10, 2017, https://www.whitehouse.gov/briefings-statements/remarks-president-trump-apec-ceo-summit-da-nang-vietnam/.

Tillerson, Rex, "Defining Our Relationship with India for the Next Century: An Address by U.S. Secretary of State Rex Tillerson," *Center for Strategic and International Studies*, October 18, 2017, https://www.csis.org/analysis/defining-our-relationship-india-next-century-address-us-secretary-state-rex-tillerson.

U.S. Department of Defense, "Remarks by Secretary Mattis at Plenary Session of the 2018 Shangri-La Dialogue," June 2, 2018, https://www.defense.gov/Newsroom/Transcripts/Transcript/Article/1538599/remarks-by-secretary-mattis-at-plenary-session-of-the-2018-shangri-la-dialogue/.

U.S. Department of Defense, "Indo-Pacific Strategy Report: Preparedness, Partnerships, and Promoting a Networked Region," June 1, 2019, https://media.defense.gov/2019/Jul/01/2002152311/-1/-1/1/DEPARTMENT-OF-DEFENSE-INDO-PACIFIC-STRATEGY-REPORT-2019.PDF.

U.S. Department of State, "Remarks on 'America's Indo-Pacific Economic Vision'," July 30, 2018, https://china.usembassy-china.org.cn/remarks-on-americas-indo-pacific-economic-vision/.

U.S. Department of State, "A Free and Open Indo-Pacific: Advancing a Shared Vision," November 4, 2019, https://www.state.gov/wp-content/uploads/2019/11/Free-and-Open-Indo-Pacific-4Nov2019.pdf.

U.S. Department of State, "U.S. Position on Maritime Claims in the South China Sea," July 13, 2020, https://www.state.gov/u-s-position-on-maritime-claims-in-the-south-china-sea/.

附表一　2017 年至 2020 年美國南「海航行自由任務」執行一覽表

時間	美國軍艦	地點	中國反應
2017年 5月24日	驅逐艦「杜威號」（USS Dewey, DDG-105）	南沙群島 美濟礁	跟隨、警告
2017年 7月2日	驅逐艦「史蒂森號」（USS Stethem, DDG-63）	西沙群島 中建島	監控、表明美軍違法
2017年 8月10日	驅逐艦「麥凱恩號」（USS John S. McCain, DDG-56）	南沙群島 美濟礁	查證識別、警告驅離
2017年 10月10日	驅逐艦「查菲號」（USS Chafee, DDG-90）	西沙群島	查證識別、警告驅離
2018年 1月17日	驅逐艦「哈伯號」（USS Hopper, DDG-70）	中沙群島 黃岩島	查證識別、警告驅離
2018年 3月23日	驅逐艦「馬斯汀號」（USS Mustin, DDG-89）	南沙群島 美濟礁	查證識別、警告驅離
2018年 5月27日	巡洋艦「安提坦號」（USS Antietam, CG-54） 驅逐艦「希金斯號」（USS Higgins, DDG-76）	西沙群島 趙述島 東島 中建島 永興島	查證識別、警告驅離
2018年 9月30日	驅逐艦「狄卡特號」（USS Decatur, DDG-73）	南沙群島 南薰礁 赤瓜礁	查證識別、警告驅離
2018年 11月26日	巡洋艦「錢斯勒斯維爾號」（USS Chancellorsville, CG-62）	西沙群島	監控、警告驅離
2019年 1月7日	飛彈驅逐艦「麥坎貝爾號」（USS McCampbell, DDG-85）	西沙群島趙述島、東島、永興島	查證識別、警告驅離
2019年 2月11日	神盾驅逐艦「史普魯恩斯號」（USS Spruance, DD-963） 驅逐艦「普瑞布爾號」（USS Preble, DDG-88）	南沙群島 美濟礁	查證識別、警告驅離
2019年 5月6日	驅逐艦「普瑞布爾號」（USS Preble, DDG-88） 驅逐艦「鐘雲號」（USS Chung Hoon, DDG-93）	南沙群島 南薰礁 赤瓜礁	識別查證、警告驅離
2019年 5月20日	驅逐艦「普瑞布爾號」（USS Preble, DDG-88）	中沙群島 黃岩島	識別查證、警告驅離

時間	美國軍艦	地點	中國反應
2019年 8月28日	驅逐艦「韋恩邁爾號」（*USS Wayne E. Meyer, DDG-108*）	南沙群島 永暑礁 美濟礁	識別查證、警告驅離
2019年 9月13日	驅逐艦「韋恩邁爾號」（*USS Wayne E. Meyer, DDG-108*）	西沙群島	識別查證、警告驅離
2019年 11月20日	濱海戰鬥艦「吉佛茲號」 （*Gabrielle Giffords, LCS-10*）	南沙群島 美濟礁12海里 以內海域	跟蹤監視、查證識別、 警告驅離
2019年 11月21日	驅逐艦「韋恩邁爾號」（*USS Wayne E. Meyer, DDG-108*）	西沙群島	跟蹤監視、查證識別、 警告驅離
2019年 12月21日	海上補給艦「佩科斯號」（*USS Pecos, T-OA-197*）	南海海域補給 作業	
2019年 12月25日	航空母艦「林肯號」（*USS Abraham Lincoln, CVN-72*）	經過南海	與山東號
2019年 12月28日	濱海戰鬥艦「吉佛茲號」（*USS Gabrielle Giffords, LCS-10*）	行經南海	尾隨監視
2020年 1月25日	近岸戰鬥艦「蒙哥馬利號」（*USS Montgomery, LCS-8*）	南沙群島 美濟礁	查證識別、警告驅離
2020年 1月28日	近岸戰鬥艦「蒙哥馬利號」（*USS Montgomery, LCS-8*） 濱海戰鬥艦「吉佛茲號」（*Gabrielle Giffords, LCS-10*）	南海	
2020年 2月17日	航空母艦「羅斯福號」（*USS Theodore Roosevelt, CVN-71*）戰鬥群	行經南海	
2020年 3月10日	飛彈驅逐艦「麥坎貝爾號」（*USS McCampbell, DDG-85*）	西沙群島	跟踪監視、查證識別、 警告驅離
2020年 3月12日	兩棲突擊艦「美利堅號」（*USS America, LHA-6*） 濱海戰鬥艦「吉佛茲號」（*USS Gabrielle Giffords, LCS-10*）	南海演訓	跟蹤監視、查證識別、 警告驅離
2020年 3月15日	航空母艦「羅斯福號」（*USS Theodore Roosevelt, CVN-71*）戰鬥群	南海航行	全程監視、警告驅離
2020年 4月21日	兩棲突擊艦「美利堅號」（*USS America, LHA-6*） 導彈巡洋艦「邦克山號」（*USS Bunker Hill, CG-52*）	南海執行任務	遼寧號於附近海域

時間	美國軍艦	地點	中國反應
2020年 4月28日	飛彈驅逐艦「貝瑞號」（USS Barry, DDG-52）	西沙群島	抗議稱此舉侵犯領域
2020年 4月29日	飛彈巡洋艦「邦克山號」（USS Bunker Hill, CG-52）	南沙群島	全程監視、警告驅離
2020年 5月7日	濱海戰鬥艦「蒙哥馬利號」（USS Montgomery, LCS-8）	航經南海海域（馬來西亞所屬鑽油平台）	
2020年 5月13日	瀕海戰鬥艦「吉福茲號」（USS Gabrielle Giffords, LCS-10）	南海海域航行（馬來西亞所屬鑽油平台）	
2020年 5月25日	瀕海戰鬥艦「吉福茲號」（USS Gabrielle Giffords, LCS-10）	南海	與新加坡展開軍演
2020年 5月28日	彈驅逐艦「馬斯廷號」（USS Mustin, DDG-89）	西沙群島	
2020年 6月17日	瀕海戰鬥艦「吉福茲號」（USS Gabrielle Giffords, LCS-10）	南海訓練	
2020年 6月23日	瀕海戰鬥艦「吉福茲號」（USS Gabrielle Giffords, LCS-10）	南海與日本自衛隊聯演	
2020年 6月27日	勝利級海洋偵察船	西沙群島	
2020年 6月30日	瀕海戰鬥艦「吉福茲號」（USS Gabrielle Giffords, LCS-10）	南海海域	跟蹤科考船054A伴航
2020年 7月1日	瀕海戰鬥艦「吉福茲號」（USS Gabrielle Giffords, LCS-10）	南海航行	抵近跟蹤監視
2020年 7月1日	瀕海戰鬥艦「吉福茲號」（USS Gabrielle Giffords, LCS-10）	南海航行	跟蹤科考船、054A伴航
2020年 7月14日	飛彈驅逐艦「強森號」（USS Ralph Johnson, DDG-114）	南海航行	

資料來源：李哲全、王尊彥主編，《2019印太區域安全情勢評估報告》（台北：財團法人國防安全研究院，2019），頁107-108，以及整理自公開資料。

附表二 2018 年至 2020 年美國在南海所參加的軍事演習

2018 年美國參加的雙邊軍演

日期	名稱	參與國	類型及目標	地區
1/15-2/2	「突襲吊索」2018 演習	美國、新加坡	「突擊吊索」演習是美國與新加坡空軍從1990年開始每年都舉行的聯合演習，演習旨在提升空中戰術、技術和程式的戰術協調	新加坡帕亞利巴空軍基地
3/8-3/14	「多帆2018」年度演練	美國、日本	演習旨在提高美日部隊之間的實戰互通性	菲律賓海域
7/16-7/20	「對抗台風2018」演習	美國、馬來西亞	兩年一次的空軍戰術演習	馬來西亞蘇濱空軍基地
7/23-8/3	「馬來短劍打擊2018」演習	美國、馬來西亞	美國希望演習重點改善美國和馬來西亞之間的互性，馬來西亞則側重於提升雙邊救災能力	馬來西亞新那旺營地

2018 年美國參加的多邊軍演

日期	名稱	參與國	類型及目標	地區
10/1-10/10	「海上勇士合作」演習	菲律賓、美國、日本	演習突出美國和菲律賓軍隊之間的夥伴關係，重點是反恐、人道主義援助和救災	呂宋島等

2019 年美國參加的雙邊演習

日期	名稱	參與國	類型及目標	地區
1/11-/16	南海聯合執行任務中的演習	美國、英國	美國導彈驅逐艦「麥克坎貝爾號」（DDG- 85）和英國海軍護衛艦「阿蓋爾號」（F231）在南海聯合動，雙方進行了通信演習、人員交流	南海

日期	名稱	參與國	類型及目標	地區
1/17-2/1	雙邊空軍特遣隊交流演習	美國、菲律賓	美國空軍F-16戰機從韓國昆山空軍基地部署到菲律賓巴沙空軍基地，與菲律賓軍隊進行飛行和訓練，作為定期舉行的雙邊空軍特遣隊交流（BACE-P）的一部分	菲律賓塞薩爾巴薩空軍基地
3/4-3/24	「薩拉克尼布」年度演習	美國、菲律賓	演習由美國太平洋陸軍和菲律賓陸軍參加，目的是加強美國和菲律賓的國防戰備和戰術互通性，包括野外作戰訓練、雙邊指揮所演習、專家交流、合作衛生項目和人道主義援助行動	菲律賓帕拉延
3/7-3/15	「貝爾薩瑪勇士」演習	美國、馬來西亞	第二十四次年度演習，由多個專題的專家交流組成，旨在開發快速回應危機的能力，提高互通性和任務效率，今年主題是在印度洋—太平洋地區建立區域人道主義援助和救災能力的戰術、技術和程式	馬來西亞雙溪武洛營地
3/11-3/29	「鑽石盾牌2019」演習	美國、澳洲	兩年一度的雙邊演習，澳大利亞空軍學員訓練的一部分，目標是為澳大利亞空軍空戰中心提供訓練支持，同時為美國和澳大利亞空軍提供聯合訓練，提高互通性	澳大利亞皇家空軍達爾文基地
4/11-4/29	「勇士標誌」年度演習	美國、新加坡	新加坡武裝部隊和美國海軍陸戰隊參加的年度雙邊演習，今年是第二十三次，內容包括聯合計畫和進攻作戰、實彈射擊、叢林訓練和城市作戰訓練	新加坡
5/14	聯合搜救演練	美國、菲律賓	美國海岸警衛隊巡邏艦博索夫號（WMSL-750）和菲律賓海岸警衛隊的船隻進行了聯合搜救演習	馬尼拉以西海域

日期	名稱	參與國	類型及目標	地區
6/10-6/12、6/20	合作部署	美國、日本	美國海軍航空母艦「雷根」號和日本海上自衛隊直升機航母「出雲號」JSIzumo（DH-183）、驅逐艦「村雨號」JSMurasame（DD-101）和驅逐艦「曙號」JSAkebono（DD 108）聯合部署。四艘艦船進行了通信訓練、戰術機動演習和聯絡官交流	南海
7/15-7/25	海上航空支援活動2019演習（MASA）	美國、菲律賓	海上航空支援活動是美國和菲律賓每半年舉辦一次的軍事演習，重點是相互防禦、反恐和人道主義援助以及救災。此次演習的重點是建立互通性，並提升菲律賓軍隊和美國軍隊的能力	菲律賓
8/14-8/19	馬來西亞海事培訓活動2019（MTA）	美國、馬來西亞	美國海軍、海岸警衛隊以及馬來西亞皇家海軍數百人參加，演習目標是增強海軍的協同作能力	馬來西亞盧穆特海軍基地
8/19-8/30	「哥魯達盾牌2019」演習	美國、印尼	演習是「太平洋通道19-03」（Pacific Pathways19-03）的第三次演習，以雙邊軍事訓練為主，包括專家交流和實彈演習，目的為增強兩軍的戰備和互通性	印尼
9/16-9/23	「善行的回聲」參謀人員演習（STAFFEX）	美國、印尼	演習是美國印太司令部與印尼武裝部隊之間的參謀人員聯席會議	雅加達
10/7-10/20	「2019海上合作戰備和訓練」（CARAT）演習	美國、汶萊	美國海軍兩棲船塢登陸艦「哈珀斯渡口號」（LSD-49）和第11海軍遠征分隊與汶萊皇家武裝部隊進行演習	汶萊

2019 年美國參加的多邊軍演

日期	名稱	參與國	類型及目標	地區
4/1-4/12	「肩並肩2019」演習	美國、菲律賓、澳洲	第三十五次年度多邊演習，原本是美菲雙邊演習，澳近年加入，進行兩棲作戰、實彈訓練、城市作戰、航空作戰和反恐反應	菲律賓呂宋島、巴拉望島、明多洛島
5/2-5/8	共同巡航—南海多邊訓練	美國、印度、日本、菲律賓	美國海軍、印度海軍、日本海上自衛隊和菲律賓海軍艦艇聯合在南海海域巡航	南海
8/19	「第十八屆東南亞合作與訓練」演習	孟加拉、汶萊、柬埔寨、印尼、馬來西亞、菲律賓、新加坡、斯里蘭卡、泰國、美國、越南	演習總共包括14艘艦船和400多名人員。美國海軍驅逐艦第7中隊、第72特遣隊的P-8飛機、第73特遣隊、美國海岸警衛隊海上安全應對小組和太平洋戰術執法小組參加。演習包括互訪、登艦、搜查和抓捕，海上領域感知和船舶跟蹤	新加坡

2020 年美國參加的雙邊演習

日期	名稱	參與國	類型及目標	地區
4/13-	南海聯合行動	美國、澳洲	美國海軍和澳大利亞海軍在南海進行聯合行動。4月18日，澳大利亞海軍護衛艦「帕拉馬塔號」（HMASParramatta, FFG-154）與美國海軍導彈巡洋艦「邦克山號」（USS BunkerHill, CG-52）、兩棲攻擊艦「美國號」（USS America, LHA-6）、導彈驅逐艦「巴里號」（USS Barry, DDG-52）進行聯合行動和演習	南海

2020 年美國參加的多邊軍演

日期	名稱	參與國	類型與目標	地區
2月	海龍反潛演習	美國、日本、澳洲	反潛演習	南海
7月	南海演習	美國、日本、澳洲	雷根號航艦參與演習	南海
9月	南海演習	美國、日本、澳洲	飛彈驅逐艦「貝瑞號」（USS Barry, DDG-52）參與編隊演習	南海
10/19-10/21	南海演習	美國、日本、澳洲	美國驅逐艦「麥凱恩號」（USS John S. McCain, DDG-56）、日本海上自衛隊護衛艦霧雨號（DD-104）、澳洲海軍巡防艦亞倫塔號（FFH 151）維護海上安全演習	南海

資料來源：中國南海研究院，《美國在亞太地區的軍力報告（2020）》（海口：中國南海研究院，2020），頁 73-87。以及整理自公開資料。

第四章 1975年來越南於南海之布局及其中國因素

黃宗鼎

壹、前言

2016 年 5 月 24 日，美國總統歐巴馬在越南首都河內發表演講，援引越南李朝抗中（宋）名將李常傑詩作《南國山河》，藉以鼓勵越南在南海事務上勇敢前行。李常傑詩云：「南國山河南帝居，截然定分在天書。如何逆虜來侵犯？汝等行看取敗虛。」歐巴馬此行引起旋風，顯見演講切中越人心事。

對越南來說，南海江山為「北國」（越人昔稱中國為北國）久踞，西沙藩屏尚待收復，似乎應處南海問題，難脫越中關係之框架。惟越南究竟如何布局南海？中國因素又如何與之糾結？本文擬就 1975 年以來越南南海之經略、南海主權論述之繼受與切割、南海爭端之解決，及其於南海之經濟與軍事情狀等面向予以梳理，並檢視其間之中國因素。

貳、1975年來越南經略南海的四個時期

1975 年 4 月 14 日，北越部隊經數小時戰鬥後自南越手中奪取南沙群

島之南子礁等島嶼。[1]統一後之越南，隨之展開其對南海之經略。受自身發展、國際態勢及中國因素之影響，越南於南海之經略，概可分為四個不甚連貫之階段，各階段間之空檔，乃越南較無具體南海作為之時期。

一、1975年至1981年建國發展期

此一階段越南之南海經略，概基於解放南越後國家發展之考量及中國對越南之威脅。此間越南重要之主張及作為，包含宣稱自西貢政權手中接管南沙諸島，並設立「黃沙（島）縣」（Huyện（đảo）Hoàng Sa，黃沙即西沙）和「長沙（島）縣」（Huyện（đảo）Trường Sa，長沙即南沙）；透過越南南方共和革命政府重申越南對西、南沙之主權（1975 年 6 月 5日）；由越南社會主義共和國政府發表「關於領海、毗連區、專屬經濟區和大陸礁層的聲明」，據以重申越南對西、南沙之主權（1977 年 5 月 12日）；於 1979 年中越邊境戰爭後公布「越南對黃沙和長沙群島主權白皮書」（1979 年 9 月 28 日）；於中國宣稱恢復使用「西沙群島、南沙群島、中沙群島辦事處」名稱後，公布「黃沙和長沙群島：越南領土白皮書」（1981 年 12 月）。[2]

二、1982年底海洋法公約因應期

此階段為《聯合國海洋法公約》（簡稱《公約》）完成簽署（1982 年12 月 10 日）之前後，包含中國、越南等南海沿岸國乃有所因應。1982 年

1　〈外64亞太三6935號（1975/5/6）〉，中研院近史所檔案館藏，《外交部檔案》，分類號：019.3，案次號：89012，「西南沙群島中越卷」。

2　〈回顧越南對黃沙、長沙群島占有，行使主權歷史（第四期）〉，《Vietnam Motherland》，2019年10月5日，http://vietnammotherland.blogspot.com/2019/10/blog-post_5.html。

8 月，解放軍新任海軍司令員劉華清制訂了「積極綠水防禦」戰略，中國於是向西沙擴建海岸基地，並赴南沙暨西太平洋地區進行遠航訓練。[3] 在此背景下，河內不僅發布「越南領海基線的聲明」（1982 年 11 月 12 日），更藉由調整西、南沙之行政區劃來聲索該等群島之主權，諸如簽署第 193-H§B 決定，將「長沙縣」納入同奈省治下（1982 年 12 月 9 日）、簽署第 194-H§BT 決定，將「黃沙縣」納入廣南峴港省治下（1982 年 12 月 11 日），乃至於由越南國會做出決議，將「長沙縣」併入富慶省治下（1982 年 12 月 28 日）。

三、1988年至1998年針對中國進取南沙策應時期

此為北京藉赤瓜礁海戰進取南沙，以及越南撤兵柬埔寨，積極參與國際社會之階段。首先，受 1988 年 3 月 14 日赤瓜礁戰役及 4 月 13 日中國人大設立海南省，納西沙、南沙、中沙島嶼及其海域為管轄範圍等衝擊，越南於 4 月 25 日公布「黃沙和長沙群島及國際法白皮書」，並於 1989 年 7 月 1 日將所謂「長沙島」改隸慶和省（原富慶省分為富安、慶和兩省）。1990 年，越南國家科學技術委員會戰略研究院編制了《海洋戰略》草案。兩年後，復設置了由副總理主持的「東海（越南稱南海為東海）和長沙問題指導委員會」，據以協調海洋戰略的制訂和實施。[4]1994 年 6 月，越南國會批准加入《公約》，隔年與美國建交並加入東協，開啟越南以多邊路徑牽制中國之進程。1997 年 1 月 1 日，峴港成為中央直轄市，「黃沙縣」隨之轉隸峴港市治下。1998 年，河內將「越南海洋法」制定工作納入第十屆國會法律制定計畫。

3　林文程，《中國海權崛起與美中印太爭霸》（台北：五南圖書出版公司，2019），頁81。
4　于向東，〈越南全面海洋戰略的形成述略〉，《當代亞太》，第5期（2008），頁104。

四、2007年迄今越中周旋時期

　　此間越中兩國以國內法相互較勁與反制之動作愈趨鮮明，也昭示南海資源與南海戰略利益於兩國比重日深之態勢。2007 年 1 月，越共十屆四中全會討論並通過了《至 2020 年海洋戰略規劃》，俾使越南成為能夠依靠海洋致富、牢固保衛國家海洋主權和管轄權的海洋強國。越南據此設定目標如下，包括：建設海洋執法隊伍、推進海洋基礎調查、制訂海洋區域和沿海地區經濟社會發展、繼續配套建設和完善關於海洋的法理框架和政策機制、鼓勵向海洋和沿海地區開發領域投資、設置處理海洋問題的權威性國家管理機構、加強海洋國際合作和對外工作、加強海洋工作的人力資源培訓，以及扶持一些在海洋經濟方面具有優勢的集團企業等等。[5]

　　2007 年 4 月 11 日，越南復於「長沙縣」下設長沙鎮、西雙子鄉及生存鄉等行政區，而中國也在該年底將西沙升級，據以設立作為縣級市的三沙市。[6]越南隨後有大批群眾赴中國駐河內大使館及駐胡志明總領事館前示威抗議。2009 年，先是越南峴港市於 4 月 25 日公布「黃沙縣」人民委員會主席之任命，至 11 月 8 日，中國乃於西沙永興島和趙述島召開村民大會，成立「西南中沙群島辦事處永興島村委會和趙述島村委會」，將其標誌為中國最南端的基層組織。

　　2012 年 6 月 21 日，越南國會通過《越南海洋法》。[7]中國則於同日公告批准設立地級三沙市，並設三沙市人民政府駐西沙永興島。[8]2020 年 4 月 18 日，中國宣告於三沙市下分設西沙區和南沙區，越南旋要求中國

5　于向東，〈越南全面海洋戰略的形成述略〉，頁106-108。

6　關於衝撞越南漁船一節，直到2014年始由中國央視公開。關於設立三沙市一節，中國最初不僅以X市字樣來表示，甚至遲不將訊息納入海南省政府網站。

7　〈《越南海洋法》介紹〉，《越南人民報網》，2012年07月19日，https://cn.nhandan.org.vn/documentation/item/5601-5601-《越南海洋法》介紹.html。

取消與上述活動有關的錯誤決定。

參、越南於西、南沙群島之主權聲索：繼受與切割

越南於南海諸島之聲索，可謂是越共最後的獨立運動，這項運動起手自法越殖民關係脫鉤之際，建構於中越當代關係辯證之間。

一、越南於西、南沙主權聲索之論述：關於繼受

越南在 1988 年《黃沙（西沙）與長沙（南沙）群島及國際法》白皮書中開宗明義便標舉了「有效原則」（principle of effectivity）於主權聲索論據上的普世性，並以此貶抑包括「先占」（occupation）、「假設之占領」（fictive occupation）、征服（de bellatio）及私人領有等「過時」觀點。

上述白皮書指出，越南後黎朝人氏杜伯公道（Đỗ Bá thị Công Đạo）所撰《纂集天南四至路圖書》（Toàn tập Thiên Nam tứ chí lộ đồ thư）中之「壩葛鑛」（Bãi Cát Vàng），[9] 轄屬廣義平山縣，乃今之西、南沙也。故越南至少從 17 世紀起，便開始對西、南沙展開有效、持續且和平的統治，直到當代為北京侵占為止。[10]

越南立論之根據，蓋承繼曩昔南越政府（越南共和國）之觀點。有關西沙之論據，主要證諸越南王朝經略之歷史，如派遣「黃沙隊」赴西沙

8　〈行政設置〉，《中國海南網》，http://www.thesouthchinasea.org.cn/2016-07/21/c_53862. htm。

9　"Địa danh Hoàng Sa trong Toàn tập Thiên Nam tứ chí lộ đồ thư của Đỗ Bá Thứ Ba," Báo Phú Yên online, July 1, 2014，http://baophuyen.com.vn/367/117137/dia-danh-hoang-sa-trong-toan-tap-thien-nam-tu-chi-lo-do-thu-cua-do-ba.html; Biển Đảo Việt Nam: Lịch Sử-Chủ Quyền-Kinh Tế-Văn Hóa (Bìa Cứng), Nhà Xuất Bản Văn Hóa - Văn Nghệ, 2016, p. 115.

10　"The Hoang Sa (Paracel) and Truong Sa (Spratly) Archipelagoes and International Law," Ministry of Foreign Affairs (Socialist Republic of Vietnam), April 1988, pp. 4-5, 9.

採集海島珍物及風難船貨，或於西沙探度水程、建廟立碑。至於南沙之論據，主要證諸法國殖民政府權力之行使，如法艦之巡禮；設置行政區及相關標誌與燈塔；對日本納入管轄事提出抗議；作為法國傀儡政權之越南國（State of Vietnam）代表曾於「舊金山和會」聲言西、南沙為越南所屬而未遭他國反對；乃至於在法國將南越領土移轉予西貢政權之餘，該政權即向西、南沙派遣軍隊並加以設治管理等情。[11]

綜言之，統一之後的社會主義越南，為了標舉其聲索西、南沙主權的正當性，不僅繼受了原視為帝國主義傀儡西貢政權的西、南沙主權論述，亦肯認了前殖民侵略者法國與西貢政權於西、南沙的主權行為。而該等論述顯係以中國於南海諸島之「固有領土說」為對抗標的。

二、越南於西、南沙主權聲索之論述：關於切割

中國長期用以削弱越南聲索西、南沙主權正當性之理由，莫過於1958年越南民主共和國政府總理范文同致中華人民共和國國務院總理周恩來照會之內容。（圖4-1）中國認為，范文同透過此一照會，承認和贊同彼在1958年9月4日有關劃定12海里領海寬度之聲明，等同接受中國將之適用於包含南海諸島在內的西、南沙群島。惟越南認定中國此說並無法律依據，尤其曲解了北京協助河內抗美之歷史。

觀歷來越南藉由切割中國說法而建構之西、南沙主權論述，概可歸納為七點：

---

11 黃宗鼎，〈「分裂國家」的「大局外交」：以中華民國對越之西、南沙交涉為例（1955-1975）〉，《國史館館刊》，第43期（台北：國史館，2015），頁139-194；Ministry of Foreign Affairs (Socialist Republic of Vietnam), "The Hoang Sa (Paracel) and Truong Sa (Spratly) Archipelagoes and International Law," pp. 5-6.

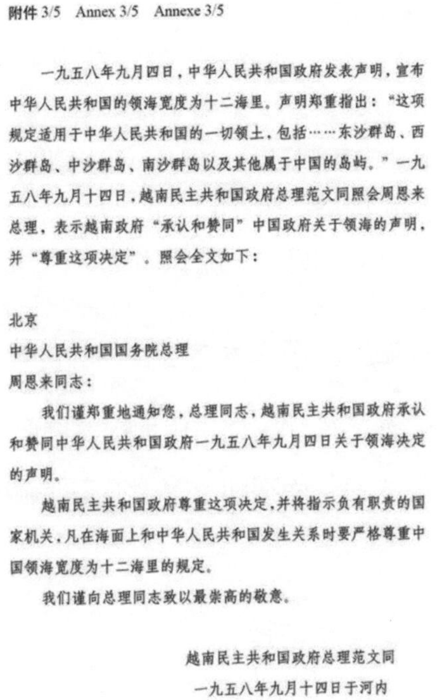

附件 3/5　Annex 3/5　Annexe 3/5

一九五八年九月四日，中华人民共和国政府发表声明，宣布中华人民共和国的领海宽度为十二海里。声明郑重指出："这项规定适用于中华人民共和国的一切领土，包括……东沙群岛、西沙群岛、中沙群岛、南沙群岛以及其他属于中国的岛屿。"一九五八年九月十四日，越南民主共和国政府总理范文同照会周恩来总理，表示越南政府"承认和赞同"中国政府关于领海的声明，并"尊重这项决定"。照会全文如下：

北京

中华人民共和国国务院总理

周恩来同志：

我们谨郑重地通知您，总理同志，越南民主共和国政府承认和赞同中华人民共和国政府一九五八年九月四日关于领海决定的声明。

越南民主共和国政府尊重这项决定，并将指示负有职责的国家机关，凡在海面上和中华人民共和国发生关系时要严格尊重中国领海宽度为十二海里的规定。

我们谨向总理同志致以最崇高的敬意。

越南民主共和国政府总理范文同

一九五八年九月十四日于河内

圖 4-1　1958 年越南民主共和國政府總理范文同致中華人民共和國國務院總理周恩來照會

圖片來源：〈外交部刊登越南前總理照會 証明西沙群島屬中國（圖）〉，《人民網》，http://military.people.com.cn/NMediaFile/2014/0609/MAIN201406091114000107817061165.jpg

（一）越南從未棄置西、南沙群島

此說表示范文同之照會未有一字言及領土主權與相關島嶼，越南更未言明棄置西、南沙群島。按越南觀點，該照會之提出至少有兩個現實考量：

1. 「攘美救國」（chống Mỹ cứu nước）之故

越南外交部 1988 年發布之《黃沙（西沙）與長沙（南沙）群島及國際法》白皮書，表明越南在侵略者軍力優於己方的背景下，愈是能夠仰賴中國支援越南、避免美國利用西、南沙及南海來對付越南，愈是來得有利。

2. 越中兩國「唇齒相依」

此說指出中國在第二次台海危機之餘，藉由領海劃定聲明因應美國第七艦隊可能之來犯，故范文同之照會，是一項出於對社會主義盟友的政治支持，包括 1949 年越南軍隊將攻克之竹山一隅交付中國人民解放軍，1957 年中國將其代管之白龍尾（Bạch Long Vĩ）島交還越南，乃至於范文同之照會，都是越中「同志加兄弟」關係的體現。

（二）不接受對越南違反「禁止反言」（estoppel）原則之指控[12]

越南認為其現有之西、南沙主權主張與范文同照會之間並無反言問題存在，強調當年照會並未使越南獲利，中國亦不能證明因之遭受損害，故不得據以規範越南。[13]

（三）西、南沙原為西貢政權領有

此說主張，自 1956 年西貢政權由法國手中取得西、南沙，至 1975 年國家統一前，西、南沙主要係由南越來聲索主權，從事經濟研究與開發活動，乃至於對抗北京的搶占行為。

（四）越南擁有西、南沙主權既已為國際社會認可

此說主張 1951 年「舊金山和會」與會各國反對中國對西、南沙之聲索，卻未反對越南（乃南越代表團長陳文友）於西、南沙之主權表示，又

---

12 「禁止反言」此一法律原則，旨在禁止一方就其早先作為、聲明及否認，加以否定或宣稱為事實，阻卻因前後不一或詐欺而肇生之不義。Estoppel, *The Free Dictionary*, https://legal-dictionary.thefreedictionary.com/estoppel.

13 "The Hoang Sa (Paracel) and Truong Sa (Spratly) Archipelagoes and International Law," Ministry of Foreign Affairs (Socialist Republic of Vietnam), pp. 20-23; "Diplomatic Note 1958 with Vietnam's sovereignty over Paracel, Spratly islands," *People's Army Newspaper*, August 12, 2011, https://en.qdnd.vn/vietnam-s-seas-and-islands/diplomatic-note-1958-with-vietnam-s-sovereignty-over-paracel-spratly-islands-423767.

中國既參與 1954 年《日內瓦協議》之擬定，則應按該協議有關各國尊重越南三邦獨立和主權完整之規定，承認越南於西、南沙之主權。

（五）中國不得以武力占領西、南沙

越南認為中國動用武力占領越南整個西沙群島及南沙群島的七座島礁是違反國際法的行為，違反聯合國憲章及 1970 年聯合國安理會 2625 號決議（規定不得動用武力侵犯別國領土）。因此，儘管中國實際上正占領這些群島，但不能對這兩座群島擁有合法主權。[14]

（六）島嶼之認定應依《公約》暨仲裁《判斷》為準

2016 年 7 月 12 日，越南外交部發言人黎海平表示，越南對國際仲裁法庭作出最終《判斷》（Award）表示歡迎。此項宣示一方面來說，既呼應 2012 年《越南海洋法》第二章（丙）之內容，[15] 亦在暗示越南一定程度會將南海諸礁島 12 海里以外之海域視作公海。另方面來說，上述宣示更是對中國南海諸島「領土說」[16] 明確之否定。

（七）西、南沙不得劃設「群島基線」並據以主張大陸礁層

儘管 2012 年《越南海洋法》第二章（甲）言及「北部灣、黃沙（西沙）群島、長沙（南沙）群島等若干地區目前未有基線，在國會常務委員會批

---

14 〈中國宣布設立「西沙區」和「南沙區」是毫無價值的〉，《越通社》（Vietnam+），2020年4月21日，https://zh.vietnamplus.vn/中國宣布設立西沙區和南沙區是毫無價值的/112927.vnp。

15 該法指出，在符合《公約》第121條款的基礎上，《越南海洋法》規定，適合人的生活或獨立的經濟生活的島就有內水、領海、領海毗連區、專屬經濟區、大陸礁層。不適合人的生活或獨立的經濟生活的島就沒有專屬經濟區和大陸礁層。

16 即陸地領土問題不屬於《公約》調整的事項，故南沙群島領土問題不適用《公約》。

准之後，政府將進行確定並公布」，惟此項保留似已成為明日黃花。越南
於 2020 年 3 月 30 日照會聯合國，強調西、南沙群島之基線不得以連接最
外點之方式劃定（22/HC-2020）。換言之，越南並不認為西、南沙依《公
約》得以劃設「群島基線」，並據以主張領海以外的海洋權利。此一見解
源於 1990 年代中期，推翻了 1977 年《越南社會主義共和國關於領海、毗
連區、專屬經濟區和大陸礁層聲明》中有關離岸「島嶼與群島」得以主張
完整海洋主權權利之主張。2004 年越南外交部出版《越南海洋法律問題介
紹》（Giới thiệu một số vấn đề của Luật Biển Việt Nam）亦具體表示，南沙
各島礁不能共同作為一個整體群島來主張大陸礁層。[17]

肆、越南於南海爭端之解決

一、南海海洋劃界之協商

　　1973 年北越與北京針對北部灣之劃界談判，可謂越南處理南海劃界
問題之伊始。惟嗣後兩國關係持續惡化，邊界問題甚至導致 1979 年的邊
界戰爭。迄 1991 年越中關係正常化，海洋劃界問題才又進入兩國議程。
在先易後難等原則之指導下，越中兩國依序對陸地邊界、北部灣劃界暨海
上問題啟動磋商。

　　自越中北部灣劃界談判開啟以降，越南一方面同南海沿岸東協成員
開展個別海洋劃界磋商，藉融入東協秩序來平抑中國壓力，例如 1997 年
越南、泰國暹羅灣海上劃界協議，不僅表示越泰雙方應與馬來西亞磋商，

---

17 黃宗鼎、楊昊，〈南海仲裁案的區域效應與轉變中的越南南海戰略〉，《台灣國際法季刊》，第13卷第2期（台北：台灣國際法學會，2016），頁75-100。

以俾界清三方大陸礁層聲索重疊之區域，且強調該區應相容於 1979 年泰國、馬來西亞依雙方「設置開發大陸礁層特定海床資源聯合機構備忘錄」所建立之泰馬共同開發區（第 2 條）；[18] 另方面，則重新審視《公約》與越南既有主張之間的落差，使越南逐步進化為《公約》的忠實擁護者，例如 2000 年越中《關於兩國在北部灣領海、專屬經濟區和大礁層的劃界協定》，即標誌越南放棄歷史性水域（historic water）主張，[19] 擁抱《公約》第 15 條、第 74 條及第 83 條等有關與海岸相向或相鄰國家協商劃界之規範。又如 2003 年越南、印尼關於大陸礁層劃界協議，開宗明義便標舉了《公約》。[20] 顯而易見地，越南倘若抱殘守缺，堅持與《公約》不相符合的歷史性水域說，則將在其反駁中國以歷史性水域或「九段線」論述主張南海權益時，自陷矛盾之境地。

　　2009 年是南海爭端的一個轉捩點。此一方面是依《公約》第 76 條、締約國會議通過之 SPLOS/72 及 SPLOS/183 號文件等規定，[21] 沿岸國應於 1999 年 5 月 13 日起算之十年內，向聯合國大陸礁層界限委員會提交有關測算領海基線 200 海里以外大陸礁層界限「初步」或「指示性」之情報，乃至於在期限後提交最終之劃界案。故包含越南、馬來西亞、菲律賓、印

18　"Agreement between the Government of the Kingdom of Thailand and the Government of the Socialist Republic of Viet Nam on the delimitation of the maritime boundary between the two countries in the Gulf of Thailand," United Nations, August 9, 1997, https://www.un.org/Depts/los/LEGISLATIONANDTREATIES/PDFFILES/TREATIES/THA-VNM1997MB.PDF.

19　1982年越南、柬埔寨關於劃定暹羅灣聲索重疊海域協議，即是以歷史性水域作論。STEIN TØNNESSON, "Vietnam's Objective in the South China Sea: National or Regional Security?, " *Contemporary Southeast Asia*, Vol. 22, No. 1 (April 2000), p. 209.

20　"Agreement between the Government of the Socialist Republic of Vietnam and the Government of the Republic of Indonesia concerning the delimitation of the continental shelf boundary (with map)," United Nations, June 26, 2003, https://treaties.un.org/doc/publication/unts/no%20volume/part/i-44165.pdf.

21　〈聯合國海洋法公約 SPLOS/72締約國會議〉，聯合國，2001年5月29日，https://undocs.org/zh/SPLOS/72；〈聯合國海洋法公約 SPLOS/183締約國會議〉，聯合國，2008年6月20日，https://undocs.org/zh/SPLOS/183。

尼等南海沿岸國，陸續向聯合國提出大陸礁層劃界案及相應之反駁聲明。
如 2009 年 5 月 6 日，越南與馬國聯合向大陸礁層界限委員會提出有關兩
國共同大陸邊緣爭端尚待解決之照會。[22] 翌日，越南復照會聯合國，提出
其北區之延伸大陸礁層案，另表示將再提出其中區之延伸大陸礁層案。[23]

　　另一方面，中國於 2009 年 5 月 7 日照會（CML/18/2009）聯合國，
提出帶有九條斷續線之南海地圖，據以反駁越南同日向大陸礁層界限委員
會提交之大陸礁層劃界案，[24] 隨之亦掀起國際社會對中國「九段線」論述
的質疑與批判浪潮。2011 年，越南又以中國早先向聯合國提出有關反駁菲
律賓聲索南沙之照會，而提交相應之立場信函。[25]2019 年 8 月 27 日、28
日，越南先後在聯合國大陸礁層界限委員會闡述上揭兩份報告，並提請該
委員會儘早成立相關小組對該等報告進行審查。[26]

　　自 2019 年 7 月底「南海行為準則」文本進入第二輪審讀後，中國對
越南、印尼、菲律賓、馬來西亞等南海沿岸東協國家之壓力，可說與日俱
增。中國一方面欲藉「準則」推動南海「半封閉化」，俾使南海經濟利益

---

[22] "Commission on the Limits of the Continental Shelf (CLCS), Outer limits of the continental shelf beyond 200 nautical miles from the baselines: Submissions to the Commission: Joint submission by Malaysia and the Socialist Republic of Viet Nam," United Nations, May 6, 2009, https://www. un.org/depts/los/clcs_new/submissions_files/mysvnm33_09/mys_vnm2009excutivesummary.pdf.

[23] "Commission on the Limits of the Continental Shelf (CLCS), Outer limits of the continental shelf beyond 200 nautical miles from the baselines: Submissions to the Commission: Submission by the Socialist Republic of Viet Nam, " United Nations, May 7, 2009, https://www.un.org/depts/los/clcs_ new/submissions_files/vnm37_09/vnm_clcs37_2009e.pdf.

[24] 中華人民共和國常駐聯合國代表團，〈CML/18/2009〉，聯合國，2009年5月7日，https:// www.un.org/depts/los/clcs_new/submissions_files/vnm37_09/chn_2009re_vnm_c.pdf。

[25] Permanent Mission of the Socialist Republic of Viet Nam to the United Nations, "No. 77/HC-2011," United Nations, May 3, 2011, https://www.un.org/depts/los/clcs_new/submissions_files/vnm37_09/ vnm_2011_re_phlchn.pdf.

[26] 〈越南落實1982年《聯合國海洋法公約》25周年：越南對海洋島嶼的保護、管理以及發展海洋經濟（第二期）〉，《越通社》（Vietnam+），2019年12月8日，https://zh.vietnamplus.vn/ 越南落實1982年聯合國海洋法公約25周年越南對海洋島嶼的保護管理以及發展海洋經濟第二期/105890.vnp。

不為域外國家所掌控，另方面，中國透過衝突性的海上監測力量及突襲式的主權聲索手段，全力阻撓相關國家對南海諸島行使或主張其開發海洋資源之主權權利。這便迫使上揭東協成員再度向聯合國提出有關大陸礁層劃界之聲明。

2020 年 3 月 23 日，中國發函聯合國反駁菲國早先之照會，表示對南海相關海域、海床與底土擁有主權權利與管轄權。若將此說與 2019 年 12 月 12 日中國致聯合國照會之內容，即「中國南海諸島擁有專屬經濟區和大陸礁層」一併來看，足認中國已為南海諸島劃設群島／直線「基線」。越南旋於 3 月 30 日照會聯合國，強調西、南沙群島之基線不得以連接最外點之方式劃定。4 月，中國繼菲、越提請聯合國大陸礁層界限委員會保留兩國之大陸礁層劃界權利後，一面以海警海監船襲擾越、馬兩國之鄰近海域，一面公布了首份羅列海底地形地物名的「南海地理實體標準命名」名單。

二、南海問題國際化

1986 年越南共產黨六大制定了「廣交友、少樹敵」的外交革新方針，自此揚棄「一邊倒」路線，而在「多樣化、多邊化」（đa dạng hóa, đa phương hóa）的外交格局之下，[27] 越南更得以將南海問題訴諸國際社會。1995 年越南加入東協，隨之追認了旨在以和平手段解決南海主權爭端的 1992 年《東協南海宣言》。[28]1996 年，東協提出締結「南海行為準則」

---

[27] 黃宗鼎，〈越南的崛起與轉變 經濟鬆綁的共產國家越南〉，《在野法潮》，第32期（2017），台北：台北律師公會，頁27-30。

[28] 又稱《馬尼拉宣言》，強調應以和平手段解決南海主權與管轄權爭端、呼籲各方自制並援用1976年《東南亞友好合作條約》六原則作為建立國際行為準則的基礎。*1992 ASEAN DECLARATION ON THE SOUTH CHINA SEA*, Adopted in Manila, Philippines on 22 July 1992, https://cil.nus.edu.sg/wp-content/uploads/2017/07/1992-ASEAN-Declaration-on-the-South-China-Sea.pdf。

之共識，越南得以更進一步地將自身與東協之南海議程做結合。2010 年越南擔任東協主席國時，乃有效運用主席之議事權及擬定聯合聲明之權力，獲致域外大國支持以多邊途徑解決南海問題，以及美國提出南海「航行自由」主張等成果。[29]

2013 年 9 月，中國與東協正式就「南海行為準則」展開協商，惟習近平上台後旋於南海啟動「填礁造島」，並於相關海域強勢「維權」，致使協商停滯不前。2016 年菲中南海仲裁《判斷》公布之後，北京為平抑國際社會要求其遵循《公約》之壓力，復加速制定「南海行為準則架構」（Framework of a Code of Conduct in the South China Sea）。至於河內，其內部雖不乏跟進菲國將越中南海爭端訴諸仲裁之聲音，惟進一步地標舉《公約》，俾越南主權論述與《公約》更形契合之主張，顯然壓過前者。越南在「準則」磋商時所提包括劃設海洋區、軍事演習前六十天之預告、不在人工島上從事建設，以及不使地物軍事化等訴求，無不以《公約》為依歸。[30] 越南藉《公約》會集盟友、制衡中國之意向，可謂十分明確。

除以東協作平台，越南尚且協調個別夥伴來降低南海問題之風險。如越南透過「2011 年至 2016 年行動計畫」、「2017 年至 2022 年行動計畫」與菲律賓共同推動諸如分享兩國海軍訊息、建立兩國海岸警察熱線等海洋戰略安全領域之合作。[31] 至於越南在東協以外之南海安全多邊合作，尤以

---

29 Vu Thi Minh Hang, *Vietnam's ASEAN Chairmanship in Dispute Management of the South China Sea in 2010*, Thesis, Victoria University of Wellington (2013), pp. 49-50, 53-54.

30 Le Hong Hiep, "Vietnam's Position on the South China Sea Code of Conduct," *Perspective*, issue 2019 no. 22, April 8, 2019, https://www.iseas.edu.sg/images/pdf/ISEAS_Perspective_2019_22.pdf

31 黃宗鼎，〈越南對中國大陸南海「填礁造島」之觀察與對策〉，《戰略安全研析》，第 118 期（台北：政治大學國際關係研究中心，2015），頁 39-48；Raul Dancel, "Philippines, Vietnam agree on six-year action plan to deepen security ties," The Straits Times, April 12, 2016, https://www.thejakartapost.com/seasia/2016/04/12/philippines-vietnam-agree-on-six-year-action-plan-to-deepen-security-ties.html.

美日澳印（度）四國安全架構（Quad）值得關注。2020 年 3 月，越南已成為 Quad plus 之一員。

　　惟越南藉問題國際化來解決南海爭端之瓶頸，仍屬巨大。筆者以為瓶頸至少有三：

（一）東協「中心性」之立場

　　2019 年 6 月東協於第三十四屆高峰會通過了《東協對於印度－太平洋之展望》（ASEAN Outlook on the Indo-Pacific）文件，藉以加強東協團結，減少美中貿易戰所帶來的衝擊。該文件強調，印太區域不是國家領域的集合空間，而是緊密整合、相互聯結的區域；印太應是對話合作而非對立的區域；印太應是共同發展與繁榮的區域，而東協於此間扮演中心的角色。[32] 質言之，東協居中且持中立之立場，即上揭文件暨東協「中心性」之要旨。

　　基於「中心性」之「制約」，使得包含越南在內的東協國家，即令面對中國之霸凌及「過度海洋主張」，抑或美國以「文攻武嚇」（即 2020 年 7 月美國南海立場聲明及雙航艦南海聯演）來贊助東協，並未能因勢利導，伺機強化南海議題之「多邊」平台，拓展其南海利益。

（二）東協內部態度分歧

　　東協素以「共識決」自豪，惟所謂「共識決」，動輒係以模糊性之文字來達成。歷來東協外長年度會議之南海聲明，便經常出現「某些外

---

32 黃宗鼎，〈2019 東協外長會議　竟成美中擂台〉，《東森雲論》，2019 年 8 月 6 日，https://forum.ettoday.net/news/1506763。

長」、「某些關切」等曖昧用語，此適足顯示東協對中國態度之分歧。[33]

受中國與「大陸東南亞」國家之特殊關係及「一帶一路」計畫影響，不僅使得東協在南海議題上不易形成團結抗中之陣線，[34] 甚至於東協內發展出「親中」、「和中」、「遠中」、「抗中」等次級團體。鑑此，越南學者如阮明光（Nguyen Minh Quang），曾建議河內善用越南 2020 年東協輪值主席國之身分，以及擔任 2020 年至 2021 年聯合國非常任理事國之機會，協調各國參用《東協憲章》第 21 條之「東協減 X」模式，在東協內建立沿岸國集團（littoral ASEAN countries bloc），以減少特定親中國家妨礙沿岸國與中國協商「南海行為準則」之可能。[35]

（三）越南自身困境

無論是在 2014 年中國海洋石油公司（中海油）於西沙設置 HD-981 鑽井平台及 513 反中暴動後，越南旋派特使訪問北京並與中國達成「和平解決兩國海上爭議」；2015 年越南外交部在對中國填海造陸行為表達一貫反對態度之際，同時強調越中雙方將按計畫紀念「建交六十五周年」；乃至於 2020 年 4 月越南在其漁船遭中國海警船 4301 號撞沉後，復能於同月與海警 4302 號、4204 號等和 4301 號同屬於中國海警總隊南海海區指揮部的船艦，合作推展北部灣共同漁區海上聯合檢查行動，此等事實固然凸

---

33 黃宗鼎，〈南海張力：中國東協於南海仲裁公布以來之協商〉，「近代亞太地區的張力：海權、陸權與國際互動」研討會，政治大學人文中心中外關係與近現代中國的形塑研究群，2020 年 1 月 17 日。

34 東南亞可分為包含越、寮、柬、泰、緬等大陸東南亞次區，以及包含菲、馬、新、汶、印尼等海洋／島嶼東南亞次區。

35 《東協憲章》第 21 條第 2 款規定，在實施經濟承諾時，得經共識採用彈性參與之公式，包括「東協減 X」模式；Nguyen Minh Quang, "Saving the China-ASEAN South China Sea Code of Conduct," *The Diplomat*, June 29, 2019. https://thediplomat.com/2019/06/saving-the-china-asean-south-china-sea-code-of-conduct；黃宗鼎，〈南海張力：中國東協於南海仲裁公布以來之協商〉。

顯越中黨政關係深厚、越共高層視越中南海爭端為雙方「常態性競爭」之認知，以及越方不使南海情勢複雜化、以和平手段解決南海主權爭端之作派，但此等善意，不僅讓北京益加有恃無恐，更是為越南推動南海問題國際化之道路，平添障礙。

伍、越南於南海之經濟情狀

1993年，越共中央政治局簽署了《關於在未來數年內開發海洋經濟的任務決議》（Resolution No.3 NQ/TW），揭示漁撈業與油礦業乃日後越南海洋經濟發展之重點。[36]

一、越南於南海之油氣開採

當前越南在南海從事油氣開採的海底盆地共有五個，分別是紅河（Sông Hồng）、富慶（Phú Khánh）、九龍（Cửu Long）、南崑山（Nam Côn Sơn）、馬來－土珠（Malay - Thổ Chu）等盆地，該等盆地約蘊藏33億至44億噸的油氣。越南近年自這些盆地所屬區塊內生產2.2千萬至3.3千萬噸的油氣。[37]（見圖4-2）在中國「九段線」主張之下，越南的許多油氣區塊要不是被劃在「九段線」內，便是被「九段線」所切割。（見圖4-3）一旦中國據「九段線」主張強勢維權，則越南在相關區塊發包之開採作業，便要遭受衝擊。故越南在南海的採礦事業，無疑也是越中關係及其主權獨立的試金石。

---

36 黃宗鼎、楊昊，〈南海仲裁案的區域效應與轉變中的越南南海戰略〉，頁75-100。
37 "Oil & Gas sector in Vietnam," *Open to Export*, https://opentoexport.com/article/oil-and-gas-sector-in-vietnam/.

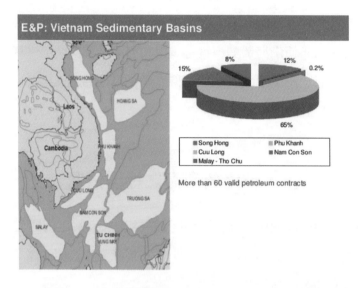

圖 4-2　越南周邊海底盆地暨開採契約比重圖

圖片來源：PVN projects calling for investment, Oct 19, 2019, https://www.slideshare.net/
LDng114/pvn-projects-calling-for-investment。

　　越共領袖胡志明於 1969 年 7 月表示，「待戰後取得越南獨立，我們
希望蘇聯乃至於亞塞拜然能夠幫助我們建立像巴庫（Baku）那樣的油礦事
業」。越南統一後，其油礦開採之重任乃加諸由越南國家油氣公司（Petro
Vietnam）與蘇聯「海外石油公司」（Zarubezhneft）合資設置之「越蘇石
油聯營公司」（Vietsovpetro），而油礦開採之重心，亦由北方的紅河盆地
移至南方的九龍（2016 年約占 80%）、南崑山盆地。[38]

　　1988 年，越南公布《外人投資法》（Foreign Investment Law），同
年「越蘇石油聯營公司」於白虎油田（位屬九龍盆地）之開採亦有斬獲。
1992 年起，中國及越南相繼授權外國公司開發南沙群島所在之油礦。5 月
8 日，在美國大使館官員見證下，中國與美國克里斯通能源公司（Crestone

---

38 Ella Zoe Doan, "Oil production in Vietnam 2009-2019," *Statista*, Jun 26, 2020, https://www.statista.
com/statistics/608982/oil-production-in-vietnam/.

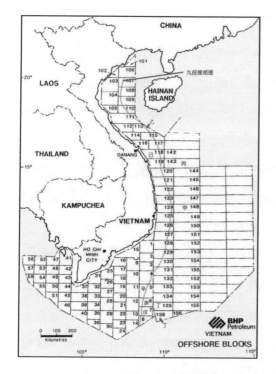

圖片來源：https://3.bp.blogspot.com/-0VbvrcvCBMA/UQGiBrNh8AI/AAAAAAAAAUc/jVqV
　　　uq2cZ5E/s1600/C%C3%A1c+L%C3%B4+d%E1%BA%A7u+kh%C3%AD+Vi%E1
　　　%BB%87t+Nam.jpg

圖 4-3　越南油氣區塊暨重要爭議事件圖

註：
1. 九段線連線及紅色字樣為筆者所添
　加。
2. 代號說明：
甲、2011 年中國海監船切斷越南探勘船
　　電纜
乙、2012 年越南探勘船遭中國切斷電纜
丙、2014 年中海油 981 鑽井平台對峙點
丁、2017 年 Repsol 遭施壓中止鑽探
戊、2018 年 Repsol 遭施壓中止鑽探
己、2019 年中國海洋地質八號干擾越南
　　藍鯨計畫
庚、2019 Rosneft 遭施壓中止鑽探
辛、2020 年 Idemitsu 等公司完成鑽井前
　　置作業

Energy）簽署石油開發合約，該公司獲得中國承諾，必要時會以海軍保護其在爭議海域之作業。越菲兩國嗣對此一合約表達不滿。[39] 1994 年 7 月，越南遭中國抗議將萬安北（越稱青龍）油田開發權利授予埃克森美孚（Exxon Mobil）公司，表示已授權克里斯通公司開發，中方並派遣兩艘船艦封鎖越方油井。[40] 對此，越南乃聘請華府顧問公司研究青龍油田及鄰

39　Nicholas D. Kristof, "China Signs U.S. Oil Deal for Disputed Waters," *New York Times*, June 18, 1992, https://www.nytimes.com/1992/06/18/world/china-signs-us-oil-deal-for-disputed-waters.html.

40　Philip Shenon, "China Sends Warships to Vietnam Oil Site," *New York Times*, July 21, 1994, https://www.nytimes.com/1994/07/21/world/china-sends-warships-to-vietnam-oil-site.html.

近萬安灘的歸屬問題。值得注意的是，中國當時以維持周邊關係為最高原則，在越南抗議後，最終決意放棄與克里斯通的聯合開發計畫。[41]

由於越南採油日盛，加以越南偕同或授權外國油礦公司開採南海油氣與日俱增，致使中國對越南無法再「睜一隻眼、閉一隻眼」，而純以社會主義開發後進視之，[42]乃決意壓制越南等國在南海之「掠奪性開採」。2004 年，越南產量最大之白虎油田一度日產逾 40 萬桶。[43]同年，北京授權中國石油天然氣集團公司取得南海 18 個區塊的開採權，某些區塊即是在南沙周邊的爭議水域。[44]此外，北京從 2006 年起，乃向英國石油、雪佛龍、康菲石油（ConocoPhillips）、埃克森美孚及馬來西亞國家石油等外國企業施壓，甚至挾前揭企業在中國之投資，「勸說」其終止與越南之間的油氣開採契約。除埃克森美孚仍與越南國家油氣公司合作以外，其他外國企業均向中國妥協。[45]2011 年 5 月 26 日，中國海監船在越南第 148 號油氣區塊對越南油氣勘探活動進行干擾，越南固認為中國故意切斷越南探勘船的電纜，惟越南副國防部長阮志詠在香格里拉對話記者會中表示，該事件屬民事糾紛，越南軍方將不會直接出面。[46]6 月 9 日，中國漁船再度企圖割斷越南油氣探勘船之電纜，該船受僱於越南國家石油公司，惟隸挪

---

[41] "Stirring up the South China Sea (IV): Oil in Troubled Waters Asia," *Asia Report N 275*, International Crisis Group, January 26, 2016, p. 6, https://www.refworld.org/pdfid/56a785c64.pdf.

[42] 余非，《當代中國國情與外交拓展（增補版）》（香港：三聯，2014），頁182。

[43] "A Brief History of The Oil and Gas In Vietnam," *Energy Global News*, October 20, 2019, http://www.energyglobalnews.com/a-brief-history-of-the-oil-and-gas-in-vietnam/.

[44] "Stirring up the South China Sea (IV): Oil in Troubled Waters Asia," p. 5, https://www.refworld.org/pdfid/56a785c64.pdf.〈宋恩來代表：建議加大南海油氣資源開發力度〉，《海峽之聲網》，2009年3月10日，http://www.vos.com.cn/2009/03/10_131851.htm。

[45] 黃宗鼎、楊昊，〈南海仲裁案的區域效應與轉變中的越南南海戰略〉，頁75-100；"Stirring up the South China Sea (IV): Oil in Troubled Waters Asia," p. 12, https://www.refworld.org/pdfid/56a785c64.pdf；相關圖片來源，https://cvdvn.files.wordpress.com/2017/07/ban-do-1.jpg。

[46] 蔣銳，〈越南：不會容忍「侵略」行為〉，《BBC中文網》，2011年6月5日，https://www.bbc.com/zhongwen/trad/chinese_news/2011/06/110605_vietnam_warn_china。

威船籍。隔年 11 月 30 日，越南探勘船平明 2 號（Binh Minh 02）於越南第 113 號油氣區塊（距昆古島（Con Co）43 海里，屬紅河盆地）作業，遭中國漁船尾隨並切斷勘探電纜。相關事件最終導致越人於中國駐河內大使館附近數周之示威遊行。[47]

　　2012 年 6 月 21 日，越南國會通過《越南海洋法》，宣示越南將優先集中開發石油、天然氣及各類海洋礦產資源。中海油隨之發布包括萬安北 -21 在內的 9 個招標區塊，該等區塊皆處越中主權爭議區。[48]另方面，中國發展成熟之鑽探技術，也間接觸動新一波的爭端。2014 年 5 月，中海油將中國首座深水半潛式鑽井平台 —— 海洋石油 981 置於越南 143 號油氣區塊（中建島西南方 17 海里處），渠料引發越南示威及 513 反中暴動。北京選擇不攖其鋒，將該平台開至孟加拉灣，但隔年又將之拉回，惟設置地點處於兩國海岸中線靠中國一側，加以兩國黨政關係殊為深厚，故越南並未發難。[49]2014 年 7 月，具中共高層關係的香港公司光匯石油（Brightoil），向美企哈維斯特天然資源（Harvest Natural Resources）購買了萬安北 -21（即越南之 136/03 區塊，距離越南東南海岸 400 公里處）的開採權。10 月，中國派船在該區進行地質調研，越南亦未反制。[50]

---

47 〈越南抗議中國漁船隔斷其漁船勘探電纜〉，《法廣》，2012年12月4日，https://www.rfi.fr/tw/中國/20121204-越南抗議中國漁船隔斷其漁船勘探電纜；John Ruwitch, "Vietnam accuses China of harassing another boat," *Reuters*, June 9, 2011, https://af.reuters.com/article/energyOilNews/idAFL3E7H916L20110609.

48 "Stirring up the South China Sea (IV): Oil in Troubled Waters Asia," p. 6, https://www.refworld.org/pdfid/56a785c64.pdf.

49 黃宗鼎，〈越南五月暴動之研析與對策〉，《戰略安全研析》，第109期（台北：政治大學國際關係研究中心，2014），頁27-34；"Stirring up the South China Sea (IV): Oil in Troubled Waters Asia," p. 7-8, https://www.refworld.org/pdfid/56a785c64.pdf.

50 其開採權為1996年Harvest Natural Resources的前身Benton Oil and Gas向越南購入，但該公司終未開採；來源："Oil on troubled waters," *The Economist*, Jan 26, 2015, https://www.economist.com/asia/2015/01/22/oil-on-troubled-waters.

2017 年 7 月，河內政府通知西班牙國家石油公司（Repsol），決意中止其子公司 Talisman-Vietnam（2015 年購自加拿大 Talisman）在 135-136/03 區塊所進行之開發活動。河內向其表示，北京警告若不停止鑽探，將會攻擊越南在南沙的據點。[51] 2018 年 3 月，越方再度因中國施壓，通知 Repsol 停止在紅龍油田（Cá Rồng Đỏ，屬南崑山盆地之 07/03 區塊，距頭頓 440 公里）的鑽探活動，並於年底終止了 Respol 所承攬的開採計畫。[52] 2014 年至 2019 年之間的案例說明，面對中國阻撓越南在南海從事鑽探活動，越南選擇隱忍退讓。

2019 年 5 月，就在俄羅斯石油公司（Rosneft）僱用日本 Hakuryu-5 鑽井平台於 06/01 區塊從事開採之際，北京又向河內提出停止 Rosneft 開採之要求。對此，越南一度公告延長 Hakuryu-5 作業時間至 9 月，藉以表示不願退讓。[53] 該區塊屬於南崑山天然氣計畫之一部，已歷十八年之商業生產，位處「九段線」內。

2019 年 7 月至 10 月，中國海洋地質八號暨護衛艦隻來回在距越南頭頓 360 公里處活動，與越南船艦形成對峙，被認為有意阻撓越南的「藍鯨計畫」（Cá voi xanh）。該計畫為天然氣輸送本土之計畫，係以 2017 年來美孚與越南國家油氣公司之開發成果為基礎，若能落實，將為越南帶來 200 億美元的歲入，並滿足越南約一成的能源需求。「藍鯨計畫」位處紅河

---

51 Bill Hayton, "South China Sea: Vietnam halts drilling after 'China threats'," BBC News, July 24, 2017, https://www.bbc.com/news/world-asia-40701121.

52 "Yinson JV ordered to halt operations for Vietnam's Ca Rong Do project," The Star, Mar 27, 2018, https://www.thestar.com.my/business/business-news/2018/03/27/yinson-jv-ordered-to-halt-operations-for-vietnam-ca-rong-do-project/.

53 Teddy Ng, "Bank as stand-off with Beijing continues," *South China Morning Post*, Jul 26, 2019, https://www.scmp.com/news/china/diplomacy/article/3020186/south-china-sea-vietnam-extends-operation-oil-rig-vanguard.

盆地 118 區塊，雖不在「九段線」內，但北京亦有意在該區進行開發。[54]

2020 年 7 月，河內再一次提前中止越南國家油氣公司與 Repsol 暨 Mubadala 公司的契約，且須向該等公司支付近 10 億美元的鉅額賠償。相較於此，日本公司 Idemitsu 及 Teikoku/Inpex 在 Sao Vang 及 Dai Nguyet 兩油區已完成鑽井及前置作業，該等油區儘管係在 05/01b、05/01c 等跨越「九段線」之區塊內，但未遭中國警告。[55]

二、越南於南海之漁撈情勢

南海占全球漁撈量的 12%，素為越南主要之漁場。十餘年來，由於珊瑚礁覆蓋率萎縮四成，乃至於非法、未報告及未受規範（Illegal, Unreported, and Unregulated, IUU）等濫捕事態，使得南海魚群至 2008 年時已喪失 25%。[56] 如此背景下，越南的捕撈能量尚且持續強化，2019 年其海產品出口額上漲 8% 並達 32 億美元，[57] 從而提高了越南與其他南海沿岸國因漁撈活動相衝突之機會。

1999 年中國開始在南海實施季節性休漁，此項措施固然反映越南不斷壯大的漁撈競爭力，卻也進一步激化南海漁撈權益國之間的矛盾。越中漁撈權益矛盾之本質，實在南海海洋劃界問題。因此越中漁撈權益矛盾緩

54 "Vietnam digs in on South China Sea oil and gas projects amid Chinese pressure," *The Straits Times*, SEP 13, 2019, https://www.straitstimes.com/asia/se-asia/vietnam-digs-in-on-south-china-sea-oil-and-gas-projects-amid-chinese-pressure; Vietnam approves US$1.56 billion power projects using ExxonMobil-exploited gas, *Hanoi Times*, NOV 5, 2019, http://hanoitimes.vn/vietnam-approves-us156-billion-power-projects-using-exxonmobil-exploited-gas-300049.html.

55 Bill Hayton, "China's Pressure Costs Vietnam $1 Billion in the South China Sea Vietnam is compensating international oil companies after cancelling their contracts in the dispute region over pressure from China," *The Diplomat*, July 22, 2020, https://thediplomat.com/2020/07/chinas-pressure-costs-vietnam-1-billion-in-the-south-china-sea/.

56 Adam Greer, "The South China Sea Is Really a Fishery Dispute," *The Diplomat*, July 20, 2016, https://thediplomat.com/2016/07/the-south-china-sea-is-really-a-fishery-dispute/.

57 "Vietnam aims for 9 bln USD worth of fishery exports in 2020," *Customs News*, January 20, 2020, https://customsnews.vn/vietnam-aims-for-9-bln-usd-worth-of-fishery-exports-in-2020-13262.html.

和之進程，自與雙邊海洋劃界問題掛勾。在 2000 年《越中關於兩國在北部灣領海、專屬經濟區和大陸礁層劃界協定》的基礎上，越南與中國於 2004 年 6 月 30 日批准施行《越中北部灣漁業合作協定》，據以在協定水域推行漁業合作、漁業資源養護和管理、保障於共同漁區內從事正常漁業活動，以及維護海上捕撈作業秩序和安全。

惟在越中海洋劃界仍止步於北部灣口之情況下，灣口以外的海上涉漁事件，遂難以禁絕。據越南統計，自 2005 年至 2010 年，共有 63 艘越南漁船暨 725 名船員在爭議海域遭中國逮捕。[58] 2007 年，中國海監南海總隊所屬海監船以維護中國探勘船作業為名，對所謂闖入中國領海之越南漁船實施衝撞。2010 年 9 月 11 日，中國在西沙海域扣留越南 QNg 66478TS 號漁船和 9 名漁民，越南表示中方扣留在西沙正常活動之越南漁船與漁民，乃嚴重侵犯越南主權。2011 年，雙方簽署《關於指導解決越中海上問題基本原則協議》，同意對漁權在內之低敏感海上問題持續協商。在海洋劃界問題未根本解決的情況下，河內與北京僅能依賴雙方自制與善意來減少涉漁事件。

2012 年中國設三沙市，其於西沙海域監測及登島巡邏之能量，乃隨之強化。2013 年 3 月 13 日，兩艘在西沙海域活動之越南漁船，遭中國海監船以非法進入中國領海而驅離。3 月 20 日，中方巡邏艦向一艘在西沙作業之越籍漁船開火，越方隨後提出抗議，要求中方對非人道行為予以賠償。2013 年 12 月 6 日，越中政府邊界談判代表團宣布成立海上共同開發磋商工作組，推進兩國跨境地區和海上合作，共同維護南海和平穩定。惟此時習近平正要開始對南海發起新一波的擴張主義運動。

---

58 Seth Mydans, "U.S. and Vietnam Build Ties With an Eye on China," *New York Times*, October 12, 2010, https://www.nytimes.com/2010/10/13/world/asia/13vietnam.html.

　　2014 年 5 月 26 日，中海油 981 鑽井平台事件升溫之際，一艘越方漁船在西沙附近遭中方船隻撞擊沉船，在中方表明是越方漁船肇事後，越南電視台公布該影片。[59] 2015 年 5 月 16 日，中國按例發布為期近二個半月的休漁令，越南漁業協會、漁檢局及外交部相繼聲明反對中國片面之休漁令。[60] 2015 年 6 月，越南廣義省平州漁會領導復指控中國船艦使用水砲驅離越南漁船，造成兩名船員受傷；另有一艘在西沙作業之漁船，遭中方攔截搶奪漁獲及設備。時越南外長范平明正在中國訪問。[61] 2016 年，西沙西南方越南李山島（Đảo lý sơn）縣人民委員會向外媒指出，2015 年該縣共有 17 艘漁船暨 200 名船員被中國船艦攻擊。[62]

　　2016 年至 2018 年，越中雙方較未出現涉漁衝突，此一方面與仲裁案公布後中國尋求政治突圍之態勢有關。2017 年底，越中海上低敏感領域合作專家工作組第十輪磋商提出了「北部灣海洋與島嶼環境綜合管理合作研究」和「北部灣漁業資源增值放流與養護合作」等項目在內的 2018 年工作計畫，似可作為註腳。另一方面，越南顯有刻意避免越中齟齬之意圖。如越南官媒在 2018 年至少報導了兩起涉漁事故。但這兩起分別發生在 8 月和 10 月的事故，要不是寫成越南漁船被撞沉，就是以被「外國船隻」撞擊來表示。此外，同年 12 月中，越南漁船 QNG90675 在西沙受到中國海警船衝撞，越南外交部僅稱越南強烈反對「其他」國家粗暴對待越南漁

59　"Vietnamese TV shows sinking of fishing boat in South China Sea," *The telegraph*, June 5, 2014, https://www.telegraph.co.uk/news/worldnews/asia/vietnam/10877706/Vietnamese-TV-shows-sinking-of-fishing-boat-in-South-China-Sea.html.

60　林蘭，〈中越因南海休漁期議題再起爭端〉，《法廣》（rfi），2015年5月19日，https://www.rfi.fr/tw/中國/20150519-中越因南海休漁期議題再起爭端。

61　"Vietnamese fisherman accuse China of attacking them in South China Sea," *The Guardian*, June 19, 2015, https://www.theguardian.com/world/2015/jun/17/vietnamese-fisherman-accuse-china-of-attacking-them-in-south-china-sea.

62　Pamela Boykoff, "Vietnam fishermen on the front lines of South China Sea fray," *CNN*, July 12, 2016, https://edition.cnn.com/2016/05/22/asia/vietnam-fisherman-south-china-sea/index.html.

民，卻沒有具指中國。[63]

　　2019 年中國海警總隊在轉隸武警後重新編排舷號，南海海區指揮部
（中國海警局南海分局）第四支隊的海警艦隻，乃加速沿「九段線」刻
劃主權行使之印記。[64] 河內前述態度至此亦有轉變，包括 2019 年 3 月 6
日，越南漁船 QNg90819TS 號在西沙華光礁海域被中國 44101 號海警船
以水砲衝擊下沉；2020 年 4 月 2 日，中國海警 4301 艦與越南漁船 QNg
90617 TS 號在西沙群島海域發生衝撞；乃至於 2020 年 6 月 10 日，中國
4006 號海警船撞擊越南漁船等，這三次衝撞事件，越南外交部俱向中國
駐越大使館遞交抗議公函，要求賠償。

　　儘管越南對中國在西沙強勢「維權」做法態度似乎轉趨強勢，不過越
南在 2019 年、2020 年越船「被衝撞」事件之餘，仍於 2019 年 10 月 26 日
及 2020 年 4 月 21 日正常與中方海警船艦於北部灣進行共同漁區漁業海上
聯合檢查，顯示越方純將西沙涉漁事件視作越中常態性之糾紛。此外，越
南近期對打擊 IUU 捕魚活動愈見積極，盼符合歐盟漁事規範，避免再遭
抵制。

陸、越南於南海之軍事情狀

一、越南之島嶼防衛

　　越南的南海防衛布局，蓋有近島、中島及遠島三線。近島一線係由

63　John Reed, "South China Sea: Fishing on the front line of Beijing's ambitions," *Financial Times*,
　　January 24, 2019, https://www.ft.com/content/fead89da-1a4e-11e9-9e64-d150b3105d21.
64　黃宗鼎，〈中越西沙海域衝撞與南海現局〉，《國防安全研究院雙週報》，第 1 期（2020 年 4
　　月 24 日），頁 7-12。

本土沿海諸島如蔡巴島（Đảo Cái Bầu）、吉婆（Cát Bà）、昏果（Hòn Cỏ）、竹島（Hòn Tre）等所構成，該等島嶼有利於漁業和農業的發展，裨益於沿海水域安全和秩序之維持。中島一線係指近島外圍諸如姑蘇島（Đảo Cô Tô）、李山島、富貴島（Đảo Phú Quý）、富國島（Đảo Phú Quốc）及南遊群島（Quần đảo Nam Du）等較大島嶼之連線，該等島嶼或有天然良港、機場等基礎建設，得以加大近島防禦縱深。至於遠島一線，乃位處戰略前沿諸如白龍尾島（Bạch Long Vĩ）、昆侖島（Đảo Côn Lôn）、土珠島（Đảo Thổ Chu），乃至於西沙、南沙群島等地物。為強化越南於主權維護及海防預警之能力，該等島礁置有前哨訊息網路、觀察站、雷達系統及防空站等。[65] 目前遠島一線最遠為隸屬慶和省長沙島縣之長沙群島（即南沙群島），越南在南沙設有 21 個管理單位共 33 個駐軍點，[66] 又以南威島（Spratly Island）及安波沙洲（Amboyna Cay）為重心。

　　當前越南於南沙所占之島礁灘，主要設有延伸之小型機場跑道、抗颱水道、直升機坪，乃至於簡稱為 DK1（Dịch vụ-Khoa）之「經濟、科學與科技服務站」，旨在「強化區域監控與巡邏之能力」，並「提升中國奪取島礁的難度」。[67]

　　在中國南海島礁軍事化之影響下，越南對於 1990 年代不在露出水面地物上建設新結構之主張已然修正，惟比之中國，越南確實較能依循《南海各方行為宣言》，儘可能不使地物軍事化，而這似乎也是越南在「南海行為準則」談判中之主要訴求。

65　〈東海與東海爭端現狀（第一期）〉，《Vietnam Motherland》，2019年12月30日，http://vietnammotherland.blogspot.com/2019/12/blog-post_30.html。

66　〈回顧越南對黃沙、長沙群島占有，行使主權歷史（第四期）〉，《Vietnam Motherland》，2019年10月5日，http://vietnammotherland.blogspot.com/2019/10/blog-post_5.html。

67　〈緩慢且穩定：越南的南沙群島翻新工程〉，《Asia Maritime Transparency Initiative》，CSIS，2019年5月20日，https://amti.csis.org/slow-and-steady-vietnams-spratly-upgrades/?lang=zh-hant。

二、越南在南海之軍警民兵力量

《越南海洋法》明確規定，有權在海上執勤巡邏監管的力量有：人民海軍，海洋員警，邊防部隊，人民警察，駐紮各島、群島上的軍隊單位以及海關、水產、交通運輸、環境、衛生及檢疫等專門部門巡邏監管力量。[68]

人民海軍無疑是越南在南海主要依恃之維安力量。河內曾向北京取得如 Project-183/P-6 魚雷艇、Type-062 護衛艇及武昌號掃雷艦等艦隻，只不過都是在 1960 年代至 1970 年代，嗣後蘇聯／俄羅斯系艦隻成為越南海軍主力，包括 43 艘蘇聯時期售予越南者，以及 39 艘俄羅斯時期售予或授權越南製造者，此適足見證越戰後越中兩國南海矛盾之白熱化。尤其值得注意的是，堪稱越南人民海軍主力艦之丁先皇號、李太祖號、陳興道號、光中號等 4 艘 Gepard-3 級護衛艦，其艦名皆出自於越南史上抗中明君或勇將之稱號，（見表 4-1）由此亦可一窺越南海軍視中國為假想敵之潛在事實。

為協助人民海軍維護近海秩序，強化對南海漁撈資源的監測能量，越南也持續提升海警及邊防部隊的船艦質量。（見表 4-1）2015 年 5 月越南與印度簽署《防務合作共同願景聲明》，據以透過新德里提供河內之 1 億美元貸款向印度 Larsen & Toubro Limited（L&T）公司購買高速巡邏艇。2016 年 5 月，美國總統歐巴馬宣布對越解除全面武器禁運，嗣後陸續提供越南包括 Metal Shark 45 Defiant 級巡邏艇及 Hamilton 級巡邏艦。印、美等區域利害關係大國協助越南建構海上武裝力量，皆為 2013 年來中國於

---

68 〈《越南海洋法》介紹〉，《人民報網》，2012 年 7 月 19 日，https://cn.nhandan.org.vn/documentation/item/5601-《越南海洋法》介紹.html。

南海填礁造島並推行擴張主義之結果。

　　至於越南海上民兵，其力量在 2014 年越中西沙對峙後獲得加強，據估超過 7 萬人，約占海洋水產從業人口 4.7%。《美國之音》稱越南在西沙鄰近 3,000 多位漁民中部署了 13 個海上民兵排。中國方面相信，越南海上民兵在南沙負責監控他國油氣勘採活動，或是在某些西沙海上事故裡扮演對中國海警船衝撞之角色。[69]

　　受中國南海島礁軍事化及相關海上霸凌行徑之刺激，越南於南海之衝突意識與強軍作為不斷提升。2018 年，繼 5 月與印度舉行兩國首次海上軍演後，更於 6 月首度參與環太平洋軍演（中國則遭美國停止邀請參演）。2019 年夏，越南據稱派遣 Gepard 級護衛艦「光中號」，藉以對抗 30 餘艘在萬安灘海域執行維權任務的中國船艦；年底，越南一面發表十年來首部之國防白皮書，強調越南對外防務合作「不受政治體制的限制」，且歡迎各國軍隊訪問或補給於越南港口，[70] 一面透過 Tarantul 大型飛彈快艇，施行反艦飛彈實彈演習。另按 2020 年俄國雜誌報導，越南擬向俄國購買第三批的 Gepard 級護衛艦，並搭載垂直發射的遠端打擊系統。[71]

表 4-1　越南海軍／邊防部隊及海警船艦統計表

海軍／邊防部隊船艦	數	來源	相關時間	納編舷號
Project-159/Petya護衛艦Petya-3	2	蘇聯	1978交	HQ-09奇和 HQ-11芝靈

---

69 陳相秒，〈南海的「黑洞」—— 越南海上民兵〉，中國南海研究院，2002年4月30日，www.nanhai.org.cn/review_c/432.html。

70 黃宗鼎，〈中越西沙海域衝撞與南海現局〉，《國防安全研究院雙週報》，第1期（2020年4月24日），頁7-12。

71 〈越南增購獵豹艦指明要裝一巡航導彈 遠程打擊超052C〉，《新浪軍事》，2002年2月20日，https://mil.sina.cn/sd/2020-02-20/detail-iimxxstf2896095.d.html?vt=4&pos=108。

海軍／邊防部隊船艦	數	來源	相關時間	納編舷號
Project-205/Osa飛彈艇Osa-2	8	蘇聯	1979-1981交	HQ-354, HQ-355 HQ-356, HQ-357 HQ-358, HQ-359 HQ-360, HQ-361
Project-206/Shershen排水型魚雷快艇	14	蘇聯	1979-1983交	HQ-301, HQ-302 HQ-303, HQ-304 HQ-305, HQ-306 HQ-307, HQ-308 HQ-309, HQ-310 HQ-311, HQ-312 HQ-313, HQ-314 HQ-315, HQ-316
Project-266/Yurka掃雷艦	2	蘇聯	1979	HQ-851, HQ-852
Project-771/Polnocny中型登陸艦	3	蘇聯	1979-1980	HQ-511, HQ-512 HQ-513
Project-159/Petya護衛艦	3	蘇聯	1983-1984	HQ-13河內 HQ-15范五老 HQ-17吳權
Project-206M/Turya 水翼魚雷快艇	5	蘇聯	1984-1986	HQ-331, HQ-332 HQ-333, HQ-334 HQ-335
Project-12650/Sonya掃雷艇	4	蘇聯	1987-1990	HQ-861, HQ-862 HQ-863, HQ-864
Project-368/Poluchat	2	蘇聯	1990	
TT-400TP護衛艇	2	越南		HQ-272, HQ-273
BPS-500/Type-1241小型飛彈艦	1	俄羅斯	1996訂2001交	HQ-336, HQ-365
Project-1241/Tarantul 大型飛彈快艇	8	俄羅斯	2008-2016交	HQ-375, HQ-376 HQ-371, HQ-372 HQ-373, HQ-374 HQ-377, HQ-378 HQ-381
	6	俄授權越南自製		
	2	俄羅斯	1996交	
FC-54巡邏艇	4	俄羅斯	2012-2014交	
Project-10412/Svetlyak巡邏艇	2	俄羅斯	2001訂2002交	HQ-261, HQ-263 HQ-264, HQ-265 HQ-266, HQ-267
	4	俄羅斯	2007訂 2011-2012交	
	2	俄羅斯	2012交	

海軍／邊防部隊船艦	數	來源	相關時間	納編舷號
Gepard-3護衛艦	2	俄羅斯	2006訂2011交	HQ-011丁先皇
Gepard-3護衛艦Gepard-3.9型	2	俄羅斯	2012訂 2017-2018交	HQ-012 李太祖 HQ-015 陳興道 HQ-016 光中
Project-636E/Kilo潛艦 Project-636M型	6	俄羅斯	2009訂 2013-2017交	HQ-182 河內 HQ-183 胡志明市 HQ-184 海防 HQ-185 峴港 HQ-186 慶和 HQ-187 巴地頭頓
Po Hang護衛艦	1	南韓	2016訂2017交	HQ-18
	1		2017訂2018交	HQ-20
L&T 35m巡邏艇	12	印度	2018簽約	

海警船艦	數	來源	相關時間	納編舷號
H-222型運輸艦	1	越南		CSB-7011
1200噸巡邏艇	2	越南		CSB-6006, CSB-6007
TS-500CV型巡邏艇	2	越南		CSB-6008, CSB-6009
TT-120巡邏艇	14	越南		CSB-001, CSB-1011, CSB-1012, CSB-1013, CSB-1014, CSB-3001, CSB-3002, CSB-3003, CSB-3004, CSB-3005, CSB-3006, CSB-3007, CSB-3008, CSB-3009
TT-200巡邏艇	14	越南		CSB 001,CSB-1011, CSB 1012, CSB 1013, CSB 1014, CSB-3001, CSB-3002, CSB-3003, CSB-3004, CSB-3005, CSB-3006, CSB-3007, CSB-3008, CSB-3009
TT-400巡邏艇	9	越南		CSB-4031, CSB-4032, CSB-4033, CSB-4034, CSB-4035, CSB-4036, CSB-4037, CSB-4038, CSB-4039

海警船艦	數	來源	相關時間	納編舷號
MS50S型快艇	26	越南		CSB-426, CSB-427, CSB-603, CSB-604, CSB-605, CSB-606, CSB-607, CSB-608, CSB-609, CSB-610, CSB-611, CSB-612, CSB-613, CSB-614, CSB-615, CSB-616, CSB-617, CSB-618, CSB-619, CSB-620, CSB-621, CSB-622, CSB-623, CSB-624, CSB-625, CSB-626
Shershen class級魚雷快艇	4	蘇聯		CSB-5011, CSB-5012, CSB-5013, CSB-5014
DN-2000巡邏艇	4	荷蘭設計越南建造	2013-2016服役	CSB-8001, CSB-8002, CSB-8004, CSB-8005
DS tug救援拖輪	5	荷蘭越南聯合製造		CSB-9001, CSB-9002, CSB-9003, CSB-9004, CSB-9005
DN-4000巡邏艦	2	荷蘭設計越南建造	2018訂	
Aso級1200噸巡邏艇	6	日本	2025交付	
Teshio級巡邏艇	5	日本	2015-交	CSB-6001, CSB-6002, CSB-6003, CSB-6004, CSB-6005
Metal Shark 45 Defiant巡邏艇	24	美國	2017-交	CSB-701, CSB-702, CSB-703, CSB-704, CSB-705, CSB-706, CSB-707, CSB-708, CSB-709, CSB-710, CSB-711, CSB-712, CSB-713, CSB-714, CSB-715, CSB-716, CSB-717, CSB-718
Hamilton巡邏艦	1	美國	2017交	CSB-8020
Hamilton巡邏艦	1	美國	2019交	

海警船艦	數	來源	相關時間	納編舷號
1500噸巡邏艇	1	南韓		CSB-8003
280噸巡邏艇	2	南韓		CSB-2015, CSB-2016

資料來源：Transfers of major weapons: Deals with deliveries or orders made for 1950 to 2019, http://armstrade.sipri.org/armstrade/page/trade_register.php; Vietnam Coast Guard, Wikipedia, https://en.wikipedia.org/wiki/Vietnam_Coast_Guard; Vietnam People's Navy, Wikipedia, https://en.wikipedia.org/wiki/Vietnam_People%27s_Navy.

柒、結論

「擴美救國戰爭」（Kháng chiến chống Mỹ cứu nước，亦即越戰）結束後，河內乃將目光放諸南海。

觀1975年來越南經略南海的四個時期，亦即1975年至1981年之建國發展期、1982年底之海洋法公約因應期、1988年至1998年之中國進取南沙策應時期，乃至於2007年迄今之越中周旋時期，儘管有來自於越南自身發展及國際態勢的影響，惟適足形塑各個時期並予貫穿之力量，莫過於中國因素一項。

越南於南海諸島之聲索，可謂是越共最終的國族獨立任務。統一之後的社會主義越南，為了標舉其聲索西、南沙主權的正當性，不僅繼受了原視為帝國主義傀儡西貢政權的西、南沙主權論述，亦肯認了前殖民侵略者法國與西貢政權於西、南沙的主權行為。而該等論述顯係以中國有關南海諸島之「固有領土說」為對抗標的。越南在建構其西、南沙主權論據的同時，既在區隔越中兩國之主張，也在切割越戰期間北越之歷史詮釋。而1975年以來越南於西、南沙主權之聲索，遂成為辯證當代越中關係主要之論題。

　　自越中開啟北部灣劃界談判以降，越南一方面同南海沿岸東協成員開展個別海洋劃界磋商，藉融入東協秩序來平抑中國壓力，另方面，則重新審視《公約》與越南既有主張之間的落差，俾越南逐步進化為《公約》的忠實擁護者，特別是要避免在反駁中國以歷史性水域或「九段線」論述主張南海權益時，自陷矛盾之境地。

　　越南與其他南海沿岸東協成員，於 2009 年、2019 年相繼提出與大陸礁層劃界相關之聲明，對中國展開法律暨宣傳戰，藉以應對中國之「九段線」主張、實踐南海「半封閉化」的意圖，乃至於以衝突性海上監測力量及突襲式主權聲索手段、排擠他國開發海洋資源主權權利之行徑。無論是從海洋劃界伊始和融入東協秩序等面向來看，抑或從相關海洋劃界主張、提出大陸礁層劃界之路徑來看，在在可以見到中國因素於越南海洋劃界議程之影響。

　　東協提出締結「南海行為準則」以來，越南得更進一步地將自身與東協之南海議程做結合。2016 年菲中南海仲裁《判斷》公布後，越南以《公約》會集盟友、制衡中國之意向，可謂十分明確。惟越南藉問題國際化來解決南海爭端，仍存在包括東協「中心性」之立場、東協內部態度分歧及越南自身困境等瓶頸。

　　越南在南海的採礦事業，無疑也是越中關係及其主權獨立的試金石。2004 年以前，中國曾因越南抗議，而放棄與克里斯通的聯合開發計畫。爾後越南開採日盛，中國乃透過對爭議區塊開標、切斷探勘船電纜，將鑽井平台向爭議區推進、脅迫越方終止與他國契約等方式，來壓制越南等國家在南海之「掠奪性開採」。越南一方面僅能藉示威遊行或授權作業等有限操作來應處，一方面還得為中止對外合約而付出大筆賠償。

從歷年中國干預或阻撓越南於南海開採油氣之案例來看，事故區大抵是從紅河盆地往南崑山盆地發展，並由「九段線」內區塊移往線上之區塊。值得關注的是，中國顯然不願被「九段線」所縛，也就是說，對於越方在「九段線」外 118 區塊的授權探勘活動，中方尚且會加以妨礙，至於越方在九段線上如 05/01b、05/01c 等區塊的授權鑽探活動，中方亦可能不予抵制。不過就大勢而言，由於北京要求在「南海行為準則」海洋經濟活動一節加入不得與域外國家從事合作的條款，加以「九段線」內外區塊間之海底油氣可能連通，故越南同域外國家合作探採的南海油氣區塊，其無論係處「九段線」內或線外，勢將淪為越中主權之爭點或海上衝突之熱點。

越中漁撈權益矛盾緩和之進程，實與雙邊海洋劃界問題掛勾。惟在越中海洋劃界仍止步於北部灣口、中國實施季節性休漁，以及習近平於南海推行擴張主義之情況下，灣口外越南漁船遭中國船艦衝撞、扣留人船、沒入魚貨設備，甚至水擊開火等事態，著實難以禁絕。為避免越中齟齬擴大，河內採取如循例性外交抗議、遞函要求賠償，甚或視作常態競爭，仍與肇事中國海警依約海上聯檢等態度，來應處越中涉漁事件。河內既然釋出此種訊號，則北京霸凌越南漁船必然愈趨激烈，越南南海漁撈經濟亦將持續為之戕害。

越南雖將南沙島礁作為其遠島防衛之重心，但在以中國為潛在敵人的想定之下，仍陷入了有限軍事化的困境。也就是說，受中國島礁軍事化之影響，越南固然希望上修南沙 21 個越南據點的防衛質量，而河內也確實棄置了 1990 年代不在露出水面地物上建設新結構之主張，但為了牽制中國，越南自己也不得不依循《南海各方行為宣言》，儘可能地不使南沙據

點過度軍事化。

　　無論是從越南人民海軍自 1970 年代以後不再向中國取得船艦，抑或其主力船艦 Gepard 級護衛艦名皆出自越南史上抗中明君或勇將之稱號，此等現象，可說在在顛覆越中兩國「同志加兄弟」的傳統論述，亦適足見證「攘美救國戰爭」後，越中兩國南海矛盾加劇，越南視中國為其海上假想敵之潛在現實。受中國南海島礁軍事化及相關海上霸凌行徑之刺激，越南於南海之衝突意識與強軍作為不斷提升。除將整合優化包含軍警民兵在內之海上武裝力量，越南勢必進一步與美日印澳等區域利害國強化南海安全合作關係。

　　2019 年越南國防白皮書強調，越南對外防務合作「不受政治體制限制」。不過對河內來說，是否真是「同志誠可貴，南海利更高」？其辯或未可證，但越南之南海布局確信難脫越中關係之框架。

參考文獻

一、中文部分

于向東，〈越南全面海洋戰略的形成述略〉，《當代亞太》，第 5 期（2008）。

中研院近史所檔案館藏，《外交部檔案》，分類號：019.3，案次號：89012，「西南沙群島中越卷」。

余非，《當代中國國情與外交拓展（增補版）》（香港：三聯，2014）。

林文程，《中國海權崛起與美中印太爭霸》（台北：五南圖書出版公司，2019）。

黃宗鼎，〈「分裂國家」的「大局外交」：以中華民國對越之西、南沙交涉為例（1955-1975）〉，《國史館館刊》，第 43 期（台北：國史館，

2015），頁 139-194。

黃宗鼎，〈中越西沙海域衝撞與南海現局〉，《國防安全雙週報》，第 1
期（2020 年 4 月 24 日），頁 7-12。

黃宗鼎，〈南海張力：中國東協於南海仲裁公布以來之協商〉，「近代亞
太地區的張力：海權、陸權與國際互動」研討會，政治大學人文中心中
外關係與近現代中國的形塑研究群，2020 年 1 月 17 日。

黃宗鼎，〈越南五月暴動之研析與對策〉，《戰略安全研析》，第 109 期
（台北：政治大學國際關係研究中心，2014），頁 27-34。

黃宗鼎，〈越南的崛起與轉變 經濟鬆綁的共產國家越南〉，《在野法潮》，
第 32 期（台北：台北律師公會，2017），頁 27-30。

黃宗鼎，〈越南對中國大陸南海「填礁造島」之觀察與對策〉，《戰略安
全研析》，第 118 期（台北：政治大學國際關係研究中心，2015），頁
39-48。

黃宗鼎、楊昊，〈南海仲裁案的區域效應與轉變中的越南南海戰略〉，《台
灣國際法季刊》，第 13 卷第 2 期（台北：台灣國際法學會，2016），
頁 75-100。

二、英文部分

Biển Đảo Việt Nam: Lịch Sử-Chủ Quyền-Kinh Tế-Văn Hóa (Bìa Cứng), Nhà
Xu t Bản Văn Hóa - Văn Nghệ (2016).

Le Hong Hiep, "Vietnam's Position on the South China Sea Code of Conduct,"
Perspective, issue 2019 no. 22 (April 8, 2019).

STEIN TØNNESSON, "Vietnam's Objective in the South China Sea: National
or Regional Security?, " *Contemporary Southeast Asia*, Vol. 22, No. 1 (April
2000).

"Stirring up the South China Sea (IV): Oil in Troubled Waters Asia," *Asia
Report N 275*, International Crisis Group (January 26, 2016).

"The Hoang Sa (Paracel) and Truong Sa (Spratly) Archipelagoes and International Law," Ministry of Foreign Affairs (Socialist Republic of Vietnam), April, 1988.

Vu Thi Minh Hang, *Vietnam's ASEAN Chairmanship in Dispute Management of the South China Sea in 2010*, Thesis, Victoria University of Wellington (2013).

第五章　菲律賓杜特蒂政府的南海政策

李俊毅

壹、前言

本文探討菲律賓的南海政策，聚焦於杜特蒂（Rodrigo Duterte）政府時期。菲律賓是南海主權的聲索國之一，且長期以來和越南同屬聲索國中對中國持較強硬立場者。具體的例證之一，是該國在前任總統艾奎諾三世（Benigno Aquino III）任內，於 2013 年 1 月 22 日向常設仲裁法院（Permanent Court of Arbitration, PCA）提起南海仲裁案，試圖循國際法的途徑，釐清中國「九段線」的歷史性權利主張與在南海海域相關活動的合法性，從而捍衛自身主張。[1] 然而，自杜特蒂於 2016 年 6 月上任以來，在外交上採取有別於前幾任總統的政策，呈現明顯的「親中遠美」的傾向。在南海主權爭議上，杜特蒂政府持避免與中國對立的立場。2016 年 7 月 12 日南海仲裁案的結果出爐後，杜特蒂置此一對菲國有利的國際法判決不顧，試圖降低南海主權爭議的重要性，以此尋求與中國共同探勘與開發南海海域，並爭取中國的援助、贈與及貸款。[2]

與此同時，杜特蒂也展現出對美國的不信任。早在 2016 年 5 月 31 日仍未上任時，他即在記者會上表示將「引領菲國走自己的路而不會依賴美

1　"The South China Sea Arbitration (The Republic of Philippines v. The People's Republic of China)," Permanent Court of Arbitration, n.d., https://pca-cpa.org/en/cases/7/.

2　Richard Javad Heydarian, "Duterte and the Philippines' Contested Foreign Policy," Asia Maritime Transparency Initiative, August 20, 2018, https://tinyurl.com/y6mbo6bx.

國」。[3] 菲國政府於 2020 年 2 月 11 日宣布將終止菲美《軍隊互訪協定》
（*Visiting Force Agreement*, VFA），而衝擊兩國於 1951 年簽訂的《共同防
禦條約》（*Mutual Defense Treaty*, MDT）之運作。[4] 雖然菲國於 2020 年 6
月 1 日向美國駐菲大使館表示將暫停《軍隊互訪協定》的終止，但此舉已
展現菲國對美國安全承諾的疑慮。[5] 2020 年 8 月 3 日，菲國國防部長洛倫
扎納（Delfin Lorenzana）表示，自杜特蒂上任以來，菲國追求獨立的外交
政策，因此除了在自身領海，菲國將不會參與任何和他國在南海的聯合軍
演。「如果一國的行為被另一個國家視為是好戰的（belligerent），通常
這將引起緊張情勢」。[6]

目前菲律賓在南沙群島據有 10 個島礁（表 5-1）。1978 年，時任總
統馬可仕（Ferdinand E. Marcos）以第 1596 號總統令宣布將一塊約六角
形且涵蓋多數南沙群島島礁的領土併入菲律賓。菲國稱這個地區為卡拉
揚島群或自由群島（Kalayaan Island Group, KIG），並劃歸為菲國巴拉望
（Palawan）省的一部（圖 5-1）。該國 2009 年的第 9522 號共和國法案
（Republic Act No. 9522）復宣布對卡拉揚島群的主權與司法管轄權，並

3　"Philippines' incoming leader Duterte to pursue independent foreign policy," *Reuters*, May 31, 2016, https://tinyurl.com/y6zwoztp.

4　Mico Galang, "The Philippines–US Visiting Forces Agreement and small power foreign policy," East Asia Forum, April 9, 2020, https://tinyurl.com/y2jxp23t. 《共同防禦條約》是菲律賓國家安全的重要基石，但1991年菲國決議不再提供蘇比克灣海軍基地予美軍使用，影響美軍對該國提供安全保障。其後隨著菲國逐漸感到中國崛起的威脅，菲美兩國方於1999年簽訂《軍隊互訪協定》，重新強化彼此的軍事關係。請參Rommel C. Banlaoi, "Strategy of a Small State with Great Powers: The Philippines Amidst US-China Rivalry in the South China Sea," *The ICSA Bulletin*, July 31, 2020, https://tinyurl.com/y6yf6pk7.

5　"Embassy Statement Regarding the Visiting Forces Agreement," U.S. Embassy in the Philippines, June 2, 2020, https://tinyurl.com/y2up8d4u; Prashanth Parameswaran, "What the US-Philippines VFA Withdrawal Suspension Does and Doesn't Say About the Alliance," *The Diplomat*, June 4, 2020, https://tinyurl.com/y8zypng5.

6　Eimor Santos, "PH won't join other navies in South China Sea drills on Duterte's order," *CNN*, August 4, 2020, https://tinyurl.com/y5uv5c9k.

表 5-1　菲國控制之南沙群島島礁

我國稱謂	國際稱謂	菲律賓稱謂
司令礁	Commodore Reef	Rizal Reef
費信島	Flat Island	Patag Island
南鑰沙洲	Loaita Cay	Melchora Aquino Cay
楊信沙洲	Lankian Cay	Panata Island
南鑰島	Loaita Island	Kota Island
馬歡島	Nanshan Island	Lawak Island
北子礁	Northeast Cay	Parola Island
仁愛暗沙	Second Thomas Shoal	Ayungin Shoal
中業島/中業群礁	Thitu Island	Pag-asa Island
西月島	West York Island	Likas Island

資料來源："Philippines Island Tracker," Asia Maritime Transparency Initiative, n.d., https://amti.
csis.org/island-tracker/philippines/. 該網站將楊信沙洲南鑰沙洲並列。

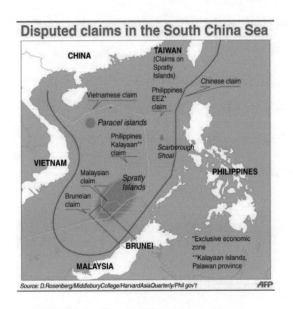

圖 5-1　菲律賓的南海島礁主張

資料來源：轉引自 "Disputed Claims in the South China Sea – AFP," southchinasea.org, n.d.,
https://tinyurl.com/ya4ua66l。菲國主張的區域為圖中黃線範圍。

稱適用《聯合國海洋法公約》（*United Nations Convention on the Law of the Sea*, UNCLOS）第 121 條的島嶼制度（Regime of Islands）。惟美國與其他南海主權聲索國（中國、越南、台灣與馬來西亞）並不承認菲國主張。[7]菲國就南海議題而與鄰國的衝突，主要為菲中 1995 年的美濟礁（Mischief Reef）事件與 2012 年 4 月的黃岩島（Scarborough Shoal）爭端。[8]

　　主權涉及國家的基本構成，加上國家間的主權爭議幾乎總是互斥，維護領土主權因此常被視為一國的重要安全問題。菲國的南海政策因此宜置於其安全與外交政策的脈絡探討。在這方面，東南亞國家的外交與安全政策，常被描述為「避險」（hedging），意味這些國家選擇在經濟上和中國交往，但在安全上尋求美國在區域的持續存在，以對中國發揮箝制的效果。就杜特蒂政府的「親中遠美」政策來看，其「遠美」的相關舉措似與「避險」政策的要旨有所出入。本文乃先回顧國際關係對「避險」的見解，特別是一國政府如何基於鞏固或強化其正當性的考量，而採取特定的「避險」政策。其次，本文探討菲國的安全戰略與南海議題的相對重要性。在此之後，本文整理杜特蒂政府在南海議題上的相關作為，申論其「避險」政策的意涵與限制。

貳、東協之避險政策及其來源

當一國面臨具威脅性的強權時，其安全戰略為何？國際關係的

7　Rigoberto D. Tiglao, "'PH can't have its Kalayaan Island Group' – arbitral tribunal," *The Manila Times*, September 4, 2019, https://tinyurl.com/y3x5thtt; "Republic Act No. 9522," GOVPH, March 10, 2009, https://tinyurl.com/y2yoh89j.

8　Bill Hayton, *The South China Sea: The Struggle for Power in Asia* (New Haven: Yale University Press, 2014), pp. 124-130, 159-160.

現實主義（Realism）學派大抵提供兩項選擇：抗衡（balancing）與扈從（bandwagoning）。簡單來說，前者認為在國際無政府狀態（anarchy）—— 國家之間或之上沒有一個更高政治權威 —— 的情況下，國家為求生存，將試圖以締結同盟或／與提升本國武備的方式制衡該強權。相對地，後者主張既然無政府狀態決定了國際關係的本質是權力政治，則一國在面對強權時，亦可能選擇與之結盟以換取安全；[9] 尤有甚者，扈從的目的，亦可能是加入強權以求取更多的利益。[10]

　　東亞國家的實踐揭示在抗衡與扈從之外，國家可能有其他的選擇。冷戰結束後，東亞面對崛起的中國，並不積極地和美國結盟以抗衡中國；它們縱然與中國發展經貿關係，但此舉亦非承認中國在區域的領導地位。這些國家不願在美中兩強之間做出抉擇，而寧願試圖一方面和中國交往以取得經濟利益，另一方面維持美國在區域的存在，以減低中國崛起可能有的侵略或改變現狀之風險。[11] 除了和美國與中國維持某種等距關係外，有論者認為東南亞國家一方面持續透過東南亞國家協會（Association of Southeast Asian Nations, ASEAN）的架構深化合作，另一方面各自追求軍事實力的發展與現代化，亦是「避險」的一種。[12] 亦有論者認為，美國及

9　Kenneth N. Waltz, *Theory of International Politics* (Reading, Mass.: Addison-Wesley, 1979); Stephen Walt, *The Origins of Alliances* (Ithaca, N.Y.: Cornell University Press, 1987).

10　Randall Schweller, "Bandwagoning for Profit: Bringing the Revisionist State Back In," *International Security*, Vol. 19, No. 1 (1994), pp. 72-107.

11　Chien-peng (C.P.) Chung, "Southeast Asia–China Relations: Dialectics of 'Hedging' and 'Counter-Hedging'," *Southeast Asian Affairs* (2004), pp. 35-53; Ji Yun Lee, "Hedging Strategies of the Middle Powers in East Asian Security: the Cases of South Korea and Malaysia," *East Asia*, Vol. 34, No. 1 (2017), pp. 23-37; Corey J. Wallace, "Japan's Strategic Pivot South: Diversifying the Dual Hedge," *International Relations of the Asia-Pacific*, Vol. 13, No. 3 (2013), pp. 479-517; David Kang, "Getting Asia Wrong: The Need for New Analytical Frameworks," *International Security*, Vol. 27, No. 4 (2003), pp. 57-85; Amitav Acharya, "Will Asia' Past Be Its Future?," *International Security*, Vol. 28, No. 3 (2003-2004), pp. 149-164.

12　Van Jackson, "Power, Trust, and Network Complexity: Three Logics of Hedging in Asian Security," *International Relations of the Asia-Pacific*, Vol. 14, No. 3 (2014), pp. 331-356.

其在東亞建構的結盟體系，亦是「避險」政策的一環，因為此一安全架構旨在避免與中國發生軍事衝突，並導致東亞出現多極的區域秩序。[13]

在東亞國家中，東南亞國家的情境相對來說較為接近，並發展出以東南亞國家協會為主的區域主義，其「避險」政策乃引起特別的關注。Evelyn Goh 主張東南亞國家的「避險」政策有三項特徵。第一、間接或柔性的抗衡，意指說服其他強權 —— 特別是美國 —— 作為平衡中國在區域影響力的砝碼。第二、與中國進行政治、經濟與戰略層次的交往，以此說服或「社會化」中國，使其接受國際的規範。第三、盡可能納入越多的區域強權，使穩定的區域秩序成為共同的利益。易言之，東南亞國家的「避險」政策指在避免三個不良的後果：中國的支配或霸權；美國退出區域；不穩定的區域秩序。[14]

至於驅動東南亞國家採取「避險」政策的因素，既有文獻提出若干可能性。Van Jackson 提出三項解釋。首先，「權力轉移理論」（power transition theory）主張當崛起強權的物質實力逐漸趕上甚至超越既有強權時，前者對現狀不滿的程度，將決定其是否發動對後者的衝突。據此邏輯，東南亞國家之所以採取「避險」政策，是因為其無法確信美中是否已發生或將發生「權力轉移」的現象。其次，多極體系的觀點認為後冷戰時期的東亞有多個權力中心，因此區域國家容易透過締結並改變同盟

---

13 Jae Jeok Park, "The US-led alliances in the Asia-Pacific: hedge against potential threats or an undesirable multilateral security order?," *The Pacific Review*, Vol. 24, No. 2 (2011), pp. 137-158; Renato Cruz de Castro, "The US-Philippine Alliance: An Evolving Hedge against an Emerging China Challenge," *Contemporary Southeast Asia*, Vol. 31, No. 3 (2009), pp. 399-423; Cheng-Chwee Kuik, Nor Azizan Idris and Abd Rahim Md Nor, "The China Factor in the U.S. 'Reengagement' with Southeast Asia: Drivers and Limits of Converged Hedging," *Asian Politics & Policy*, Vol. 4, No. 3 (2012), pp. 315-344.

14 Evelyn Goh, *Meeting the China Challenge: The U.S. in Southeast Asian Regional Security Strategies* (Washington, D.C.: East-West Center Washington, 2005).

而求取體系的平衡。在此情勢下，多極體系導致國家無法確定他國的意圖，此一不確定性因而使其採取「避險」政策。最後，複雜網絡（complex network）的觀點則認為後冷戰時期的東亞形成複雜的關係網絡，一國日漸容易受到他國的內外因素影響，而「避險」政策成為國家減少其脆弱性的選項。除此之外，後冷戰時期的東亞安全環境較為流變，不易使國家做出長遠的抗衡或扈從之決斷；而體系的分殊也使東亞在安全、經濟與文化關係上形成不同的層級秩序，使得國家難以清楚界定體系的領導者。[15]

Jackson 的複雜網絡觀點凸顯一國之所以採取「避險」政策，未必僅著眼於國家間物質能力的分配，而可能和其他議題連結。Ann Marie Murphy 認為雖然中國在南海議題越趨強勢，但菲律賓、越南、馬來西亞與印尼等國仍持「避險」政策而未強化和美國的結盟，此中關鍵在於這些國家的內部因素如民意、利益團體與國會等發揮了不同程度的作用；易言之，東南亞國家的國內政治與其外交政策產生了複雜的連結。[16]

Kuik Cheng-Chwee〔郭清水〕的研究，進一步強化「避險」政策與國內政治的連結。以東南亞國家特別是馬來西亞與新加坡的經驗為例，其主張一國採取「避險」政策的原因，並非著眼於中國相對國力的增長，而主要基於該國政治菁英的政權正當化（regime legitimation）考量。申言之，Kuik 主張外交政策乃由政治菁英做成，而政治菁英的主要權衡是鞏固其在該國內部的政治權威，因此傾向減低可能影響其治理能力的安全、經濟與政治風險。然而，何種或哪些風險構成外交政策的「問題」，此一課題並不是給定的，而取決於政治菁英的正當性基礎；此一正當性的基礎除了

---

15 Van Jackson, "Power, Trust, and Network Complexity: Three Logics of Hedging in Asian Security."
16 Ann Marie Murphy, "Great Power Rivalries, Domestic Politics and Southeast Asian Foreign Policy: Exploring the Linkages," *Asian Security*, Vol. 13, No. 3 (2017), pp. 165-182.

自由民主的規範外，亦包含維持外部安全與內部和諧、促進經濟成長、捍衛主權，以及實現該國的願景等。當一國的政治菁英視崛起的強權為有助於其正當性的維持或強化，該國便可能接受該強權地位的提升（扈從）；當這些政治菁英視崛起強權為對其正當性的挑戰，他們便傾向採取反制的行動（抗衡）；當強權崛起的後果是模糊或不明朗的，他們將視其正當性基礎在當下的構成，採取較錯綜複雜的途徑（避險）。例如若其權力的基礎是經濟發展更甚於維護外部安全，他們將著重崛起強權帶來的政經利益更甚於可能的安全威脅。[17]

　　Kuik 進一步將「避險」策略分為兩大類與五種選項（圖 5-2）。「避險」的要旨是追求崛起強權帶來的利益，但同時避免或減低其可能的威脅，因此同時兼具「利益極大化」（return-maximizing）與「風險應急」（risk-contingency）這兩大類的政策。前者又可依接受崛起強權的程度，由低至高區分為「經濟實用主義」（economic-pragmatism）、「具拘束力的交往」（binding-engagement），與「有限的扈從」（limited-bandwagoning）。「經

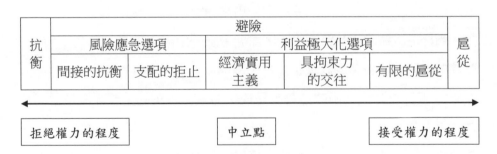

圖 5-2　避險策略及其選項

資料來源：Kuik Cheng-Chwee, "The Essence of Hedging: Malaysia and Singapore's Response to a Rising China," *Contemporary Southeast Asia*, Vol. 30, No. 2 (2008), p. 166.

---

17 Kuik Cheng-Chwee, "The Essence of Hedging: Malaysia and Singapore's Response to a Rising China," *Contemporary Southeast Asia*, Vol. 30, No. 2 (2008), pp. 159-185.

濟實用主義」指一國和崛起強權之間的貿易與投資，此舉因為無涉該國是否接受強權的權力，因此在權力接受與否的光譜上位居中立點。「具拘束力的交往」則指一國不僅與崛起強權交往以建立關係並獲取利益，更試圖將後者鑲嵌於制度中，以減低其改變現狀的傾向。「有限的扈從」係相對於純粹的扈從，兩者的差異在於「有限的扈從」只接受崛起強權的政治夥伴關係，而不與之組成政治或軍事的同盟。爰此，採取該政策的國家並不因此遠離或斷絕和既有強權的關係，也不因此屈從於崛起強權之下。

　　「風險應急」的政策則依據抵抗崛起強權的程度，區分為「支配的拒止」（dominance-denial）與「間接的抗衡」（indirect-balancing）。「支配的拒止」意味在政治上預防或避免崛起強權干預一國內部事務，例如透過引入其他強權參與區域事務、發展韌性，或強化外交影響力。相對於「支配的拒止」是較為消極的，「間接的抗衡」則指透過軍事手段以將低不確定性，如和他國締結防衛合作或提升本國軍事實力。[18]

　　本文以下以 Kuik 的架構探討菲律賓的南海政策。這是因為南海主權爭議固然重要，但菲國另有其他安全問題須考量，菲國的南海政策因此需置於其國內脈絡觀察。此外，杜特蒂的「親中遠美」言行是否或在多大程度上可稱為「避險」，亦需較仔細的檢證。Kuik 的概念架構，適可滿足這些需求。

18　Kuik Cheng-Chwee, "The Essence of Hedging: Malaysia and Singapore's Response to a Rising China," pp. 165-171. 該文區分「間接的抗衡」與「柔性的抗衡」，在用法上有別於前述 Evelyn Goh 將兩者視為同義詞。Kuik 的理據是，「柔性的抗衡」多指非正式的軍事關係，而東南亞國家和西方國家的軍事合作，往往早於中國的崛起或與中國崛起無關，因此不宜將這些活動視為東南亞國家的中國政策。其因此使用「間接的抗衡」一詞，指涉東南亞國家的威脅認知。在它們尚未視中國為清楚且立即的威脅時，以「間接的抗衡」降低風險；一旦視中國為威脅，則「間接的抗衡」將轉為「直接的抗衡」。

參、杜特蒂政府的國家安全戰略

本節分析菲律賓的《國家安全政策 2017-2022》（*National Security Policy 2017-2022*）與《國家安全戰略 2018》（*National Security Strategy 2018*），以探討杜特蒂政府的正當性來源。這兩份與國家安全相關的文件對內向菲國社會陳述該國面臨的重要安全挑戰，以及其政府或領袖的處理這些議題的戰略視野，希望藉此凝聚社會共識；對外，它們向國際社會宣示該國面對安全挑戰的一致性與韌性，並嘗試凸顯菲國在區域的戰略位置。這兩份文件因此發揮重要的戰略溝通功能，可從其一窺杜特蒂政府對內外安全情勢的認知。[19]

2017 年 4 月，菲國總統府頒布《國家安全政策 2017-2022》，提供該國國家安全挑戰的指引與綜合的因應途徑。2018 年 4 月，菲國首度提出《國家安全戰略 2018》以落實《國家安全政策 2017-2022》。《國家安全政策 2017-2022》的總體原則是「國家安全與經濟發展是緊密連結且相互強化的概念」。據此，該份文件列出支撐國家安全的 3 大支柱、8 項國家安全利益，與 12 項國家安全議程；這些也都被《國家安全戰略 2018》接受並進一步闡述。[20]

對菲國而言，國家安全首重內部安全與經濟發展。「解決內部武裝衝突仍是我們的首要安全考量，亦是我國和平與發展戰略的基石」。[21]

---

[19] Ananda Devi Domingo-Almase, "Strategic Ambiguity: Deconstructing Duterte's 2018 National Security Strategy," The Asia Dialogue, October 1, 2018, https://tinyurl.com/yyrmh373. 以下對菲國國家安全戰略的分析，部分改寫自Jyun-yi Lee，〈Taiwan's New South Bound Policy and the Prospect of Security Cooperation with Southeast Asia〉，《戰略與評估》，第9卷第3期（2019），頁39-42。

[20] Office of the President of the Philippines, *National Security Policy 2017-2022 (NSP 2017-2022)*, April 2017, https://tinyurl.com/y2jvou8u; Office of the President of the Philippines, *National Security Strategy 2018*, April 2018, https://tinyurl.com/y4gcuywh.

[21] Office of the President of the Philippines, *National Security Strategy 2018*, p. 7.

菲國長久以來面臨諸如犯罪、民兵、海盜與恐怖主義等的挑戰。其中恐怖主義特別引起區域與國際的關注。該國一方面需因應共產武裝游擊隊「新人民軍」（New People's Army, NPA）的挑戰，而使杜特蒂於 2017 年 12 月將之公告為恐怖團體。[22] 另一方面，該國內部亦有諸多伊斯蘭軍事組織的威脅，特別是在民答那峨島（Mindanao）以穆斯林為主的區域。2017 年 5 月，民答那峨島的馬拉威（Marawi）市遭到向伊斯蘭國（Islamic State, IS）宣示效忠的伊斯蘭極端組織「馬巫德」（Maute）襲擊，被稱為是東南亞自 2002 年峇里島爆炸案以來最嚴重的恐攻事件。[23] 此一事件使杜特蒂宣布在民答那峨島實施戒嚴至 2018 年底，[24] 其後方經當地民眾於 2019 年 1 月 21 日的公投，成立邦薩摩洛自治區（Bangsamoro Autonomous Region）。依據《國家安全政策 2017-2022》，恐怖主義的根源包含貧窮與社會不公、廣泛的經濟不平等、不良的治理、政治權力的濫用，以及對文化群體的邊緣化等，[25] 而這些其實也是其他內部安全與公共安全問題如毒品、海盜與搶劫、走私與綁架，以及與之相關的海事與邊境安全議題的癥結。因此，《國家安全政策 2017-2022》與《國家安全戰略 2018》皆強調內部武裝衝突、恐怖主義與跨國犯罪的重要性高於重疊的領土主張與海事安全議題；兩者亦強調預防重於治療，亦即治理與發展優先於軍事行動；它們也都宣稱人民或社會比國家更重要。

　　就外部安全環境來說，《國家安全戰略 2018》主張菲國「自從第二

---

22 "Country Report: Philippines," *Economist Intelligence Unit*, August 27, 2018, p. 4, https://tinyurl.com/y6fkfakq.

23 Audrey Morallo, "Marawi Siege 'Most Serious Terror Event' in Southeast Asia in Past 15 Years," *Philstar*, August 25, 2017, https://tinyurl.com/y5a7exxc.

24 Euan McKirdy, "Philippines Congress Extends Martial Law in Mindanao," *CNN*, December 13, 2017, https://tinyurl.com/y4uyzqo9.

25 Office of the President of the Philippines, *National Security Policy 2017-2022*, p. 10.

次世界大戰結束以降,即未面臨任何外國武力入侵的直接威脅,但有新興的區域安全之不確定性」,而此不確定性意指「受激烈爭奪,且強權與其他國家的利益匯集之南海與太平洋」。[26]《國家安全政策 2017-2022》承認南海(菲律賓稱之為「西菲律賓海」)爭議是「對菲國主權與領土完整的最根本安全挑戰」並宣示將透過外交與審慎處理這個「複雜與精細的議題」。[27]爰此,該報告稱「美國在亞太地區的持續存在為一個穩定的力量」,且「美國仍舊是菲國唯一的防衛條約盟友」;中國則被描述為「因為和東協國家的社會文化互動、顯著的貿易與投資,以及在西菲律賓海的領土主張」,而帶來「政策上的關切」。[28]菲國因此呼籲國際支持以規則為基礎的建制,包括尊重 2016 年 7 月的南海仲裁案裁決結果、落實 2002 年中國與東協議定的《南海各方行為宣言》(*Declaration on the Conduct of Parties in the South China Sea*, DOC),與及早完成《南海行為準則》(*Code of Conduct on the South China Sea*, COC)和其他在《聯合國海洋法公約》下的立法活動。[29]

　　由這兩份文件來看,杜特蒂政府將內部安全的重要性置於外部安全之上。其自我認知與宣示的正當性基礎,因此來自於兩個層面:在消極面上打擊內部的恐怖主義、分離主義、毒品與犯罪問題等,在積極面上則以經濟發展作為解決前述問題的根本之道。前者證成了杜特蒂著名的「反毒戰爭」(war on drug)與強人政治的色彩,也為他帶來了極高的民眾支持度。

---

26 Office of the President of the Philippines, *National Security Strategy 2018*, pp. 7-8.

27 Office of the President of the Philippines, *National Security Policy 2017-2022*, p. 13.

28 *Ibid.*, p. 14.

29 *Ibid.*, p. 21.

30 Andreo Calonzo, "Duterte's Popularity Hits New High, Pollster SWS Says," *Bloomberg*, January 22, 2020, https://tinyurl.com/yy2eht3; "Fourth Quarter 2019 Social Weather Survey: Pres. Duterte's Net Satisfaction at new record 'Excellent' +72," Social Weather Stations, January 21, 2020, https://tinyurl.com/yb8ju4f9.

2020 年 1 月的民調顯示，杜特蒂的淨滿意度（即表示滿意的支持者減去不滿意的支持者之比率）達到 +72% 的歷史新高。[30] 然而，對恐怖主義、共產主義、毒品與犯罪等的強力打擊，也使杜特蒂與菲國軍警招致了美國、歐盟、聯合國與人權團體的嚴厲批判。菲國官方的統計指出，自 2016 年 7 月至 2018 年 8 月，兩年間菲國死於「反毒戰爭」的人數約近 5 千人，但人權組織的評估則認為，若加上無法識別兇手的個案，「反毒戰爭」的死亡人數近 3 萬人，其中不乏律師、記者、異議人士、人權組織人士等。[31] 對於西方政治領袖的批判，杜特蒂則往往高分貝回擊。例如因美國總統歐巴馬（Barack Obama）批評菲國「反毒戰爭」的法外濫殺，杜特蒂於 2016 年 9 月至 10 月間，先後以侮辱性的言詞攻擊之。[32]

　　相對來說，中國同在人權議題上備受西方批判，加上其自詡之不干預他國內政的立場，使菲中兩國發展政治關係的障礙較少。除此之外，杜特蒂之勝選，亦得力於其對前任艾奎諾三世政府的批判。在後者任內，菲國的基礎建設停滯不前、公共運輸計畫受忽略，都市的交通則持續惡化。改革的成效不彰與經濟發展遲緩，使杜特蒂以「真正的改變」（real change）為訴求而勝選。其經濟政策在原則上強調總體經濟的穩定、財政政策的限制、市場導向的改革、外來投資的鬆綁，以及以基礎建設提升農業生產力並促進工業化。[33] 經濟發展特別是基礎建設是杜特蒂執政正當性的重要來源；其乃一改艾奎諾三世「聯美制中」的政策，轉而改善和中國

31　William D. Hartung, "No time to be selling arms to the Philippines," *The Hill*, May 28, 2020, https://tinyurl.com/y5gz43gz.

32　"Obama calls off meeting with Philippine leader after 'whore' jibe," *BBC*, September 6, 2016, https://www.bbc.com/news/world-asia-37281821; Emily Rauhala, "Philippine President Duterte tells Obama to 'go to hell'," *The Washington Post*, October 4, 2016, https://tinyurl.com/zbxpqjo.

33　Renato Cruz de Castro, "Explaining the Duterte Administration's Appeasement Policy on China: The Power of Fear," *Asian Affairs: An American Review*, Vol. 45, No. 3-4 (2019), p. 169.

的關係以換取投資與金援。[34]

　　從杜特蒂政府的正當性基礎觀之,南海議題的重要性相對較低。但這並不意味杜特蒂政府可置主權領土議題不顧。菲國民意的弔詭現象之一,是雖然民意在總體上普遍支持杜特蒂,但對於他的特定政策如相對消極的南海主權立場與「反毒戰爭」的濫殺,卻有相當程度的保留。2019 年一項民調顯示,93% 的成年受訪者認為菲國應該重獲中國於南海占領的島礁之控制權;87% 則支持菲國政府主張其在該海域爭議島礁的權利。[35] 這也構成杜特蒂政府親中政策的限制,使其仍須不時表達捍衛其南海主權權利的決心。

肆、杜特蒂政府的避險與南海政策

　　以下本文將應用 Kuik Cheng-Chwee 的架構,探討杜特蒂政府的南海政策是否具備或凸顯哪些「避險」政策的特質。

一、經濟實用主義

　　杜特蒂政府的經濟實用主義體首先現於其和中國領導人的互訪,因為此類活動通常伴隨增進兩國經貿關係的目的。杜特蒂上任迄 2020 年 7 月

---

34 艾奎諾三世與杜特蒂政府的中國政策之比較,可參 Renato Cruz de Castro, "How Indo-Pacific Geopolitics Affects Foreign Policy: The Case of the Philippines, 2010-2017," *Rising Powers Quarterly*, Vol. 3, No. 2 (2018), pp. 133-155.

35 "Second Quarter 2019 Social Weather Survey: 87% of adult Filipinos believe government should assert its right to disputed islands in the West Philippine Sea," Social Weather Stations, July 12, 2019, https://tinyurl.com/y6dn443r; "Second Quarter 2019 Social Weather Survey: 93% of adult Filipinos say it is important that the PH regains control of China-occupied islands in the West PH Sea," Social Weather Stations, July 10, 2019, https://tinyurl.com/y2z75cfl.

底共赴中國五次，和習近平在亞太經濟合作（APEC）經濟領袖會議見面
兩次，習近平則訪問菲律賓一次（參表 5-2）；相較之下，艾奎諾三世任
內僅訪中兩次。[36] 值得一提的是，中國是杜特蒂就任後出國訪問的首選，
有別於菲國過往元首常以美國和日本為優先訪問的目的地。

表 5-2　杜特蒂與習近平會面歷程

時間	地點／事件	備註
2016年10月18-21日	杜特蒂赴北京從事國事訪問	• 北京承諾提供240億美元的投資、贈與及借貸
2016年11月19-20日	杜特蒂與習近平參加於秘魯利馬舉辦的第二十四屆亞太經濟合作經濟領袖會議	
2017年5月14-15日	杜特蒂赴北京參加第一屆「一帶一路」國際合作高峰論壇	• 杜特蒂在論壇介紹其「建設、建設再建設」政策
2017年11月10-11日	杜特蒂與習近平參加於越南峴港舉辦的第二十五屆亞太經濟合作經濟領袖會議	
2018年4月9-10日	杜特蒂赴海南島參加博鰲亞洲論壇（Boao Forum for Asia）	
2018年11月20日	習近平赴菲從事國事訪問	• 簽訂29項協議。雙方同意成立指導委員會（steering committee）與工作組（working group）從事石油與天然氣的探勘 • 兩國關係提升至全面戰略合作關係
2019年5月25-27日	杜特蒂赴北京參加第二屆「一帶一路」國際合作高峰論壇	
2019年8月28日至9月1日	杜特蒂赴北京訪問	• 簽訂6項協議 • 宣布2018年即達成共識的指導委員會與工作組

資料來源：作者補充更新自 Lye Liang Fook, "China-Philippine Relations: Duterte's China Visit and Prospects for Oil and Gas Exploration," *ISEAS Perspective 2019*, No. 80, October 3, 2019, https://tinyurl.com/y6q4tgjc.

---

36 Lye Liang Fook, "China-Philippine Relations: Duterte's China Visit and Prospects for Oil and Gas Exploration," *ISEAS Perspective 2019*, No. 80, October 3, 2019, https://tinyurl.com/y6q4tgjc.

菲國對中的經濟實用主義大致有幾項特色。第一、尋求中國的貿易與投資。第二、尋求以中國的「一帶一路」（或稱「帶路倡議」）計畫落實杜特蒂發展基礎建設的「建設、建設再建設」（Build, Build, Build）政策。2017年5月12日，杜特蒂在前往北京參加第一屆「一帶一路」國際合作高峰論壇前接受訪問，表示像菲律賓這類的發展中國家為了實現「健全的經濟與包容性的成長」，需要和區域其他國家的連結，而「帶路倡議作為一個經濟的工程將構築這些國家間的連結，並帶來包含貿易與市場管道的增加之互利」。[37] 第三、在南海議題上，從事石油與天然氣的聯合探勘。根據中國外交部的資訊，兩國在2019年的雙邊貿易額達到609.5億美元，較2018年增加9.5%，其中中國出口額407.5億美元，增加16.3%，進口額202億美元。2018年中國對菲投資487億元人民幣，較2017年增加83倍。2017年，中國對菲國的直接投資額為5,384萬美元，較前一年增加67.2%，菲國對中的投資則僅有500萬美元。截至2017年底，中國對菲國累計投資7.7億美元，菲國對中國累計投資33.1億美元；中國在菲國累計承包工程合約之總額達213.3億美元，完成營業額150.4億美元。[38]

二、具拘束力的交往

菲國相對於中國可謂是個小國，因此理論上應積極將中國納入區域組織的架構，以多邊的制度體系「社會化」或引導後者的行為。然而杜特蒂政府雖持續採取「交往」中國的政策，卻不試圖以東協的集體力量為槓

---

37 Catherine S. Valente, "PH eyes gains from China's infra buildup," *Manila Times*, May 13, 2017, https://tinyurl.com/yx98pwx6.

38 〈中國同菲律賓的關係〉，中華人民共和國外交部，2020年5月，https://tinyurl.com/yxdbmkyd。

桿，遏止中國在南海的擴張。杜特蒂上任不久，海牙國際常設仲裁法庭即就 2013 年菲國提出的仲裁案，公布對菲國有利的裁決。這提供菲國抗衡中國南海主張的國際法依據，但杜特蒂卻放棄此一法律戰的手段（請參後文）。

　　2017 年菲國擔任東協的輪值主席，但在 4 月 29 日的第三十屆與 11 月 14 日的第三十一屆東協高峰會（ASEAN Summit）中，杜特蒂均未利用此平台聲張菲國的南海主張，對中國「填海造島」與武裝化相關島礁的行為提出異議，或尋求美國發表更清楚的南海政策。4 月 29 日高峰會公布的《主席宣言》（Chairman's Statement），刪除了前一年提及之中國的「填海造島與軍事化」（land reclamation and militarization），被指為是中國施展影響力的結果。[39] 在 11 月 10 日會見習近平後，杜特蒂表示在南海議題上，非聲索國「最好不要觸及」，而指涉美國、日本與澳洲等。在高峰會上，杜特蒂與美國總統川普（Donald Trump）首度正式會面，雙方修補因歐巴馬批判杜特蒂在「反毒戰爭」的濫殺而緊張的關係，惟會談的重點聚焦於北韓議題與美菲的雙邊聯合反恐與反毒行動，未著墨南海議題。就東協與中國的關係來說，雙方測試針對管理海事緊急事件而在各國外交部之間設立的熱線，並完成《南海行為準則》的磋商架構。然而，該次高峰會未設定《南海行為準則》的談判時間表，也未表明其是否具拘束力；杜特蒂更未在高峰會的《主席宣言》（Chairman's Statement）中，提及 2016 年的仲裁結果。[40] 這導致該高峰會被視為中國的勝利與菲國的失敗（儘管

---

39 Manuel Mogato, "ASEAN gives Beijing a pass on South China Sea dispute, cites 'improving cooperation'," *Reuters*, April 30, 2017, https://tinyurl.com/y5sz5hkj.

40 "Chairman's Statement of the 31st ASEAN Summit," ASEAN, November 13, 2017, p. 27, https://tinyurl.com/y3tb954j.

對杜特蒂本人而言可能是成功的）。論者即指，「《準則》的協商為中國〔在南海〕的單邊行動提供方便的外交掩護，也將菲國的裁決結果送入外交史的垃圾桶。〔東南亞〕區域越是談論《準則》，他們就越少討論海牙的裁決」。[41]

三、有限的扈從

在南海議題上，杜特蒂政府對中國的立場呈現明顯的扈從色彩。其扈從之所以是有限的，是因為菲國仍維持與美國的軍事結盟，並未完全接受中國的霸權或領導地位。菲國試圖不讓南海議題成為菲中關係的障礙，這不僅因為重疊的主權主張難以調和，更因為菲國明確承認中國在南海的優勢，因此與其採取抗爭的立場，不如尋求和中國合作以攫取南海的資源利益。2016 年 10 月 18 日至 21 日，杜特蒂以總統身分第一次出訪中國。在 19 日於北京的記者會中，其表示南海仲裁案不過是「一紙文件」，並稱在和中國的會談中，他為表示禮貌，將不會主動提及該案，後者因此將「退居第二線」（"take the back seat"）。時任菲國外交部長亞賽（Perfecto Yasay）則稱南海爭議或許將花一輩子的時間方能解決，但這不應妨害兩國關係的回溫。「當我們更新和這個大國的關係，這不表示我們將弱化和國際社群其他成員的關係。這是〔杜特蒂〕總統提出與推動的獨立外交政策之核心」。[42]

2018 年 2 月 19 日，杜特蒂在菲律賓中國商會的年度活動上，指稱習

---

41 Richard Javad Heydarian, "ASEAN under Duterte: Lost Opportunities on The South China Sea," Asia Maritime Transparency Initiative, January 12, 2018, https://tinyurl.com/yxd7f39y. 引文中的〔〕為本文作者為求文字順暢所加；以下同，不贅述。

42 Benjamin Kang Lim, "Philippines' Duterte says South China Sea arbitration case to take 'back seat'," *Reuters*, October 19, 2016, https://tinyurl.com/y2d272k2.

近平承諾不在黃岩島興建任何建築後，以開玩笑的方式表示「讓我們〔菲律賓〕成為中國的一省，像福建一樣」。其亦稱兩國針對聯合探勘石油與天然氣的協商正在進行中，而菲國將占三分之二的資源，中國占三分之一。對於中國在南海的軍事基地，杜特蒂則承認它們的存在，但強調這些基地是針對美國，而非菲律賓。[43]

2018 年 4 月 9 日，杜特蒂出發前往博鰲亞洲論壇前，表示他「愛習近平」，因習「了解我的問題並願意協助」。[44]

2018 年 5 月 4 日，杜特蒂在達沃（Davao）市的演說中，稱中國說，「我們將保護你。我們不會允許菲律賓被摧毀。我們就在這裡而你可以隨時尋求我們的協助」。此一發言的脈絡，是美國參議員提案禁止美國向菲國警方出售突擊步槍，因為它們可能被用以對抗平民。相對地，中國與俄羅斯則提供菲國所需的武器而不求回報。杜特蒂亦指美國將不會願意為菲律賓而犧牲自己的士兵，儘管 5 月 3 日美國駐菲大使金成（Sung Kim）甫重申美國對菲國的安全承諾，並指中國於美濟礁停放軍機，並於美濟礁、永暑礁（Fiery Cross Reef; Kagitingan Reef）與渚碧礁（Subi Reef; Zamora Reef）部署反艦彈道飛彈與地對空飛彈系統。[45]

2018 年 5 月 15 日，杜特蒂在一場演說中，主張只要持「溫順與謙卑」（meek and humble），中國就可能回予「仁慈」（mercy）。其表示，在與中國聯合探勘的議題上，習近平主張中國要占更大的比重，杜特蒂對

43 Pia Ranada, "Duterte jokes: Why not make Philippines a province of China?," *Rappler*, February 19, 2018, https://tinyurl.com/y2cdrbtz.

44 Christina Mendez, "Duterte: I love Xi Jinping," *The Philippine Star*, April 10, 2018, https://tinyurl.com/yyc34ubj.

45 Julie M. Aurelio, "Duterte: China has promised to protect PH," *Inquirer*, May 7, 2018, https://tinyurl.com/yyegb68o.

此雖主張不會放棄菲國的權利，但認為和中國「協商」，無異於「和中國開戰，而菲國士兵們將被巡弋飛彈摧毀」。[46]

2019 年 7 月 31 日召開的東協－中國外長會議完成《南海行為準則》單一協商文本草案（Single Draft Negotiating Text）的一讀。對此，菲國外交部長陸辛（Teodoro Locsin Jr）稱這歸功於中國軟化其立場，不再堅持區域外的軍事勢力不得出現在南海。惟他也承認，「即使是一個好的《南海行為準則》也仍然是中國的《南海行為準則》，因為它全然涉及東南亞和中國如何與對方往來，而無涉他國。《準則》默認了中國的霸權」；「簡單來說，〔它〕是一個與霸權共生或在你的客廳照護與餵食巨龍的手冊」。[47] 值得注意的是，雖然菲中都將此事表述為進展，論者卻指事實上雙方有共識之處極少，且中國仍穩定地增進其在南海的存在，並增加在當地的騷擾次數。[48]

2020 年 7 月 27 日，杜特蒂發表第五次國情咨文，指出不能因南海爭議而和中國開戰，在這方面他是「無用的」（inutile）；「中國有武器，而我們沒有」。[49]

這些事例顯示，杜特蒂政府在南海議題上大抵承認中國的優勢，不僅不欲挑戰中國的立場或與之對抗，更想藉中國之力探勘與開採南海的資源。

---

[46] Paterno R. Esmaquel II, "Duterte: 'Remain meek, humble' to get 'mercy' of China's Xi," *Rappler*, May 16, 2018, https://tinyurl.com/y4bfrh33.

[47] Eimor Santos, "Progress made in South China Sea Code of Conduct as Beijing eases up on demands – Locsin," *CNN Philippines*, September 25, 2019, https://tinyurl.com/y3fp9xsx.

[48] Eimor Santos, "Negotiations for South China Sea Code of Conduct a 'failed process,' expert says," *CNN Philippines*, April 15, 2020, https://tinyurl.com/y6xqpyuo.

[49] Eimor Santos, "Duterte on sea row with China: No war, just 'diplomatic endeavors'," *CNN*, July 27, 2020, https://tinyurl.com/yydwok9d.

四、支配的拒止

菲國雖對中國採取有限的扈從，但領土主權的重要性仍不可忽略，因此杜特蒂政府亦須不定期的聲張其主權，或表現對中國相對強硬的立場。然而，這類舉措大抵是對特定事件的被動反應。2018 年 8 月間，《英國廣播公司》（BBC）披露一架飛越南沙群島的菲律賓軍機遭島礁上的共軍以惡劣的言詞驅離，導致杜特蒂在 8 月 17 日罕見地公開指責中國，強調中國不能在南海興建人工島嶼並據此宣稱對該區域的主權。[50]

2019 年 1 月至 3 月，菲國控制的中業島附近海域出現約 275 艘中國漁船、海警與解放軍海軍的船隻。菲國政府乃向中國提出外交抗議，杜特蒂並於 4 月 4 日表示，「如果你〔中國〕在該海域採取行動，那將是另一回事。我將告訴我的士兵們，『準備好自殺任務』」。但他也強調，這番言詞並非警告，而是「對我的朋友之建議」。[51]

2019 年 6 月 9 日，一艘中國船隻和菲律賓漁船在菲國專屬經濟海域相撞，造成後者沉沒，其上 22 名漁民被越南船隻拯救。該艘中國船隻是軍艦或漁船，則各有不同的報導。此事造成菲國民意激憤，迫使杜特蒂承諾在該年 8 月底至 9 月初的北京訪問時，向習近平重申 2016 年南海仲裁案的結果。杜特蒂向習近平傳遞他在領土聲張與南海仲裁案的立場是「堅定不移」，並表示仲裁案是「最終、具拘束力且不可上訴」，習近平則堅持中國不承認該仲裁，並以聯合探勘石油與天然氣的協議，交換菲國忽視

---

50 Dharel Placido, "Duterte hits China's 'nasty words' to patrolling PH pilots," *ABS-CBN News*, August 17, 2018, https://tinyurl.com/y6fgjmcm.

51 Ben Westcott and Brad Lendon, "Duterte threatens 'suicide mission' if Beijing oversteps in South China Sea," *CNN*, April 5, 2019, https://tinyurl.com/yyoeg4ps.

仲裁案的裁決。[52]

2020 年 7 月 1 日至 5 日，中國在西沙群島舉行軍演，美國則分別於 7 月 4 日與 17 日在南海舉行「尼米茲號」（*USS Nimitz*）和「雷根號」（*USS Ronald Reagan*）雙航艦的演習。中國的軍演引起部分東協國家的反彈，菲國外交部長陸辛更於 7 月 3 日嚴詞警告，稱若中國的軍事活動延伸至菲國宣稱的水域，將引起後者「最嚴重的反應」。他並指控中國試圖在南海「建立長遠與不受挑戰的存在，並隨著時間凝聚成權利」。[53]

2020 年 7 月 13 日，美國國務卿蓬佩奧（Mike Pompeo）發表聲明，指中國對大部分南海地區的離岸資源之主權聲索，以及為了控制這些資源而進行的霸凌行動「完全非法」（completely unlawful），並對 2016 年國際常設仲裁法院針對菲律賓提出之仲裁案的裁決，表達支持之意。[54] 在蓬佩奧發言前日，陸辛於慶祝南海仲裁案裁決四周年之際，重申南海議題「無可協商」；蓬佩奧發言隔日，菲國國防部長羅倫札納（Delfin Lorenzana）以正面的態度回應其發言，強調北京「必須遵守《聯合國海洋法公約》」。[55]

這些事例顯示菲國經濟實用主義與有限扈從的底線。雖然杜特蒂政府著眼改善和中國的關係以獲取經濟利益，並承認菲國相對於中國的弱小與

---

52 Andreo Calonzo, "Xi, Duterte Fail to Reach Agreement on South China Sea Issues," *Bloomberg*, August 30, 2019, https://tinyurl.com/y6mjz8m6; Helen Regan, "Duterte says Xi Jinping offered him an oil and gas deal to ignore South China Sea ruling," *CNN*, September 13, 2019, https://tinyurl.com/y328vqqg.

53 Richard Javad Heydarian, "US, China inch closer towards a conflict at sea," *Asia Times*, July 6, 2020, https://tinyurl.com/y6z3fjb8.

54 Michael Pompeo, "U.S. Position on Maritime Claims in the South China Sea," US Department of State, July 13, 2020, https://tinyurl.com/yah2xjo8.

55 Derek Grossman, "China Refuses to Quit on the Philippines," *The Diplomat*, July 22, 2020, https://tinyurl.com/yykemkbo.

無力，但捍衛其領土主權仍是其正當性的來源之一。一旦獲得的經濟利益不若預期，或特定事件激起菲國民眾對中國的不滿，菲國政府便須展現較強硬的對中立場。

五、間接的抗衡

　　儘管杜特蒂持「遠美」的立場，間中亦偶有「反美」的言論，菲國與美國的安全與防衛關係卻未有本質性的改變。在杜特蒂的授意下，菲國中止部分攻擊性的雙邊軍演，例如美菲年度的海陸兩棲登陸演習（PHILBEX）與年度海軍聯合海上戰備訓練演習（Cooperation Afloat Readiness and Training, CARAT）；部分演習則轉而聚焦人道救援與災害的回應。然而，在取消這些演習的同時，菲國也和美國展開新的軍演，如 2017 年 6 月首度舉行，性質與 CARAT 接近的海陸訓練活動 SAMA-SAMA；美、菲與馬來西亞亦於 2016 年起，進行在蘇祿海（Sulu Sea）的協同多邊訓練活動。至於菲國國家安全的基石如 1951 年的《共同防禦條約》、2014 年簽訂的《美菲強化防衛合作協議》（*The Enhanced Defense Cooperation Agreement*, EDCA），以及一度遭傳將中止的《軍隊互訪協定》，迄今未有變動。[56] 杜特蒂政府仍仰賴美國提供軍事安全保障以及內部安全如反恐、跨國犯罪與海事安全的支援，僅調整涉及南海且可能引起中國不滿的部分演習。

---

[56] Richard Javad Heydarian, "Philippines: Foreign Policy Manoeuvres to Address Dynamic Security Environment," in Ron Huisken ed., *Regional Security Outlook 2018* (Canberra: Council for Security Cooperation in the Asia Pacific, 2018), p. 36; Prashanth Parameswaran, "How Much Will Duterte Wreck the US-Philippines Military Alliance?," *The Diplomat*, November 15, 2016, https://tinyurl.com/y5w98djq; Prashanth Parameswaran, "What's with the New US-Philippines Sulu Sea Patrols Under Duterte?," *The Diplomat*, July 1, 2017, https://tinyurl.com/y5unw2jy.

依據 Kuik 的觀點，若東南亞國家與西方國家的正式或非正式軍事合作並非因中國崛起而生，則這些舉措就較無法反映前者的中國政策。然而這並非毫無疑義。美菲之間的年度「肩並肩」（Shoulder-to-Shoulder; Balikatan）演習，是兩國於 1999 年簽訂《軍隊互訪協定》後衍生的產物，而彼時中國崛起的威脅尚不明顯。「肩並肩」演習以提升軍事準備程度與增進兩國軍隊的操作互通性為目的，但演訓內容則隨菲國對區域局勢的認知而異。2016 年 11 月的「肩並肩」演習之所以能舉行，其前提是杜特蒂要求排除與戰鬥有關的情境，而聚焦於人道救助與減災、反恐與反毒行動，且必須在南海以外的海域進行。此舉凸顯菲國對中國戰略利益的重視。惟隨著兩國在南海的局勢逐漸緊張，2018 年與 2019 年的「肩並肩」演習，復恢復戰鬥場景而包括實彈射擊與兩棲登陸等較敏感的演訓內容。[57] 此外，菲國原於 2020 年 2 月宣布將終止《軍隊互訪協定》，又於 6 月 1 日表示將暫停此一決定。外交部長陸辛的理由是「強權競爭的升高」與「新冠肺炎疫情」。此舉的意涵是，菲國對 2020 年上半年間中國的舉措感到不安，因此需要維持美國在區域的軍事存在。[58] 這些變化或雖細微，但彰顯菲國對中國的威脅認知有似有升高的態勢。

若將菲國的舉措依 Kuik 的架構表示，其結果約如圖 5-3。在相當程度上，菲國的中國政策仍反映「避險」政策的特質，兼顧追求與中國交往的利益但也對中國在南海的擴張抱持一定的警戒，並因此維持與美國的安全合作。惟相對於「利益極大化」的選項，「風險應急」的相關作為較少也較不具體，多呈現於政治菁英（杜特蒂及其部長）的強硬言詞，以及維持

---

57 Renato Cruz de Castro, "Balikatan 2019 and the Crisis in Philippine-China Rapprochement," Asia Maritime Transparency Initiative, April 23, 2019, https://tinyurl.com/y58axjkz.

58 Derek Grossman, "China Refuses to Quit on the Philippines."

圖 5-3　菲國的避險策略與南海政策

資料來源：作者參考 Kuik Cheng-Chwee, "The Essence of Hedging: Malaysia and Singapore's Response to a Rising China," *Contemporary Southeast Asia*, Vol. 30, No. 2 (2008), p. 166 繪製。圖中各選項下方的顏色深淺表示杜特蒂的南海政策和 Kuik Cheng-Chwee 的架構之符合程度。易言之，黑色指杜特蒂的南海政策呈現明顯的「經濟實用主義」與「有限的扈從」；灰色指其政策部分反映「間接的抗衡」與「支配的拒止」之特質；白色則指其政策並未有「具拘束力的交往」之傾向。

和美國的軍事合作協議與部分演習。此外，在「利益極大化」的選項中，菲國未積極透過東協的制度架構牽制中國在南海的擴張。這或許反映菲國為追求經濟利益與承認中國在南海的霸權，而不欲和中國以雙邊協商處理南海主權爭議的立場相左。

伍、結論

本文從「避險」政策的角度探討菲律賓杜特蒂政府的南海政策。「避險」政策多用以指涉東南亞國家夾處在美中兩強之間採取的策略。在和中國交往以獲取經濟利益的同時，確保美國在地區的軍事存在以發揮一定程度的牽制中國之效果。由於杜特蒂上任後採「遠美親中」的立場，對美國屢有懷疑、否定或批評之語，菲國包含南海議題在內的安全與外交政策是否或在多大程度上可稱為遵循「避險」政策，並不無疑問。

在國際關係有關「避險」的文獻中，本文選擇以 Kuik Cheng-Chwee 發展的概念架構作為探討菲國政策的依據。Kuik 的核心主張是東南亞國家之所以採取「避險」政策，可由該國政府的正當性來源來解釋。這是因為政治領袖的決策主要著眼於鞏固其權力基礎，因此其對崛起強權的態度與採取之手段，都取決於其視該強權為機會或威脅；此外，由於不同政府有各自的正當性來源，這也能解釋其「避險」政策的細微差異。據此，Kuik 將「避險」政策區分為「利益極大化」與「風險應急」兩大類，前者可分為「經濟實用主義」、「具拘束力的交往」與「有限的扈從」；後者則可分為「間接的抗衡」與「支配的拒止」。

沿著此一架構，本文從杜特蒂政府公布的《國家安全政策 2017-2022》與《國家安全戰略 2018》爬梳其安全戰略，以及由此反映的正當性來源。對杜特蒂政府來說，內部安全的重要性高於外部安全（即領土主權爭議），而經濟發展則被視為內部安全問題如恐怖主義、毒品、走私、綁架與海事安全等的治本之道。爰此，杜特蒂降低中國崛起及其在南海的擴張之威脅，而更著眼於和中國合作可得的經濟利益。他的親中立場，因此首先體現於「經濟實用主義」，即尋求中國的投資、借貸與贈與；以中國的「一帶一路」計畫銜接其「建設、建設、再建設」的基礎建設計畫；開展和中國聯合探勘南海資源的可能性。在此基礎上，杜特蒂政府亦對中抱持「有限的扈從」，承認中國在南海的霸權或優勢地位，強調菲國採取對抗立場之不智。惟杜特蒂並未特別強調以東協作為解決或緩和南海爭議的制度平台，因此未展現清楚的「具拘束力的交往」之特質。

上述特質使菲國呈現扈從中國的態勢，但這非前者中國政策的全貌。對杜特蒂政府來說，領土主權議題的優先性或雖次於內部安全與經濟發

展，但絕非不重要；其亦必須向該國民眾展現捍衛領土的決心。因此在特定與南海有關的事例上，菲國政治領袖每每對中國有強硬的言詞，呈現「支配的拒止」之特色。在不牴觸中國戰略利益的前提下，菲國則限縮部分和美國的軍事演習。但進一步檢視，杜特蒂政府對於涉及根本國家安全的美菲軍事協議，以及對維護其內部安全有利的相關合作，則大致不變。尤有甚者，隨著 2018 年以降菲中兩國在南海的事端加劇，菲國似也巧妙地在和美國的演習中恢復實彈演習與兩棲登陸等課目，以相對隱晦的方式呈現「間接的抗衡」。惟總的來說，杜特蒂政府的「避險」政策，仍是「利益極大化」重於「風險應急」。

　　展望未來，杜特蒂政府的南海政策將受以下兩個因素影響。首先，其任期至 2022 年 6 月底，且依憲法無法連任。在這段時間內追求與中國簽訂新的經貿相關協定，實質意義不大。相對地，在和中國簽訂多項協議後，國內反對黨與群眾將更關注這些協議的執行與成效，這也成為杜特蒂的繼任者須面臨的課題。由此來看，杜特蒂政府當不至於在「避險」政策的光譜上進一步向扈從的方向發展。其次，隨著美中競爭態勢的升高，特別是美國否定中國對大部分南海地區的主權聲索與行動的正當性，無論是美國或菲國內部，皆可能施壓杜特蒂政府對中國採取更強硬的立場。從論述的一致性來看，杜特蒂不太可能大幅變動其中國與南海政策，但某些細微的調整以昭示捍衛南海主權的決心，當是可以預期的。

參考文獻

〈中國同菲律賓的關係〉，中華人民共和國外交部，2020 年 5 月，https://tinyurl.com/yxdbmkyd。

"Chairman's Statement of the 31st ASEAN Summit," ASEAN, November 13, 2017, https://tinyurl.com/y3tb954j.

"Country Report: Philippines," Economist Intelligence Unit, August 27, 2018, https://tinyurl.com/y6fkfakq.

"Disputed Claims in the South China Sea – AFP," southchinasea.org, n.d., https://tinyurl.com/ya4ua66l.

"Embassy Statement Regarding the Visiting Forces Agreement," U.S. Embassy in the Philippines, June 2, 2020, https://tinyurl.com/y2up8d4u.

"Fourth Quarter 2019 Social Weather Survey: Pres. Duterte's Net Satisfaction at new record 'Excellent' +72," Social Weather Stations, January 21, 2020, https://tinyurl.com/yb8ju4f9.

"Obama calls off meeting with Philippine leader after 'whore' jibe," *BBC*, September 6, 2016, https://www.bbc.com/news/world-asia-37281821.

"Philippines Island Tracker," Asia Maritime Transparency Initiative, n.d., https://amti.csis.org/island-tracker/philippines/.

"Philippines' incoming leader Duterte to pursue independent foreign policy," *Reuters*, May 31, 2016, https://tinyurl.com/y6zwoztp.

"Republic Act No. 9522," GOVPH, March 10, 2009, https://tinyurl.com/y2yoh89j.

"Second Quarter 2019 Social Weather Survey: 87% of adult Filipinos believe government should assert its right to disputed islands in the West Philippine Sea," Social Weather Stations, July 12, 2019, https://tinyurl.com/y6dn443r.

"Second Quarter 2019 Social Weather Survey: 93% of adult Filipinos say it is important that the PH regains control of China-occupied islands in the West PH Sea," Social Weather Stations, July 10, 2019, https://tinyurl.com/y2z75cfl.

"The South China Sea Arbitration (The Republic of Philippines v. The People's Republic of China)," Permanent Court of Arbitration, n.d., https://pca-cpa.org/en/cases/7/.

Acharya, Amitav, "Will Asia' Past Be Its Future?," *International Security*, Vol. 28, No. 3 (2003-2004), pp. 149-164.

Aurelio, Julie M., "Duterte: China has promised to protect PH," *Inquirer*, May 7, 2018, https://tinyurl.com/yyegb68o.

Banlaoi, Rommel C., "Strategy of a Small State with Great Powers: The Philippines Amidst US-China Rivalry in the South China Sea," *The ICSA Bulletin*, July 31, 2020, https://tinyurl.com/y6yf6pk7.

Calonzo, Andreo, "Xi, Duterte Fail to Reach Agreement on South China Sea Issues," *Bloomberg*, August 30, 2019, https://tinyurl.com/y6mjz8m6.

Calonzo, Andreo, "Duterte's Popularity Hits New High, Pollster SWS Says," *Bloomberg*, January 22, 2020, https://tinyurl.com/yy2eht3e.

Chung, Chien-peng (C.P.), "Southeast Asia–China Relations: Dialectics of 'Hedging' and 'Counter-Hedging'," *Southeast Asian Affairs* (2004), pp. 35-53.

de Castro, Renato Cruz, "The US-Philippine Alliance: An Evolving Hedge against an Emerging China Challenge," *Contemporary Southeast Asia*, Vol. 31, No. 3 (2009), pp. 399-423.

de Castro, Renato Cruz "How Indo-Pacific Geopolitics Affects Foreign Policy: The Case of the Philippines, 2010-2017," *Rising Powers Quarterly*, Vol. 3, No. 2 (2018), pp. 133-155.

de Castro, Renato Cruz, "Balikatan 2019 and the Crisis in Philippine-China Rapprochement," Asia Maritime Transparency Initiative, April 23, 2019, https://tinyurl.com/y58axjkz.

de Castro, Renato Cruz, "Explaining the Duterte Administration's Appeasement Policy on China: The Power of Fear," *Asian Affairs: An American Review*, Vol. 45, No. 3-4 (2019), pp. 165-191.

Domingo-Almase, Ananda Devi, "Strategic Ambiguity: Deconstructing Duterte's 2018 National Security Strategy," The Asia Dialogue, October 1, 2018, https://tinyurl.com/yyrmh373.

Esmaquel, Paterno R., II, "Duterte: 'Remain meek, humble' to get 'mercy' of China's Xi," *Rappler*, May 16, 2018, https://tinyurl.com/y4bfrh33.

Galang, Mico, "The Philippines–US Visiting Forces Agreement and small power foreign policy," *East Asia Forum*, April 9, 2020, https://tinyurl.com/y2jxp23t.

Goh, Evelyn, *Meeting the China Challenge: The U.S. in Southeast Asian Regional Security Strategies* (Washington, D.C.: East-West Center Washington, 2005).

Grossman, Derek, "China Refuses to Quit on the Philippines," *The Diplomat*, July 22, 2020, https://tinyurl.com/yykemkbo.

Hartung, William D., "No time to be selling arms to the Philippines," *The Hill*, May 28, 2020, https://tinyurl.com/y5gz43gz.

Hayton, Bill, *The South China Sea: The Struggle for Power in Asia* (New Haven: Yale University Press, 2014).

Heydarian, Richard Javad, "ASEAN under Duterte: Lost Opportunities on The South China Sea," Asia Maritime Transparency Initiative, January 12, 2018, https://tinyurl.com/yxd7f39y.

Heydarian, Richard Javad, "Duterte and the Philippines' Contested Foreign Policy," Asia Maritime Transparency Initiative, August 20, 2018, https://tinyurl.com/y6mbo6bx.

Heydarian, Richard Javad, "Philippines: Foreign Policy Manoeuvres to Address Dynamic Security Environment," in Ron Huisken ed., *Regional Security Outlook 2018* (Canberra: Council for Security Cooperation in the Asia Pacific, 2018), pp. 34-37.

Heydarian, Richard Javad, "US, China inch closer towards a conflict at sea," *Asia Times*, July 6, 2020, https://tinyurl.com/y6z3fjb8.

Jackson, Van, "Power, Trust, and Network Complexity: Three Logics of

Hedging in Asian Security," *International Relations of the Asia-Pacific*, Vol. 14, No. 3 (2014), pp. 331-356.

Kang, David "Getting Asia Wrong: The Need for New Analytical Frameworks," *International Security*, Vol. 27, No. 4 (2003), pp. 57-85.

Kuik, Cheng-Chwee, "The Essence of Hedging: Malaysia and Singapore's Response to a Rising China," *Contemporary Southeast Asia*, Vol. 30, No. 2 (2008), pp. 159-185.

Kuik, Cheng-Chwee, Nor Azizan Idris and Abd Rahim Md Nor, "The China Factor in the U.S. 'Reengagement' with Southeast Asia: Drivers and Limits of Converged Hedging," *Asian Politics & Policy*, Vol. 4, No. 3 (2012), pp. 315-344.

Lee, Ji Yun, "Hedging Strategies of the Middle Powers in *East Asian* Security: the Cases of South Korea and Malaysia," *East Asia*, Vol. 34, No. 1 (2017), pp. 23-37.

Lee. Jyun-yi，〈Taiwan's New South Bound Policy and the Prospect of Security Cooperation with Southeast Asia〉，《戰略與評估》，第 9 卷第 3 期（2019），頁 39-42。

Lim, Benjamin Kang, "Philippines' Duterte says South China Sea arbitration case to take 'back seat'," *Reuters*, October 19, 2016, https://tinyurl.com/y2d272k2.

Lye, Liang Fook, "China-Philippine Relations: Duterte's China Visit and Prospects for Oil and Gas Exploration," *ISEAS Perspective 2019*, No. 80, October 3, 2019, https://tinyurl.com/y6q4tgjc.

McKirdy, Euan, "Philippines Congress Extends Martial Law in Mindanao," *CNN*, December 13, 2017, https://tinyurl.com/y4uyzqo9.

Mendez, Christina, "Duterte: I love Xi Jinping," *The Philippine Star*, April 10, 2018, https://tinyurl.com/yyc34ubj.

Mogato, Manuel, "ASEAN gives Beijing a pass on South China Sea dispute, cites 'improving cooperation'," *Reuters*, April 30, 2017, https://tinyurl.com/

y5sz5hkj.

Morallo, Audrey, "Marawi Siege 'Most Serious Terror Event' in Southeast Asia in Past 15 Years," *Philstar*, August 25, 2017, https://tinyurl.com/y5a7exxc.

Murphy, Ann Marie, "Great Power Rivalries, Domestic Politics and Southeast Asian Foreign Policy: Exploring the Linkages," *Asian Security*, Vol. 13, No. 3 (2017), pp. 165-182.

Office of the President of the Philippines, *National Security Policy 2017-2022 (NSP 2017-2022)*, April 2017, https://tinyurl.com/y2jvou8u.

Office of the President of the Philippines, *National Security Strategy 2018,* April 2018, https://tinyurl.com/y4gcuywh.

Parameswaran, Prashanth, "How Much Will Duterte Wreck the US-Philippines Military Alliance?," *The Diplomat*, November 15, 2016, https://tinyurl.com/y5w98djq.

Parameswaran, Prashanth, "What's with the New US-Philippines Sulu Sea Patrols Under Duterte?," *The Diplomat*, July 1, 2017, https://tinyurl.com/y5unw2jy.

Parameswaran, Prashanth, "What the US-Philippines VFA Withdrawal Suspension Does and Doesn't Say About the Alliance," *The Diplomat*, June 4, 2020, https://tinyurl.com/y8zypng5.

Park, Jae Jeok, "The US-led alliances in the Asia-Pacific: hedge against potential threats or an undesirable multilateral security order?," *The Pacific Review*, Vol. 24, No. 2 (2011), pp. 137-158.

Placido, Dharel, "Duterte hits China's 'nasty words' to patrolling PH pilots," *ABS-CBN News*, August 17, 2018, https://tinyurl.com/y6fgjmcm.

Pompeo, Michael, "U.S. Position on Maritime Claims in the South China Sea," US Department of State, July 13, 2020, https://tinyurl.com/yah2xjo8.

Ranada, Pia, "Duterte jokes: Why not make Philippines a province of China?," *Rappler*, February 19, 2018, https://tinyurl.com/y2cdrbtz.

Rauhala, Emily, "Philippine President Duterte tells Obama to 'go to hell'," *The*

Washington Post, October 4, 2016, https://tinyurl.com/zbxpqjo.

Regan, Helen, "Duterte says Xi Jinping offered him an oil and gas deal to ignore South China Sea ruling," *CNN*, September 13, 2019, https://tinyurl.com/y328vqqg.

Santos, Eimor, "Progress made in South China Sea Code of Conduct as Beijing eases up on demands – Locsin," *CNN Philippines*, September 25, 2019, https://tinyurl.com/y3fp9xsx.

Santos, Eimor, "Negotiations for South China Sea Code of Conduct a 'failed process,' expert says," *CNN Philippines*, April 15, 2020, https://tinyurl.com/y6xqpyuo.

Santos, Eimor, "Duterte on sea row with China: No war, just 'diplomatic endeavors'," *CNN*, July 27, 2020, https://tinyurl.com/yydwok9d.

Santos, Eimor, "PH won't join other navies in South China Sea drills on Duterte's order," *CNN*, August 4, 2020, https://tinyurl.com/y5uv5c9k.

Schweller, Randall, "Bandwagoning for Profit: Bringing the Revisionist State Back In," *International Security*, Vol. 19, No. 1 (1994), pp. 72-107.

Tiglao, Rigoberto D., "'PH can't have its Kalayaan Island Group' – arbitral tribunal," *The Manila Times*, September 4, 2019, https://tinyurl.com/y3x5thtt.

Valente, Catherine S., "PH eyes gains from China's infra buildup," *Manila Times*, May 13, 2017, https://tinyurl.com/yx98pwx6.

Wallace, Corey J., "Japan's Strategic Pivot South: Diversifying the Dual Hedge," *International Relations of the Asia-Pacific*, Vol. 13, No. 3 (2013), pp. 479-517.

Walt, Stephen, *The Origins of Alliances* (Ithaca, N.Y.: Cornell University Press, 1987).

Waltz, Kenneth N., *Theory of International Politics* (Reading, Mass.: Addison-Wesley, 1979).

Westcott, Ben and Brad Lendon, "Duterte threatens 'suicide mission' if Beijing oversteps in South China Sea," *CNN*, April 5, 2019, https://tinyurl.com/yyoeg4ps.

第六章　印尼與馬來西亞之南海政策

孫國祥

壹、前言

自 2009 年以來，南海局勢出現新一波的變化，持續引發國際社會的高度關注。南海問題涉及半閉海周邊聲索國的作為，然而，在南海發生直接對抗（衝突）事件，多數發生在中國與菲律賓和越南之間，其次才是馬來西亞與印尼。基於對南海的整體評估，自 1990 年以來，印尼力求在南海問題中扮演「調停者」的角色；而馬來西亞則以「安全行事」途徑應對南海情勢。然而，由於戰略利益的日益涉入自身，印尼的南海政策出現漸進式的改變。印尼是東南亞最大的國家，在地區事務中扮演引領性角色，但作為「非聲索方」已不足，「後非聲索方」政策逐漸浮出。馬來西亞傳統上一直對南海採取「安全行事」途徑，馬國採取外交、經濟、法律和安全措施相結合的作為，以確保其作為聲索國的利益，同時關注不會破壞其與中華人民共和國的雙邊關係。本章首先探討印尼的南海政策及其發展，然後探討馬來西亞的南海政策及其發展，最後則是結語。

貳、印尼的南海政策

數十年來，印尼領導人經常以「印尼與中國之間沒有領土爭端」此修

辭，[1] 論述其自身的南海政策原則。然而，現實逐漸掩蓋了此一修辭。儘管中國和印尼之間的確沒有領土爭端，但肯定存在海洋爭端。2019 年 12 月，中國一艘海警艦護航數艘中國漁船駛入中國劃設「九段線」的水域內，但該水域也在南海納土納群島（Kepulauan Natuna）附近的印尼專屬經濟區之內，此事件可以視為是檢驗印尼南海政策的試金石。

一、印尼的南海利益

長期以來，印尼對南海議題始終深表關切，並不時以不同方式涉入其中，主要源於印尼政策制定者對印尼國家利益的判斷。當然，不同時期國家利益的內容並非完全一致，而且每個國家的具體國家利益會隨環境的變化而改變。[2] 一般而言，印尼的南海政策主要受其安全、發展和責任的國家利益驅動。

就海洋安全而言，南海海域是印尼對外防範的重點區域之一。作為世界上最大的群島國家，海洋對印尼具有特別重要的意義，維護周邊海域的安全直接關係到印尼領土與主權的完整。尤多約諾（Susilo Bambang Yudhoyono）政府（2004 年至 2014 年）發布的 2008 年《國防白皮書》（Defence White Paper 2008）將國防戰略利益分為永久戰略利益、緊急戰略利益和國防合作領域戰略利益三項。其中緊急戰略利益係指維護印尼邊界和最外部島嶼的安全，該利益係鞏固印尼主權的主要方向。「鑑於印尼海域周邊的國際形勢與國內狀況，周邊島嶼與海域的安全狀況已經成為印

1　Leo Suryadinata, "South China Sea: Is Jakarta no longer neutral?," *The Straits Times*, April 24, 2014, https://www.straitstimes.com/opinion/south-china-sea-is-jakarta-no-longer-neutral.

2　鞠海龍，〈印度尼西亞海上安全政策及其實踐〉，《世界經濟與政治論壇》，第3期（2011 年5月），頁25-36。

尼海上安全政策的焦點和國防戰略利益中的緊要部分」。[3]

　　佐科威（Joko Widodo）就任印尼總統後（2014 年至 2019 年）提出了打造「海洋強國」的戰略構想，[4] 他提出了「全球海洋支點」（Global Maritime Fulcrum, GMF），2015 年版的《國防白皮書》（Defence White Paper 2015）強調將加強海洋防禦體系建設，配合印尼政府要將印尼建設成全球海洋強國的戰略。[5] 儘管佐科威第二任（2019 年至 2024 年）已經較少提及「全球海洋支點」，[6] 但是維護海洋安全和主權仍是重要的國家利益組成。印尼緊鄰南海，在地區安全環境日益複雜的情況下，維繫毗鄰南海海域的安全對印尼而言愈顯重要。

　　在傳統安全方面，印尼認為「目前仍然存在的一個地區安全問題就是與領土主張相關的國際衝突。在東南亞及其周邊地區，雖然目前在南海地區邊界重疊的聲索並不十分明顯，但是該等聲索仍然是數個國家間爆發衝突的潛在因素」。[7] 若南海局勢無法得到有效管控甚或引發戰爭，則印尼的周邊安全環境也會隨之惡化，此將直接威脅到印尼的「緊急的戰略利益」。在非傳統安全方面，南海及其周邊區域遭受海盜、武器與毒品走

3　Rendi A. Witular, "Presenting Maritime Doctrine," *The Jakarta Post*, Nov. 14, 2014, http://www.thejakartapost.com/news/2014/11/14/presenting-maritime-doctrine.html.

4　Vibhanshu Shekhar and Joseph Chinyong Liow, "Indonesia as a Maritime Power: Jokowi's Vision, Strategies, and Obstacles Ahead," Brookings, November 7, 2014, https://www.brookings.edu/articles/indonesia-as-a-maritime-power-jokowis-vision-strategies-and-obstacles-ahead/.

5　Defence Ministry of the Republic of Indonesia, *Defence White Paper*, 2015, November 2015, https://www.kemhan.go.id/wp-content/uploads/2016/05/2015-INDONESIA-DEFENCE-WHITE-PAPER-ENGLISH-VERSION.pdf.

6　Evan Laksmana, "Indonesia as 'Global Maritime Fulcrum': A Post-Mortem Analysis," AMTI Update, November 8, 2019, https://amti.csis.org/indonesia-as-global-maritime-fulcrum-a-post-mortem-analysis/.

7　Departemen Pertahanan Republik Indonesia, "Buku Putih Pertahanan Indonesia 2008," Departemen Pertahanan Republik Indonesia, February 18, 2008, pp. 15-16, https://www.kemhan.go.id/ppid/wp-content/uploads/sites/3/2015/12/04f92fd80ee3d01c8e5c5dc3f56b34e3.pdf.

私、航運安全、恐怖主義和生態惡化等系列挑戰。該等非傳統安全挑戰具有跨國性、不確定性、擴散性等特點。印尼能否有效應對該等非傳統安全的挑戰，直接關係到其長治久安。

因此，印尼在南海地區傳統安全與非傳統安全最為憂慮的問題就聚焦到納土納群島及其附近海域的主權歸屬之上。儘管中國對於納土納群島主權歸屬於印尼並無異議，但是印尼依據納土納群島基線劃定的專屬經濟區與中國「九段線」重疊，因而兩國之間存有海域劃界爭議。由於「中國崛起憂慮症」，「印尼擔憂中國對南海的聲索也會損及其對納土納島的主權」。[8]

在發展方面，印尼在南海海域擁有多項重要的實際經濟利益。首先是南海海域油氣資源的開發。印尼最為關切的是納土納群島海域的天然氣開發問題。「納土納 D-阿爾法區塊」（Natuna D Alpha Block），即「東納土納區塊」（East Natuna）是納土納海中的一個巨大氣田。當地油氣估計超過 200 兆立方英尺，但二氧化碳含量超過 60%。如果開發「納土納 D-阿爾法區塊」，資源規模將透過液化天然氣或管道天然氣出口，對印尼和亞太地區的天然氣市場產生重大的影響。然而，涉及的商業和技術挑戰使「納土納 D-阿爾法區塊」油田不太可能在 2028 年之前投入生產。[9] 除了納土納群島海域外，印尼對參與南昆山（Nam Con Son）盆地等南海其他區域的油氣開發亦有興趣。

其次是維護南海航道的航行安全。近年來，印尼經濟實現持續的快速增長。印尼經濟成就有賴於尤多約諾和佐科威政府推行的出口導向型經濟

8　Rizal Sukma, "Indonesia-China Relations: The Politics of Re-engagement," *Asian Survey*, Vol. 49, No. 4 (2009), p. 601.

9　East Natuna (Natuna D Alpha), 22 June 2020, Assent Report, Wood Mackenzie, https://www.woodmac.com/reports/upstream-oil-and-gas-east-natuna-natuna-d-alpha-556636.

的發展。東北亞是印尼的重要貿易夥伴。南海航線是印尼通往東北亞的主
要通道，確保此航線的航行安全直接關係到印尼經濟的長期穩定與發展。
此外，印尼與東協一些國家間的貿易往來也要通過南海海域。其三，海洋
漁業資源的開發。佐科威政府將「維護和管理以構建海洋食物產品主權為
核心的海洋資源」[10] 作為印尼「海洋強國」戰略的支柱之一。納土納群島
附近海域是擁有豐富漁業資源的傳統漁場。佐科威政府力求充分發揮該地
區的漁業資源優勢，將納土納群島打造成東南亞地區最大的漁業市場。

　　就責任而言，積極參與南海事務有助於印尼扮演更重要的國際角色。
作為東南亞地區最大的國家和全球穆斯林人口最多的國家，長期以來印尼
一直致力於提升其「中等強國」的地位，以求成為地區主導國家並在全球
政治舞台扮演建設性角色。佐科威政府具有強烈的大國抱負，執政之初即
提出將印尼建設成「海洋強國」的戰略目標，以求再現印尼「稱雄四海」
的光榮歷史。[11]

　　東協是印尼成長為大國的戰略平台，印尼外交目標實現與否首先取
決於印尼對東協的引領能力及其對東南亞區域事務的影響力。南海問題涉
及東協中的聲索國且與整個區域的安全與發展息息相關，因而成為東協整
合推進所面臨的嚴厲挑戰。為彌合東協各國對於南海問題的認知差異，
從而有效維護東協的團結與穩定，長期以來印尼一直力求在其中扮演主
導角色。舉例而言，1992 年東協第二十五屆外長會議簽署的《東協南海
宣言》（ASEAN Declaration on the South China Sea）。[12] 在 1992 年於雅

10　Rendi A. Witular, "Presenting Maritime Doctrine," The Jakarta Post, November 14, 2014, http://
　　www.thejakartapost.com/news/2014/11/14/presenting-maritime-doctrine.html.

11　Rory Medcalf, "Jokowi's maritime inaugural address," The Interpreter, October 21, 2014, https://
　　www.lowyinstitute.org/the-interpreter/jokowis-maritime-inaugural-address.

12　Mansur Juned, Arry Bainus, Mohamad Hery Saripudin, Widya Setiabudi and Rusadi Kantrapawira,
　　"The Road to Peace in South China Sea: The Role of Indonesia Through ASEAN," Man In India,
　　Vol. 97, No. 18 (May 2017), pp. 155-166.

加達召開的不結盟國家高峰會議（Summit Conference of Heads of State or Government of the Non-Aligned Movement）中將南海問題列入會議的討論議程，[13] 皆屬印尼的努力。此後，在印尼的協調之下，東協得以透過「集團」方式涉入南海問題，以內部共識的成果與中國在南海問題上進行博弈。

在此過程中，印尼在整個東協機制中的角色大致平穩。十多年來伴隨區域形勢的變化，中國迅速崛起、南海局勢緊張，而東協國家在南海問題上的利益訴求差異突出、各成員國間在南海問題上的立場與主張出現分化。因此，如何應對南海緊張而複雜的局勢變化、如何有效維護東協的團結以應對中國的崛起，已經成為印尼能否扮演區域要角所面臨的考驗。印尼若不能在應對南海問題上有所作為，其區域主導國家的地位即會受到影響。

二、印尼在南海的立場與作為

由於印尼並不是南海（島礁）的聲索國，以至於迄今為止印尼政府並沒有公開發布關於南海問題的專門性官方政策文件或宣言。因此，本文對印尼主導或參與的與南海相關的活動進行歸納分析，以探究印尼在南海問題上的基本政策方向。

首先，傳統上印尼維持「非南海聲索方」的政策立場，以求在南海問題上扮演「中立調停者」的角色。南海聲索方通常指涉台灣、中國、越

---

13 Heads of State or Government of the Non-Aligned Movement, The Jakarta Message: A Call for Collective Action and the Democratization of International Relations, Tenth Conference of Heads of State or Government of the Non-Aligned Movement, Jakarta, September 1992, http://cns.miis.edu/nam/documents/Official_Document/10th_Summit_FD_Jakarta_Declaration_1992_Whole.pdf.

南、菲律賓、馬來西亞和汶萊，並未涉及印尼。尤有進者，印尼已經與馬來西亞和越南大致達成海域的劃界。然而，印尼與中國在南海海域劃分還有一定的爭議。長期以來，印尼政府一直以務實的態度來應對該問題，避免將此問題升高為其與中國之間的主權爭端。舉例而言，2010 年 9 月，印尼外長馬蒂（Marty M. Natalegawa）表示：「印尼不是（南海）聲索國」。[14]

2011 年 7 月，尤多約諾表示「印尼和中國之間不存在關於領土的爭端。……，印尼也沒有對南海聲索所有權」。[15] 儘管印尼曾多次表示希望中國政府就新版中國護照納入南海地圖一事上做出澄清，但是印尼依然強調「印尼不是南海的主權聲索國」。[16] 佐科威政府延續了尤多約諾政府的南海政策主張，在競選總統時，他強調「印尼並非南海聲索國，在印尼不能提出更好的解決方法之前，應當避免介入南海問題」。[17] 對印尼而言，堅持「非南海聲索方」的政策立場可使其能以「中立者」或「誠實調停者」的身分遊走於南海各聲索方之間，從而在南海事務扮演「調停者」角色。

事實上，早在 1990 年，印尼在加拿大支持下，就發起舉辦了「處理南中國海潛在衝突研討會」（Workshop on Managing Potential Conflicts in the South China Sea），以求在南海問題上扮演「調停者」的角色。迄至

14　Marty Natalegawa, "A Conversation with Marty Natalegawa, Minister of Foreign Affairs, Republic of Indonesia," Council on Foreign Relations, September 27, 2011, https://www.cfr.org/event/conversation-marty-natalegawa-1.

15　夏英，〈「印尼與中國在南海無爭端」——訪印度尼西亞總統蘇西洛・班邦・尤多約諾〉，《南方周末》（2011）。

16　Yohanna Ririhena and Novan Iman Santosa, "RI Concerned about Map in New Chinese Passports," *The Jakarta Post*, November 29, 2012, http://thejakartapost.com/news/2012/11/29/ri-concerned-about-map-new-chinese-passports.html.

17　〈印尼新總統：將調停中國與東南亞各國南海爭端〉，《人民網》，2014年8月13日，http://military.people.com.cn/n/2014/0813/c172467-25456040.html。

2019 年，該研討會已經舉行了 29 屆。[18] 儘管因為各方立場的差異致使該機制在推動南海信心建立措施方面並沒有取得實質性進展，但是其在南海生物多樣性研究、海洋生物圈監測等方面皆取得較為顯著的成效。南海問題錯綜複雜，因而努力尋求共識、積極開展功能性合作是解決南海問題的第一步。就此而言，「處理南中國海潛在衝突研討會」機制的建立與發展對於南海問題的和平解決還是有一定的貢獻。賈拉（Hasjim Djalal）大使建議採用「6+4+2」或「6+4+1+1」公式解決南海問題，因為東協 6 國（印尼、新加坡、柬埔寨、寮國、泰國和緬甸）不主張對南海島礁和海洋的主權，作為促進者應該鼓勵並邀請 4 個東協聲索方（菲律賓、汶萊、馬來西亞和越南）坐下來與兩個非東協聲索方（中國和台灣）談判該問題，儘管是非正式性質。[19]

　　隨著南海局勢持續的緊張，印尼進一步嘗試從「二軌」邁向「一軌」，更多地直接參與南海問題的調停與外交協調之中。尤多約諾時期，印尼不但推動「行為準則」（Code of Conduct, COC）的談判，而且還透過多種方式在中國、越南和菲律賓等國之間扮演「調停者」的角色。[20] 佐科威時期同樣延續印尼在南海問題上扮演「調停者」的基本政策立場。佐科威曾在東京發表講話時表示，印尼不會「站在爭端的任何一方」，「如有必要，

18　Ministry of Foreign Affairs Republic of Indonesia, "Batam Hosts Workshop on Managing Potential Conflict in the South China Sea," September 11, 2019, https://kemlu.go.id/portal/en/read/587/berita/batam-hosts-workshop-on-managing-potential-conflict-in-the-south-china-sea.

19　Hasjim Djalal, "The way forward on the South China Sea issues," *The Jakarta Post*, August 27, 2020, https://www.thejakartapost.com/academia/2020/08/27/the-way-forward-on-the-south-china-sea-issues.html.

20　舉例而言，2014年5月14日，當中國與越南在南海發生衝突後，印尼外長馬爾迪與中國外長王毅通了電話。王毅敦促越南方面冷靜下來，而馬爾迪則表示「印尼在南海主權問題上不持立場，願與中方共同維護南海地區和平穩定」。〈王毅同印尼外長馬爾迪通電話〉，中華人民共和國外交部，http://www.mfa.gov.cn/mfa_chn/zyxw_602251/t1155841.shtml。

印尼願成為良好的調停者」。[21]

　　為推動南海問題降溫，在 2015 年 5 月舉行的「香格里拉對話」（Shangri-La Dialogue）上，時任印尼國防部長廉密渣（Ryaminzard Ryacudu）提出了包括中國在內的聲索國在南海進行聯合巡邏的建議。此外，佐科威政府還表示將敦促中國和東協成員國盡快達成「行為準則」。總之，「作為非聲索方，印尼在推動南海聲索各方開展中立、公正的討論和對話方面扮演重要的角色」。[22] 在南海局勢緊張之際，扮演「居中調停」的角色不啻有助於印尼國際影響力的提升。其次，協調東協國家在南海問題上的政策立場。印尼「視東協為國際外交的主要平台」，[23] 致力於協調東協各成員國間的分歧，積極推動東協整合的深入發展，向來是印尼對外戰略的努力方向。

　　東協共同體（ASEAN Communities）雖然宣告建成，但是南海問題的存在對未來東協共同體建設的深化帶來嚴格的挑戰。東協內部各成員國在南海問題上的立場分化表現突出。其中又以 2012 年 7 月在東協第四十五屆外長會議首度沒有發表聯合聲明而刺眼。長期以來試圖扮演東協領導角色的印尼一直致力於推動東協國家形成共同安全政策。[24] 面對東協國家因南海問題而產生的齟齬，印尼開展穿梭外交以彌合各方的矛盾。

---

[21] Novy Lumanauw, "Jokowi Clarifies: Indonesia Still Neutral in S. China Sea Dispute," *Jakarta Globe*, March 24, 2015, http://jakartaglobe.id/news/jokowi-clarifies-indonesia-still-neutral-s-china-sea-dispute/.

[22] "20th Anniversary of Managing Potential Conflicts in the South China Sea Workshop," Ministry of Foreign Affairs, Republic of Indonesia, http://www.kemlu.go.id/zagreb/Pages/News.aspx?IDP=4150&l=en.

[23] Syamsul Hadi, "Indonesia, ASEAN, and the Rise of China: Indonesia in the midst of East Asia's Dynamics in the Post-Global Crisis World," *International Journal of China Studies*, Vol. 3, No. 2 (2012), pp. 151-166.

[24] Paul Dibb, "Indonesia: the Key to Southeast Asia's Security," *International Affair*, Vol. 77, No. 8 (2001), pp. 829-842.

2012 年 7 月 20 日，東協輪值主席國、柬埔寨副首相兼外長賀南洪
（Hor Nam Hong）宣布了「東協關於南海的六項原則」（ASEAN's Six-
Point Principles on the South China Sea），[25] 東協國家對於印尼的「不懈努
力」予以高度評價，認為印尼提出的聲明「有助於恢復東協在地區架構中
的中心地位」。[26] 為進一步彌合東協國家在南海問題上的分歧，在 2012
年 9 月第六十七屆聯合國大會期間印尼向與會的東協國家傳閱了「南海行
為準則」草案。佐科威政府亦堅持印尼此政策主張。舉例而言，2015 年
8 月東協外長會議後發表的《聯合公報》中所闡明的東協南海新立場中有
關「預防性措施」的概念，[27] 就是由印尼首倡並推動。印尼所採取的該等
行動，有助於化解東協內部關於南海爭端的分歧，力圖展現其在東協中的
主導地位和負責任的地區大國形象。就歷史而言，印尼主要是「透過『二
軌』對話，以非正式的方式調停南海爭端」。[28]

三、納土納群島及其附近海域的維權作為

隨著中國在南沙島礁前哨的完成，中國力量的投射已經較以往更容易
到達印尼，因此，不斷強化在納土納群島及其附近海域的權利就成為印尼

---

25 原則包括：落實「南海各方行為宣言」；落實宣言後續行動指針；盡早達成「南海行為準
則」；尊重《聯合國海洋法公約》等國際法準則；各方自我約束、不使用武力；以及按照國
際法準則和平解決爭端。ASEAN, Statement of the ASEAN Foreign Ministers, "ASEAN's Six-
Point Principles on the South China Sea," Phnom Penh, Cambodia, July 20, 2012, https://www.
asean.org/storage/images/AFMs%20Statement%20on%206%20Principles%20on%20SCS.pdf.

26 Bagus BT Saragih, "RI Finds Common ASEAN Ground in the sea dispute", *The Jakarta Post*, July
23, 2012, http://www.thejakartapost.com/news/2012/07/23/ri-finds-common-asean-ground-sea-
dispute.html.

27 "Joint Communiqué 48th ASEAN Foreign Ministers Meeting, Kuala Lumpur, Malaysia,4th
August 2015," ASEAN, August 4, 2015, https://www.asean.org/wp-content/uploads/images/2015/
August/48th_amm/JOINT%20COMMUNIQUE%20OF%20THE%2048TH%20AMM-FINAL.pdf.

28 常書，〈印度尼西亞南海政策的演變〉，《國際資料信息》，第10期（2011），頁25-28。

南海政策的重中之重。中國的「九段線」海域與印尼的「200 海里專屬經濟區」重疊，中方認為該海域是中方傳統捕魚區。印尼方宣稱中國的「九段線」違反《聯合國海洋法公約》（UN Convention on the Law of the Sea, UNCLOS），不承認中國的傳統捕魚區。2016 年，在北納土納海（North Natuna Sea）進入印尼專屬經濟區的中國漁船遭到印尼海軍的攻擊。[29] 2020 年 1 月，中國漁船被中國海警護送入北納土納海。[30] 印尼都兩次都向北京發出外交抗議，並在北納土納海增加了巡邏，以表明其聲索的堅定立場。[31]

近年來，面對南海爭端的態勢，印尼採取了多項鞏固其對納土納群島及其附近海域的權利聲索的作為。首先，公開質疑「九段線」的合法性，明確否認與中國之間存在南海海洋權益聲索重疊。自 1990 年代初期起，印尼就要求中國澄清其歷史性水域的範圍。此後，印尼官方多次對中國南海「九段線」的聲索提出異議。[32] 佐科威執政以來，更為強烈地表達了印尼政府對「九段線」的立場。2015 年 3 月，佐科威訪日期間表示：「中國聲索的『九段線』在國際法上沒有任何依據」。[33] 同月，印尼外長蕾特諾（Retno LP Marsudi）表示：「如同總統所指，印尼與中國沒有任何聲索

---

[29] Ankit Panda, "A Third 2016 Natuna Stand-Off Highlights Growing Indonesia-China Tensions," *The Diplomat*, June 21, 2016, https://thediplomat.com/2016/06/a-third-2016-natuna-stand-off-highlights-growing-indonesia-china-tensions/.

[30] Evan A. Laksmana, "Indonesia, China, and the Natuna Linchpin," *The Diplomat*, March 1, 2020, https://thediplomat.com/2020/02/indonesia-china-and-the-natuna-linchpin/.

[31] Jefferson Ng, "The Natuna Sea Incident: How Indonesia Is Managing Its Bilateral Relationship With China," *The Diplomat*, January 15, 2020, https://thediplomat.com/2020/01/the-natuna-sea-incident-how-indonesia-is-managing-its-bilateral-relationship-with-china/.

[32] 韋健鋒、張會葉，〈論冷戰後印尼的南海政策及其利益考量〉，《和平與發展》，第1期（2006），頁98-111。

[33] Kanupriya Kapoor and Linda Sieg, "Joko Says China has No Legal Claim to South China Sea," *Jakarta Globe*, March 23, 2015, http://jakartaglobe.id/news/joko-says-china-no-legal-claim-south-china-sea/.

重疊」。[34]

　　其次，加強在納土納群島及其附近海域的軍事存在。為提升早期預警能力和應戰能力，印尼已開始對位於廖內群島（Kepulauan Riau）的拉奈（Ranai）空軍基地的相關設施進行升級更新，包括部署戰艦、F-16 戰機、防空導彈等。此外，印尼還計畫在西加里曼丹（West Kalimantan）修建新的軍事基地，以增強對納土納群島海域的防禦能力。[35] 2020 年 11 月 23 日，印尼海軍參謀長馬戈諾（Yudo Margono）宣布，原先部署在首都雅加達的海軍作戰部隊第一艦隊總部（Guspurla）將永久轉移到納土納。該部隊負責進行海上作戰和兩棲作戰，以支持海洋控制並實現戰略目標，執行法律並維護領海主權。馬戈諾表示：「由於預見到隨時可能發生的事態，戰鬥部隊總部可以直接領導部署當地的特遣部隊戰艦。」[36]

　　多年來，印尼持續在納土納群島海域舉行軍事演習。2014 年，印尼海軍首度在納土納群島海域主辦了代號為「科摩多多邊海上演習」（Multilateral Naval Exercise Komodo, MNEK），演習負責人奧克塔文（Amarullah Octavian）表示：「雖然演習將著眼於海軍在救災方面的能力，但是我們還將關注中國政府進入納土納地區所表現的專斷立場。我們想說明，我們的外交政策規定納土納群島是印尼的一部分」。[37] 2016 年 10 月，印尼在納土納群島海域舉行號稱史上最大規模的軍事演習，佐科

---

34 Rendi A. Witular, "Presenting Maritime Doctrine," *The Jakarta Post*, November 14, 2014, http://www.thejakartapost.com/news/2014/11/14/presenting-maritime-doctrine.html.

35 "Govt to Build Military Base Near South China Sea," *The Jakarta Post*, July 10, 2015, http://www.thejakartapost.com/news/2015/07/10/govt-build-military-base-near-south-china-sea.html.

36 Ronna Nirmala, "Indonesian Navy to Move Combat Squad's HQ to Natuna Islands," *Benar News*, November 23, 2020, https://www.benarnews.org/english/news/indonesian/id-natuna-scs-11232020104602.html.

37 Fadli, "Batam to Host Komodo Naval Joint Exercise," *The Jakarta Post*, June 15, 2013, https://www.thejakartapost.com/news/2013/06/15/batam-host-komodo-naval-joint-exercise.html.

威親自觀看了此次演習。[38] 2018 年持續舉行該演習。[39] 2020 年 2 月召開的中期計畫會議（Mid Planning Conference, MPC）計畫 8 月舉行，[40] 但因疫情而未舉辦。

其三，加強對納土納群島及其附近海域的漁業開發。印尼政府主要採取了數方面的行動：驅逐甚至炸毀進入納土納海域進行非法捕魚的外國船隻；計畫將 400 艘排水量在 30 噸以上的漁船從爪哇島遷至納土納群島，並向有意搬遷的漁民提供補貼；大力提升納土納群島的港口、電力供應、冷藏庫等基礎設施建設。

最新的一系列事件是 2019 年 12 月 19 日至 24 日期間，63 艘中國漁船在中國海警艦的保護下進入納土納群島附近的印尼專屬經濟區進行捕魚，印尼召見中國駐印尼大使提出抗議，並增派飛機和艦艇在上述地區巡邏。當時，印尼方面聲稱，中國海警和漁船進入納土納群島北部附近海域，印尼政府召見了中國大使肖千，表達強烈抗議，並提交了正式抗議照會。2020 年 1 月 8 日，中國外交部發言人耿爽在記者會上稱，「我們〔中方〕已多次就近期海上事態做過表態，我們〔中方〕也多次表明，中國對南沙群島擁有主權，對相關海域擁有主權權利和管轄權，這一立場符合國際法。」「我〔耿爽〕要強調，中國與印尼不存在領土主權爭議，雙方在南海部分海域存在海洋權益主張重疊。我們〔中方〕希望印尼方面保持冷

---

38 Sekretariat Kabinet Republik Indonesia, Diikuti Angkatan Laut 35 Negara, Komodo 2016 di Padang Libatkan 49 Kapal Perang, April 12, 2016, https://setkab.go.id/diikuti-angkatan-laut-35-negara-komodo-2016-di-padang-libatkan-49-kapal-perang/.

39 Prashanth Parameswaran, "Exercise Komodo 2018 Puts Indonesia Navy in the Spotlight," *The Diplomat*, May 1, 2018, https://thediplomat.com/2018/05/exercise-komodo-2018-puts-indonesia-navy-in-the-spotlight/.

40 Indonesian Navy, Mid Planning Conference, 4th Multilateral Naval Exercise, Komodo 2020, February 18-19, 2020, https://mnek.tnial.mil.id/wp-content/uploads/2020/02/MINUTES-MPC-MNEK-2020.pdf.

靜，願同印尼方面繼續妥善處理分歧，維護好兩國關係和地區和平穩定大局。」[41]

然而，此番談話惹怒印尼，佐科威不但親自登島並公開發布強硬聲明，印尼國內不滿聲浪也因此升高。2020 年 1 月 8 日，佐科威登上納土納大島宣示主權，稱印尼擁有納土納海域的「絕對主權」，此乃「無可商權」。佐科威指示今後要增加巡邏的次數。印尼政治法律安全統籌部長馬福（Mohammad Mahfud MD）表示，將從爪哇島派出約 120 名漁民前往納土納群島，強調印尼將動員北部海岸或是其他地區的漁民，前往該海域捕魚和從事其他工作。[42]

印尼外交部也表示，要求中國依《聯合國海洋法公約》，解釋對擁有此專屬經濟區的「法律依據和明確邊界」。印尼外交部在聲明中表示：「中國漁民長期以來在該專屬經濟區活動為由聲稱擁有有關海域主權。此沒有法律根據，而且從來沒有獲得 1982 年《聯合國海洋法公約》的認可。」此外，納土納群島官員里扎爾（Abdul Hamid Rizal）指出，他已經向印尼政府提議加強和提高納土納群島和阿南巴斯群島（Anambas Islands）的地位，使它們成為「特別省」（Provinsi Khusus）。[43] 若兩群島能成為一個特別省，將會擴大其防衛、管理該區域海岸和海洋的權力。

---

41 中華人民共和國外交部，2020年1月8日外交部發言人耿爽主持例行記者會，2020年1月8日，https://www.fmprc.gov.cn/web/fyrbt_673021/jzhsl_673025/t1730274.shtml。

42 Antara, "Go Fish: Indonesian Fishermen Urged to Sail to North Natuna Sea Amid China's Territorial Claim," *Jakarta Globe*, January 6, 2020, https://jakartaglobe.id/news/go-fish-indonesian-fishermen-urged-to-sail-to-north-natuna-sea-amid-chinas-territorial-claim.

43 Bupati Natuna Abdul Hamid Rizal Usul Kabupaten Natuna & Anambas Jadi Provinsi Khusus, *Tribun Pontianak*, January 5, 2020, https://pontianak.tribunnews.com/2020/01/05/bupati-natuna-abdul-hamid-rizal-usul-kabupaten-natuna-anambas-jadi-provinsi-khusus?page=all.

四、印尼南海政策的演變

印尼係東協的主導國家和成長中的地區大國。印尼在南海問題上所表達的政治意願和做出的政策選擇，不啻對南海局勢、印尼與中國關係以及地區安全形勢的發展帶來重要的影響。1992 年東協外長會議發表《東協南海宣言》（ASEAN Declaration on the South China Sea），首次集體表達了東協各國在南海問題上的共同立場。此後，歷次東協外長會議都在《聯合公報》中提及「南海問題」。[44]

印尼外交努力後發布的「東協關於南海的六項原則」被外界視為東協國家在南海問題上的「最低共識」。迄今，南海問題已經成為東協系列會議無法避開的議題，而東協致力將包括東協區域論壇（ASEAN Regional Forum, ARF）在內的多邊平台打造為討論南海議題的主要場所。然而，由於各成員國利益的差異和認知的不同，當前東協在南海問題上只是發表一些闡述各成員國共同立場的原則性聲明，尚未形成一致性、具有一定約束力的政策主張。然而，隨著「東協安全共同體」（ASEAN Security Community, ASC）的建成及其不斷發展，東協國家在包括南海問題在內的政治安全領域的協調與合作將逐步深化，而南海問題「東協化」的趨向將更為明晰，儘管與其能力無法相配合。

傳統上，印尼試圖避開與中國的海洋爭端。印尼強調兩國之間沒有「領土爭端」，因此經常在中國與東南亞鄰國之間就南沙群島進行的長期爭端中充當中立調停者。就北京而言，北京滿足於掩蓋其與雅加達重疊的海域聲索，尤其是因為中國對此無能為力之時。中國和印尼之間有爭議的

---

44 其中唯有2012年第四十五屆東協外長會議沒有發表《聯合聲明》。

水域距離最近的中國無爭議領土有 1,500 公里之遠；迄至最近，中國還無法在如此遙遠的距離上執行其聲索。但是今天，中國迅速崛起的海上力量和南沙群島上新建的軍事設施大幅擴展了其在南海的勢力範圍。結果，中國似乎已經恢復了透過南海的向南推進。中國除了對菲律賓，緊隨其後也對馬來西亞甚至越南採取同樣的措施。2019 年底至 2020 年初，目標是印尼。毫無疑問，北京最終希望在其「九段線」聲索內實現對所有水域的實際控制。

中國的目標對印尼領導人而言不足為奇。他們長期以來對中國保持警惕。此乃一種根深蒂固的懷疑，懷疑源自中國曾經的革命輸出外交政策，該政策為包括印尼在內的整個東南亞的共產主義叛亂提供了支持。[45] 儘管此類擔憂隨著冷戰的結束而緩和，但隨著印尼觀察到經濟和軍事上崛起的中國在過去十年在海域和領土上的聲索進逼其東南亞鄰國，新的擔憂已取代了舊有的擔憂。

在 1990 年代和 2000 年代的大部分時間中，印尼以與大多數其他東南亞國家相同的方式處理中國在南海的活動，即進行獨立的對話。但是隨著中國向南發展，印尼開始採取更堅定的路線。2010 年，當印尼向聯合國遞交了照會，質疑中國「九段線」的法律依據時，它正式投入了「戰」場。隨後，2014 年，印尼高級軍官指責中國將納土納群島附近的水域納入聲索範圍，並告誡中國的軍事力量可能破壞東南亞的穩定。[46] 同時，印尼海事

45　Rizal Sukma, "Indonesia-China Relations: The Politics of Re-engagement," *Asian Survey*, Vol. 49, No. 4 (July/August 2009), pp. 591-608.

46　Moeldoko, "China's Dismaying New Claims in the South China Sea," *The Wall Street Journal*, April 24, 2014, https://www.wsj.com/articles/moeldoko-chinas-dismaying-new-claims-in-the-south-china-sea-1398382003.

安全機構負責人稱中國在該地區的聲索是對其國家的「真正威脅」。[47]雅加達也警告，如果緊迫，正如菲律賓在仲裁庭所為，印尼可能會對中國採取法律行動。[48]

　　儘管如此，中國似乎並無視警告。2010年代初，印尼海事部門已開始在印尼專屬經濟區例行逮捕中國漁民，導致了不時的緊張時刻。在2013年的一起事件中，1艘中國海警船強迫印尼巡邏船釋放其因非法拖網捕魚而被拘留的數名中國漁民。[49]2016年情況再次升溫，當時有十幾艘中國漁船拒絕聽從印尼海軍護衛艦發出的警告，要求其離開印尼水域。因此，護衛艦向漁船開槍警告。[50]此促使中國將其海警船隻部署到該地區。作為回應，印尼海軍派出6艘軍艦在附近進行了為期十二天的海軍演習，以展示武力。之後，印尼空軍在納土納島上空舉行了F-16和Su-30戰機的演習。

　　雖然雅加達最終淡化了該等事件，但其軍隊已採取具體步驟捍衛納土納群島周圍的海洋。它升級了納土納島拉奈的空軍基地，以便其前線Su-27和Su-30戰機以及新型AH-64E攻擊直升機可以在有爭議的地區附近活動。印尼還升級了島上的港口設施，使其不僅可以容納較小的海上巡邏艇，還可以容納潛艇和較大的水面戰艦。2018年底，印尼在島上啟動了新的聯合軍事指揮部，並在該地建立了海洋前線作戰基地。新的部隊和裝

---

[47] Fadli, "South China Sea conflict a real threat to Indonesia," *The Jakarta Post*, September 20, 2014, https://www.thejakartapost.com/news/2014/09/20/south-china-sea-conflict-a-real-threat-indonesia.html.

[48] "Indonesia says could also take China to court over South China Sea," *Reuters*, November 11, 2015, https://www.reuters.com/article/us-southchinasea-china-indonesia/indonesia-says-could-also-take-china-to-court-over-south-china-sea-idUSKCN0T00VC20151111.

[49] Kisah Gesekan Di Laut Natuna, Garuda Militer, September 25, 2013, http://garudamiliter.blogspot.com/2013/09/kisah-gesekan-di-laut-natuna.html#!/tcmbck.

[50] Kanupriya Kapoor and John Chalmers, Indonesia vows to stand firm after skirmishes with Chinese ships, June 20, 2016, https://www.reuters.com/article/us-southchinasea-indonesia/indonesia-vows-to-stand-firm-after-skirmishes-with-chinese-ships-idUSKCN0Z60LU.

備也已經就位，包括一個機械化步兵營，一個新的空中搜索雷達系統，以及提供預警的電子支援措施監視設備。[51]

印尼還開始鼓勵其他國家採取更大行動，以維護南海的現狀。2017年，它遊說澳大利亞參加該地區的聯合海上巡邏但未果。[52] 但是在第二年，它又向東南亞國家提出了此議題。[53]

迄今為止，雅加達已經對中國的海上入侵做出了反應，外交抗議活動以偶爾的武力表演為後盾。在 2016 年做出強烈反應後，印尼可能希望中國會退縮。但是，後來的事件表明，中國仍然不為所動。因此，印尼至少應加強對納土納群島附近有爭議水域的海上巡邏。前國防部長廉密渣解釋：「納土納是一個門，如果門沒有人看守，然後盜賊進來」。「在未來的幾年中，印尼將需要做更多的工作，不僅要在門前派出警衛。還必須確定如果盜賊試圖闖入，那該怎麼辦。那是事情可能變得令人討厭的地方。」[54]

馬來西亞在 2019 年 12 月向聯合國大陸礁層界限委員會提案（Submissions to the Commission: Partial Submission by Malaysia in the South

51 Ridzwan Rahmat, "Indonesia officiates military command, submarine base in South China Sea," *Jane's Defence Weekly* (Dec. 20, 2018); Ridzwan Rahmat, "Indonesia selects VERA-NG passive surveillance system for Natuna airbase," *Jane's Defence Weekly* (Mar. 1, 2018); Ridzwan Rahmat, "Indonesia to conduct largest-ever military exercises in South China Sea," *Jane's Defence Weekly* (Oct. 3, 2016); 以及Ridzwan Rahmat, "Indonesia conducts major naval drills in South China Sea," *Jane's Defence Weekly* (Jun. 16, 2016).

52 Indonesia to raise prospect of joint patrols with Australia in South China Sea: report, *Reuters*, February 24, 2017, https://www.reuters.com/article/us-southchinasea-indonesia-australia-idUSKBN1622Q2.

53 Fergus Jensen, "Indonesia pushes for Southeast Asian patrols of disputed waters," *Reuters*, March 16, 2018, https://www.reuters.com/article/us-australia-indonesia-politics/indonesia-pushes-for-southeast-asian-patrols-of-disputed-waters-idUSKCN1GS0CL.

54 Chris Brummitt and Rieka Rahadiana, "Indonesia Will Defend South China Sea Territory With F-16 Fighter Jets," *Bloomberg*, April 1, 2016, https://www.bloomberg.com/news/articles/2016-03-31/indonesia-to-deploy-f-16s-to-guard-its-south-china-sea-territory.

China Sea），要求允許馬來西亞將北部海域的大陸礁層延伸至自領海基線200海里以外，以確保其在南海的主權權利。馬來西亞提案後，中國致函聯合國抗議。中國宣稱是唯一擁有南海主權的國家，南海主權的依據不只是自然地貌，而是歷史性權利。對於中國的主張，菲律賓與越南也向聯合國提出抗議。之後，印尼也跟進，印尼在照會中提及，中國在2019年12月至2020年4月間就馬來西亞的提案，以及就菲律賓、越南對中國的抗議，都提出照會。印尼是《聯合國海洋法公約》締約國，對此，印尼重申對南海的聲索。

在5月26日的外交照會中，印尼除重申不是南海領土爭端的當事方，但認為中國用作其在水域主張依據的「九段線」地圖缺乏國際法依據。6月2日，北京對此回應指出，中國與印尼在南海沒有領土爭端，「但是，中國和印尼對南海某些地區的海洋權益有重疊的主張。中國願意透過與印尼的談判和協商解決相互重疊的主張，並願與印尼共同維護南海的和平與穩定。」

針對北京的反應，蕾特諾6月4日表示，在印尼的照會中，雅加達希望重申其一貫立場，以回應中國在聯合國的說法，它在南海擁有歷史性權利，可能會影響印尼的專屬經濟區。「我們在5月26日給聯合國的外交照會中，除其他外，我們反對所謂的九段線或所謂的歷史權利。」蕾特諾表示，「印尼在外交照會中還呼籲全面遵守1982年《聯合國海洋法公約》。」

印尼隨後於6月12日發布了另一項照會，拒絕了與中國進行會談的提議。印尼表示，根據國際法，沒有法律理由就與中國的海域劃界進行談判。「印尼的專屬經濟區和大陸礁層相對於中華人民共和國不存在任何歷史性權利。如果在1982年《聯合國海洋法公約》生效之前存在任何歷史

性權利，這些權利將被 1982 年《聯合國海洋法公約》的規定取代。」蕾特諾在 6 月 18 日表示，6 月 12 日的照會旨在「進一步重申我們的一貫立場，即在 1982 年《聯合國海洋法公約》下，沒有這種重疊的主張」。「因此，沒有什麼可以談判的。」當然，印尼不斷重申九段線地圖沒有法律依據。[55]

五、小結：印尼在南海的利益與仲裁結果的呼應

印尼是東協的領導國家，在南海問題「東協化」過程中一直扮演主導性角色。尤其是當東協內部因南海問題而陷入分歧的時候，印尼的「整合」與「調停」角色更顯突出。因此，就某種程度而言，印尼的南海政策就可聚焦於印尼與中國在南海問題上的某些分歧：首先，印尼認為中國「九段線」以內的任何主權聲索應與《聯合國海洋法公約》一致，公開否認「九段線」的合法性；其次，中國希望參與制定「行為準則」的全過程，但印尼則認為應在東協取得共同立場後再讓中國參加談判；其三，印尼並不反對諸如美國的域外國家在區域論壇上討論南海問題，此與中國立場不同；其四，印尼在某種程度上擔心中國對南海的聲索同樣會侵犯其對納土納島的主權；其五，中國主張透過與有關國家的雙邊談判與協商解決南海分歧，而印尼事實上更傾向於南海問題的多邊解決。

在南海問題上，印尼積極實踐「大國平衡」的戰略。[56] 一方面，印尼

---

55 Kiki Siregar, "Why Indonesia is reaffirming its position on the South China Sea and turning down China's offer for bilateral talks," *Channel News Asia*, June 19, 2020, https://www.channelnewsasia.com/news/asia/indonesia-china-south-china-sea-united-nations-12847188.

56 Leonard C. Sebastian, "Indonesia and EAS: Search for a 'dynamic equilibrium'," *RSIS Commentaries*, No. 168 (2011); Bruno Hellendorff and Thierry Kellner, "Indonesia: A Bigger Role in the South China Sea," *The Diplomat,* July 9, 2014, http://thediplomat.com/2014/07/indonesia-a-bigger-role-in-the-south-china-sea/.

歡迎域外大國加入東協主導下的區域機制，以求借助該等多邊機制在南海等問題上打造各大國相互制衡之勢。另一方面，印尼在南海問題上與域外大國保持較為密切的雙邊性的政策協調以及軍事合作。

在海牙 2016 年南海法庭裁決四年後的 2020 年 6 月，印尼向聯合國提出了正式外交照會。[57] 此乃對馬來西亞在 2019 年提交的大陸礁層提案的反應，該提案反對中國在南海的海洋聲索，包括以中國「九段線」為界的區域。它說：「印尼不受任何違反國際法要求的約束」。[58] 儘管此並非印尼第一次反對「九段線」，但外交說明表明印尼對海牙裁決的態度正在轉變。2016 年，印尼既未正面承認該裁決，也未反對其裁決。印尼傾向於中立立場。[59] 印尼現在正在選擇坦率地推進其利益。首先，表明它反對中國的「九段線」聲索。其次，確保它不默認任何可能影響其利益的違反國際法的聲索。

印尼對南海的利益維持不變，它力求維護南海及整個地區的和平與安全。[60] 印尼仍然強調需要根據國際法和平解決爭端。但是該裁決使印尼得以重新確保其專屬經濟區。[61] 此影響了印尼對在北納土納海作業中國漁船

57　Evan A. Laksmana, "Why Indonesia won't let Beijing forget the Philippines' South China Sea arbitration win," *South China Morning Post*, June 2, 2020, https://www.scmp.com/week-asia/opinion/article/3087017/why-indonesia-wont-let-beijing-forget-philippines-south-china-sea.

58　Dian Septiari, "Indonesia joins neighbors in protesting Beijing's claims in South China Sea," *The Jakarta Post*, June 1, 2020, https://www.thejakartapost.com/news/2020/06/01/indonesia-joins-neighbors-in-protesting-beijings-claims-in-south-china-sea.html.

59　"Who is Taking Sides after the South China Sea Ruling?," AMTI, August 15, 2016, https://amti.csis.org/sides-in-south-china-sea/.

60　Prashanth Parameswaran, "The Truth About China's Indonesia South China Sea Tantrum," *The Diplomat*, September 6, 2017, https://thediplomat.com/2017/09/the-truth-about-chinas-indonesia-south-china-sea-tantrum/.

61　Aristyo Rizka Darmawan, "China's claim to traditional fishing rights in the North Natuna Sea does not hold up," *East Asia Forum*, April 22, 2020, https://www.eastasiaforum.org/2020/04/22/chinas-claim-to-traditional-fishing-rights-in-the-north-natuna-sea-does-not-hold-up/.

的更強烈反應。[62] 印尼合法的專屬經濟區與中國的「九段線」之間的重疊區域經常會出現緊張局勢。[63] 海牙裁決在這方面使印尼受益，因為法庭裁決：根據《聯合國海洋法公約》，「九段線」非法。它再次確認了印尼在北納土納海與中國發生的每起事件中對其專屬經濟區實行領土執法的正當性。儘管如此，印尼對仲裁庭的裁決和結果表現出低調的反應。因此，印尼可以透過將裁決正式納入與東協有關或印尼的外交政策聲明之中，在回應法庭裁決方面印尼可以做得更多。[64]

印尼外交部以相對中立的方式表明了印尼在法庭裁決中的立場而不直接提及。印尼呼籲各方保持克制，避免進行升級活動，並使東南亞脫離可能威脅和平與穩定的軍事活動。[65] 它指出，當事方應尊重國際法，包括《聯合國海洋法公約》。印尼呼籲各方繼續維護和平，表現出友誼與合作，並按照商定的原則開展活動。它繼續推動在東南亞建立一個和平、自由和中立的地區，以進一步加強東協的政治和安全共同體。最後，印尼敦促所有聲索國根據國際法就南海重疊的主權聲索繼續進行和平談判。

參、馬來西亞的南海政策

傳統上，馬來西亞對南海爭端的反應相對安靜、低調，主要原因是

---

[62] Aristyo Rizka Darmawan, "Beijing must back off in Natuna," *Bangkok Post*, January 10, 2020, https://www.bangkokpost.com/opinion/opinion/1832499/beijing-must-back-off-in-natuna.

[63] Sourabh Gupta, "Should Indonesia take China's 'historic fishing rights' seriously?" *East Asia Forum*, January 15, 2020, https://www.eastasiaforum.org/2020/01/15/should-indonesia-take-chinas-historic-fishing-rights-seriously/.

[64] Evan A. Laksmana and Ristian A. Supriyanto, "Abandoned at Sea: The Tribunal Ruling and Indonesia's Missing Archipelagic Foreign Policy," *Asian Politics & Policy*, Vol. 10, No. 2 (2018), pp. 300-321.

[65] "Who is Taking Sides after the South China Sea Ruling?," *AMTI*, August 15, 2016, https://amti.csis.org/sides-in-south-china-sea/.

其位於南海的遙遠南端。然而，2013 年至 2014 年，國際社會對中國介入馬來西亞水域以及中國對於馬來西亞處理馬航 MH370 航班事件的憤怒表態，導致馬來西亞菁英階層對歷史悠久的馬中「特殊」關係表示不滿。馬國公開展示新軍事能力以及馬方官員私下與其他南海主權聲索國的交流，導致各界對馬來西亞是否準備在南海強化立場表達關注。本部分旨在分析馬來西亞對南海的利益，側重於納吉布（Najib Razak）及其後任的馬國政府立場。儘管在南海動態出現某種調整，但馬來西亞在南海的立場基本不變。馬國對南海繼續執行「安全行事」路線，尋求一種外交、法律、軍事和安全倡議結合的途徑，以確保其作為主權聲索國的利益，同時避免干擾馬中關係。

一、馬來西亞在南海的利益

　　馬來西亞在南海擁有多種利益。首要且最狹義的利益就是維護馬國的主權聲索。馬國在南海對南沙群島的 11 個島礁提出主權聲索，並占領了其中 8 個。其他 3 個由越南和菲律賓分別控制。[66]

　　確保上述主權聲索構成馬來西亞繁榮與安全的關鍵。作為東協的第二大油氣生產國兼世界第三大天然氣（liquefied natural gas, LNG）出口國，馬來西亞的大部分油氣資源來自南海。油氣產業構成馬來西亞政府年收入

---

66 它們是光星仔礁（Ardasier Reef）、光星礁（Dallas Reef）、南通礁（Louisa Reef）、南海礁（Mariveles Reef）、皇路礁（Royal Charlotte Reef）、彈丸礁（Swallow Reef）、簸箕礁（Erica Reef）、榆亞暗沙（Investigator Shoal）、司令礁（Commodore Reef）、安波沙洲（Amboyna Cay）以及柏礁（Barque Canada Reef）。參見Robert C. Beckman and Tara Davenport, "CLCS Submissions and Claims in the South China Sea," presented at the Second International Workshop - The South China Sea: Cooperation for Regional Security and Development (Ho Chi Minh City, Vietnam, November 10-12, 2010).

的 22%，而其中有多個油田和平台就位於中國的「九段線」內。[67] 因此，出於安全考慮，阻止對馬來西亞南海控制區的介入涉及保存馬國的主權和領土完整。此外，水路也是馬來西亞半島部分與東部接觸的障礙。

其次，馬來西亞在南海問題以外，與中國維持強大雙邊關係方面享有重大利益。冷戰以來，意識形態和華人問題導致的緊張關係緩和，以及兩國推動經貿關係，雙方關係迅速回暖。[68] 此外，就象徵意義角度而言，馬來西亞也是首個與中國實現關係正常化的東協國家。這個歷史性時刻發生在 1974 年，當時納吉布的父親敦拉薩克（Tun Abdul Razak）擔任馬國總理。此後，此一事件及其他事件推動兩國存在特殊關係的理念發展，此一觀念也持續影響兩國官方階層。目前，中國也是馬來西亞最大的貿易夥伴，以及東協以外最大的旅遊客來源地。此意謂北京也是納吉布提高馬來西亞收入目標、2020 年進入已開發國家行列的中心議題。[69]

最後，就更為具體的南海問題而言，相對於其他諸如越南和菲律賓對南海存在主權聲索的東協成員國，中國的立場對馬來西亞影響較弱。部分原因在於馬來西亞的聲索範圍位於「九段線」的極南端。

基於上述三個理由，馬來西亞政府始終相信中國帶來的機會超過對其利益的威脅，因此，馬來西亞可以透過繼續強化經濟為核心的關係獲益，避免南海問題影響雙邊關係。2011 年，正如納吉布在其「香格里拉對話」

---

67 "Malaysia Economy Profile 2019," Indexmundi.com, December 7, 2019. http://www.indexmundi.com/malaysia/economy_profile.html. 石油和天然氣儲量估算，參見U.S. Energy Information Administration, "South China Sea," October 15, 2019, https://www.eia.gov/international/analysis/regions-of-interest/South_China_Sea.

68 對於中馬關係，參見Cheng-Chwee Kuik, "Making Sense of Malaysia's China Policy: Asymmetry, Proximity, and Elite's Domestic Authority," *The Chinese Journal of International Politics*, Vol. 6, No. 4 (Winter 2013), http://cjip.oxfordjournals.org/content/6/4/429.full?sid=ef69b6c7-3b64-4867-b5af-eb3e96eb1a53.

69 馬來西亞官員很快指出，馬來西亞已成為北京的亞洲第三大貿易夥伴，僅次於日本和韓國，也已成為北京在經濟上的優先國家，占北京與東南亞貿易總額的約四分之一。

的主題發言所示，馬來西亞全面致力於在南海問題上接觸中國的「東協共同立場」，同時「均等致力於」確保雙邊關係「不受影響」。[70]

馬來西亞在南海的第三項利益在於確保廣泛的區域和平、穩定及海洋公共通道開放。南海是一條貿易、航運和遠程通訊的高速通道，世界貿易總量的三分之一從此地經過。[71] 由此導致自由貿易、安全和海上交通線（sea lines of communication, SLOCs）以及整體區域秩序對於馬來西亞之類的貿易和航海國家具有重要意義。在馬來西亞，貿易相對於國民生產總值的比率超過 150%，其中 95% 屬於海上貿易。[72] 因此，馬來西亞始終強調所有的南海主權要求國必須和平解決爭議，避免武力。此外，作為 4 個東協創始成員國之一，馬來西亞堅持東協在推動區域和平、穩定中的中心地位。[73]

馬來西亞在南海的第四，也是最後一項利益在於國際準則與國際法。其中包括諸如和平解決爭端的普遍原則，也包括適用於南海議題的具體協議，如《聯合國海洋法公約》。馬來西亞認為，南海的法律與準則有助於馬來西亞及其他權利聲索國，在共同認識的基礎上，避免「權力創造權

---

70 Dato' Sri Najib Tun Razak, "Shangri-La Dialogue 2011 Keynote Address" (Shangri-La Dialogue, Singapore, June 3, 2011).

71 Tommy Koh, "Review Brief: Mapping Out Rival Claims to the South China Sea," *The Straits Times*, September 13, 2011, https://cil.nus.edu.sg/wp-content/uploads/2010/12/ProfKoh-ST13Sep2011-Mapping-out-rival-claims-to-the-South-China-Sea.pdf.

72 White House, "Joint Statement By President Obama And Prime Minister Najib of Malaysia," April 27, 2014, http://www.whitehouse.gov/the-press-office/2014/04/27/joint-statement-president-obama-and-primeminister-najib-malaysia-0; World Trade Organization, "Country Profiles: Malaysia," WTO Statistics Database, September 2014, http://stat.wto.org/CountryProfile/WSDBCountryPFView.aspx?Country=MY&Language=F. 衡量馬來西亞依賴全球流量的另一項指標是，它是麥肯錫全球研究所（McKinsey Global Institute）連通性指數（Connectedness Index）中世界上聯繫最緊密的20個國家之一（它排名18）。參見James Manyika et al., "Global flows in a digital age" (McKinsey Global Institute, April 2014), http://www.mckinsey.com/insights/globalization/global_flows_in_a_digital_age.

73 Ministry of Foreign Affairs of Malaysia, "ASEAN as the Cornerstone of Malaysia's Foreign Policy," 2014, http://www.kln.gov.my/web/guest/asean.

利」的路線或者動用武力之類的顛覆性行為，明晰彼此衝突的主張。如納吉布在 2014 年 6 月第二十八屆亞太圓桌會議（Asia-Pacific Roundtable）上所說，馬來西亞期待在單邊行為之外，南海主權爭議各方能「堅守不使用武力及和平解決爭議原則」，「法治原則必須處於最高地位」。[74]

二、馬來西亞南海途徑面臨的挑戰以及政策調整

傳統上，馬來西亞一直對南海採取所謂的「安全行事」途徑，馬國採取外交、經濟、法律和安全措施相結合的措施，以確保其作為聲索國的利益，同時關注不會破壞與中華人民共和國的雙邊關係。此種途徑部分源於馬來西亞在維護其聲索之間取得的平衡，此途徑不僅對領土完整，而且對自身的繁榮至關重要，因為用於開採碳氫化合物的某些地區與平台位於中國聲索的「九段線」之內。它還反映了更廣泛的現實和制約因素，包括馬來西亞的聲索相對於其他聲索國而言的地理位置相對遙遠。[75] 此也與馬來西亞外交政策中的更廣泛考慮相一致，包括提高馬來西亞作為貿易和海洋國家的地位，並維護全球規範與國際法，而不是「可能會做對」的途徑。[76]

---

[74] Hon. Dato' Seri Mohd Najib Tun Abdul Razak, "Keynote Address at the 28th Asia-Pacific Roundtable," Institute of Strategic and International Studies, Kuala Lumpur, Malaysia, June 2, 2014, http://www.isis.org.my/attachments/apr28/Najib.pdf. 由於納吉布的行程發生衝突，內政部長阿邁德扎希（Aatmad Zahid）宣讀了文稿，是用納吉布準備的講話。參見Bernama, "Rule of Law paramount in handling South China Sea issues, says Najib," *The Star*, June 2, 2014, http://www.thestar.com.my/News/Nation/2014/06/02/Najib-South-China-Sea-issues-Rule-of-Law/.

[75] 參見Prashanth Parameswaran, "Playing It Safe: Malaysia's Approach to the South China Sea and Implications for the United States," Center for a New American Security, March 4, 2015, https://s3.amazonaws.com/files.cnas.org/documents/CNAS-Maritime-6_Parameswaran_Final.pdf?mtime=20160906081622.

[76] Johan Saravanamuttu, *Malaysia's Foreign Policy: The First Fifty Years: Alignment, Neutralism, Islamism* (Singapore: Institute of Southeast Asian Studies, 2010).

　　2019 年 12 月 12 日，馬來西亞在向《聯合國海洋法公約》設立的大陸礁層界限委員會提交了其在南海的 200 海里以外大陸礁層外部界限劃定的申請。[77] 2009 年馬來西亞曾經與越南共同提交了大陸礁層外部界限申請，[78] 此次申請是上次申請尚未包括的南海中南部海域的馬來西亞大陸礁層外部界限。中國常駐聯合國代表團向聯合國秘書長提交照會，指出馬來西亞劃界案嚴重侵害了中國在南海的主權、主權權利和管轄權。馬國外長塞福丁（Saifuddin Abdullah）抨擊中國南海「九段線」荒謬。

　　馬國對南海傳統途徑正遭受南海持續增加的事件遭到嚴厲的壓力測試。2020 年 4 月，中國「海洋地質 8 號」在數艘中國海警艦和海上民兵船的伴隨下，進入了馬來西亞的專屬經濟海域，以抗議馬來西亞正在進行的能源勘探活動。此導致自 2019 年以來一直持續在兩國之間的緊張氛圍蔓延到公眾的視線當中。該事件使馬來西亞甫上台的政府對中國和南海的態度受到了更嚴格的檢視，並暴露出東南亞國家在國內外挑戰日益嚴厲時刻對北京的持續堅定自信做出回應所面臨的制約。

三、在日益增加的擔憂中進行重新校準

　　在過去的一段時間中，隨著馬來西亞決策者愈來愈意識到中國堅定自信所帶來的挑戰，他們已經重新調整了其南海合作戰略的各個面向。舉例

---

77 Commission on the Limits of the Continental Shelf (CLCS), Outer limits of the continental shelf beyond 200 nautical miles from the baselines: Submissions to the Commission: Partial Submission by Malaysia in the South China Sea, https://www.un.org/Depts/los/clcs_new/submissions_files/submission_mys_12_12_2019.html.

78 Commission on the Limits of the Continental Shelf (CLCS), Outer limits of the continental shelf beyond 200 nautical miles from the baselines: Submissions to the Commission: Joint submission by Malaysia and the Socialist Republic of Viet Nam, https://www.un.org/Depts/los/clcs_new/submissions_files/submission_mysvnm_33_2009.htm.

而言，在納吉布擔任總理的執政期間（2009 年至 2018 年），儘管致力於推進馬中關係，但對中國在南海活動不斷增加的情況下，馬來西亞進行了一系列旨在提高其國家利益的活動。中國採取的堅定行動包括中國海警和海上民兵船隻的入侵不斷增加，舉例而言，中國海警在北康暗沙（Luconia Shoals）附近的存在，以及馬來西亞一些能源勘探活動的中斷。[79] 馬來西亞的回應包括歷史性地與越南對南海外大陸礁層的聯合提交；對北京的行動發動外交抗議；增加在該地水域的巡邏；加深與包括美國在內的其他主要大國的防務關係。[80]

即使在 2018 年 5 月的震撼選舉結果將納吉布趕下台，並由馬哈迪（Mahathir Mohamad）領導的希望聯盟（Pakatan Harapan, PH）擔任總理組建政府再度執政之後，重新校準的模式仍在持續。在希望聯盟執政的兩年多中，馬哈迪的一些言論顯示出政策的不一致性，馬來西亞已同意採取雙邊措施，包括在 2019 年 9 月被稱為新的南海磋商機制（Bilateral Consultation Mechanism on China-Malaysia Maritime Issues）。[81] 但是，還做出了明顯的努力，將更多的注意力放在海域和南海之上，這反映在官員的言論以及正式文件中，例如馬來西亞的《國防白皮書》（Malaysia,

[79] Thomas Daniel, "China's rising maritime clout," *New Strait Times*, July 29, 2019, https://www.nst.com.my/opinion/columnists/2019/07/508330/chinas-rising-maritime-clout.

[80] Commission on the Limits of the Continental Shelf (CLCS), Outer limits of the continental shelf beyond 200 nautical miles from the baselines: Submissions to the Commission: Joint submission by Malaysia and the Socialist Republic of Viet Nam, May 6, 2009, https://www.un.org/depts/los/clcs_new/submissions_files/mysvnm33_09/mys_vnm2009excutivesummary.pdf. Prashanth Parameswaran, "Malaysia's Approach to the South China Sea Dispute after the Arbitral Tribunal's Ruling," *Contemporary Southeast Asia*, Vol. 38, No. 3 (December 2016), pp. 375-381.

[81] 中華人民共和國外交部，王毅：推動中馬全面戰略夥伴關係行穩致遠，2019 年 9 月 12 日，https://www.fmprc.gov.cn/web/wjbz_673089/zyhd_673091/t1697209.shtml；Debra Chong, "South China Sea row: Dr M says Malaysia a small country, can't confront China," *Malay Mail*, 4 November 2019, https://www.malaymail.com/news/malaysia/2019/11/04/south-china-sea-row-dr-m-says-malaysia-a-small-country-cant-confront-china/1806791.

Defence White Paper）和外交政策框架。[82]

在這方面，最有影響力的行動可能是馬來西亞 2019 年 12 月向聯合國提交了新的延伸大陸礁層主張。[83] 此份呈文強化了馬國在中國的堅定立場下，在潛在的「行為準則」締結之前合法主張其聲索的決心，此說法是在北京對馬國提交外大陸礁層提出抗議後，時任外交部長塞福丁明確公開的態度。[84] 另一方面，2020 年，馬來西亞、越南和中國船隻之間的緊張局勢開始加劇。此乃因為吉隆坡開始在有爭議的水域進行一些勘探活動，此又反過來凸顯了馬來西亞是否能夠以實際行動支持其聲索，並隨著時間的推移維持此一立場。[85] 隨著希望聯盟政權在 2 月突然下台，焦點轉移到由總理慕尤丁（Muhyiddin Yassin）領導的新的國民聯盟（Perikatan Nasional, PN）政府如何尋求在更廣泛的馬中關係範圍內應對南海問題。

就此角度而言，2020 上半年的事件代表了國民聯盟政府對南海方式的首次重大考驗。4 月 16 日，中國調查船「海洋地質 8 號」在數艘中國海警艦和海上民兵船的伴隨下，進入了馬國的專屬經濟水域。4 月 17 日，它們靠近 1 艘承包馬來西亞國油（Petroliam Nasional Berhad）項目的英國

---

82 Liew Chin Tong, "Malaysia, China, and why it's so important that we understand each other," *Malaysiakini*, Jun 17, 2019, https://www.malaysiakini.com/news/479921. MINDEF, Malaysia, Defence White Paper, http://www.mod.gov.my/en/information/defence-white-paper.

83 Outer limits of the continental shelf beyond 200 nautical miles from the baselines: Submissions to the Commission: Partial Submission by Malaysia in the South China Sea, Commission on the Limits of the Continental Shelf (CLCS), December 12, 2019, https://www.un.org/Depts/los/clcs_new/submissions_files/submission_mys_12_12_2019.html

84 "Malaysia will continue claim on South China Sea area — Saifuddin," *Borneo Post*, January 4, 2020, https://www.theborneopost.com/2020/01/04/malaysia-will-continue-claim-on-south-china-sea-area-saifuddin/.

85 "Malaysia Picks a Three-Way Fight in the South China Sea," Asia Maritime Transparency Initiative and The Center for Strategic and International Studies, February 21, 2020, https://amti.csis.org/malaysia-picks-a-three-way-fight-in-the-south-china-sea/.

鑽井船西卡佩拉號（West Capella）。[86] 之後，美國兩棲攻擊艦「美利堅號」
（USS America）和導彈巡洋艦「邦克山號」（USS Bunker Hill）航向「海
洋地質 8 號」附近並與之對峙，顯示華盛頓抗議中國的南海行為。[87]

中華人民共和國外交部發言人趙立堅表示，海洋地質 8 號「〔當時〕
正在中國管理的水域內進行正常活動」。事件發生後，中國官方媒體繼續
將重點放在突出新冠肺炎（coronavirus disease 2019, COVID-19）作為中
馬合作的來源。[88] 但是此次事件引起馬國船隻在該地區巡邏的回應，此與
北京先前向東南亞國家發出的信號有關，即令在新冠肺炎大流行期間，在
「九段線」內進行能源勘探的風險。[89] 隨後，中國在南海進行了一系列後
續活動，包括建立新的行政區和命名海洋地理實體，引起了其他東南亞聲
索國的抗議。[90]

該事件在馬中關係的坎坷道路上又造成了一次震動。希望聯盟政府在

---

[86] A. Ananthalakshmi and Rozanna Latiff, "Chinese and Malaysian ships in South China Sea standoff," *Reuters*, April 17, 2020, https://www.reuters.com/article/us-malaysia-china-southchinasea/chinese-and-malaysian-ships-in-south-china-sea-standoff-sources-idUSKBN21Z1TN.

[87] "Energy fight in disputed sea draws US, Chinese warships," *Malaysian Insight*, Apr 23, 2020, https://www.themalaysianinsight.com/s/240112; A. Ananthalakshmi and Rozanna Latiff, Two U.S. warships in South China Sea amid China-Malaysia standoff, Reuters, April 21, 2020, Hafidzul Hilmi Mohd Noor, Kapal penyelidik China dilihat di perairan Malaysia, Harian Metro, April 16, 2020, https://www.hmetro.com.my/mutakhir/2020/04/567495/kapal-penyelidik-china-dilihat-di-perairan-malaysia.

[88] Ministry of Foreign Affairs, People's Republic of China, Foreign Ministry Spokesperson Geng Shuang's Regular Press Conference on April 21, 2020, https://www.fmprc.gov.cn/mfa_eng/xwfw_665399/s2510_665401/2511_665403/t1772006.shtml; China's experiences helpful for Malaysia to fight COVID-19: health official, *Xinhua*, Apr 24, 2020, http://www.xinhuanet.com/english/2020-04/24/c_139005641.htm; Joint fight against COVID-19 brings closer Malaysia-China ties: Malaysian FM, *Xinhua*, Mar 28, 2020, http://www.xinhuanet.com/english/2020-03/28/c_138926102_2.htm.

[89] "No easing of South China Sea tensions," *Straits Times*, April 22, 2020, https://www.straitstimes.com/opinion/st-editorial/no-easing-of-south-china-sea-tensions.

[90] "Beijing menamakan pulau dipertikaikan di Laut China Selatan," *Berita Harian*, April 21, 2020, https://www.bharian.com.my/dunia/asia/2020/04/680007/beijing-menamakan-pulau-dipertikaikan-di-laut-china-selatan.

2 月的突然崩潰意味隨著新國民聯盟政府的政治塵埃落定，馬來西亞和中國之間的關係將進行另一回合的調整。[91] 但是，在此一過程成形之前，全球新冠病毒大流行襲捲了馬來西亞，使馬國在上半年實施邊境控制。此又惡化了馬國的經濟前景，打亂了馬中關係合作的關鍵面向，即包括文化、旅遊業和人與人之間的交流。[92]

　　最初，馬來西亞政府對海洋調查船事件的官方反應是相對的平靜，反映出馬國長期以來傾向於採用低調的方式處理南海問題。儘管馬來西亞海事執法機構（Malaysia Maritime Enforcement Agency, MMEA）負責人馬瑟姆（Zubil Mat Som）確認中國的船隻已進入馬國專屬經濟海域，但他拒絕具體說明船隻位置在何處，並否認其非法活動。[93] 數天之後，馬國政府也沒有發表正式的公開聲明，直到外交部長希山慕丁（Hishammuddin bin Tun Hussein）在 4 月 23 日發表新聞聲明。即便如此，該聲明也重申了馬國南海合作方式的關鍵要點，而不是對中國的大聲疾呼。實際上，在整個文件中只提到過一次中國。[94]

　　政府最初的沉默立場引起了馬來西亞內部的一些爭論，其中有些爭論已蔓延到公共領域。例如，馬來西亞前外交部長阿尼法（Anifah Aman）直接寫公開信給總理慕尤丁，敦促他堅定行事，並指出「始終如一的原則

91　Allison Lai, "Forging closer China-Malaysia ties," *The Star*, Mar 11, 2020, https://www.thestar.com.my/news/nation/2020/03/11/forging-closer-china-malaysia-ties.

92　"China-Malaysia Year of Culture and Tourism 2020 launched in Kuala Lumpur," *Xinhua*, Jan 20, 2020, http://www.xinhuanet.com/english/2020-01/20/c_138719893_2.htm; Justin Zack, "Muhyiddin: 147 China nationals denied entry into M'sia since Jan 27," *The Star*, Feb 4, 2020, https://www.thestar.com.my/news/nation/2020/02/04/muhyiddin-147-china-nationals-denied-entry-into-m039sia-since-jan-27.

93　Hafidzul Hilmi Mohd Noor, "Kapal penyelidik China dilihat di perairan Malaysia," *Harian Metro*, April 16, 2020, https://www.hmetro.com.my/mutakhir/2020/04/567495/kapal-penyelidik-china-dilihat-di-perairan-malaysia.

94　Minister of Foreign Affairs, Hishammuddin bin Tun Hussein, Press Statement on South China Sea, April 23, 2020, https://twitter.com/HishammuddinH2O/status/1253184621870583810.

立場是應對中國行為的最佳方式」。[95] 儘管慕尤丁本人保持沉默，但政府內部的其他官員仍熱衷於表明他們的沉默態度有其優點。舉例而言，希山慕丁的聲明就明確指出：「僅因為我們未就此發表公開聲明，並不意味我們並未就上述所有問題開展工作，並且〔我們〕與所有相關各方保持了公開、持續的溝通，包括中華人民共和國和美利堅合眾國」。[96]

四、馬來西亞的反應受到限制

該事件暴露了馬來西亞南海戰略和國民聯盟政府應對類似事件方法所固有的制約因素。無論幕後發生什麼事，馬來西亞對調查事件的最初公眾反應都引起了混亂。馬來西亞政府連續數天缺乏正式的正式聲明，為人們猜測和批評其缺乏回應，以及對馬來西亞外交政策的影響提供了空間。[97] 儘管馬來西亞官員後來確實開始澄清正在進行中的事態發展的各個方面，但到那時政府已處於後腳，必須反駁中馬「僵持」的觀念，而不是主動根據自己的利益主動塑造敘述。[98]

在協調方面，為應對這一事件而採取的步驟以及馬中關係的更廣泛活動

---

95 Anifah Aman, "Open Letter: Act on South China Sea, form entity on maritime issues–Anifah to PM," *Malaysiakini*, April 23, 2020, https://www.malaysiakini.com/news/522208.

96 Minister of Foreign Affairs, Press Statement on South China Sea by YB Dato Seri Hishammuddin Tun Hussein Minister of Foreign Affairs Wisma Putra, April 23, 2020, https://www.kln.gov.my/web/guest/home/-/asset_publisher/latest/content/press-statement-on-south-china-sea-by-yb-dato-seri-hishammuddin-tun-hussein-minister-of-foreign-affairs-wisma-putra-23-april-2020?inheritRedirect=false&redirect=https%3A%2F%2Fwww.kln.gov.my%2Fweb%2Fguest%2Fhome%3Fp_p_id%3D101_INSTANCE_latest%26p_p_lifecycle%3D0%26p_p_state%3Dnormal%26p_p_mode%3Dview%26p_p_col_id%3D_118_INSTANCE_88pue2ahhtQw__column-1%26p_p_col_count%3D1.

97 Nik Nazmi, The government must take a stand on the Chinese provocation in Malaysia's exclusive economic zone in the South China Sea, Apr 22, 2020, https://twitter.com/niknazmi/status/1252766318572572673.

98 "No 'stand-off' between Malaysia and China ships," *Malaysiakini*, Apr 23, 2020, https://www.malaysiakini.com/news/522087.

態，似乎正在朝著不同的方向前進。就戰略上而言，在沒有政府聲明的情況下發生的事態發展，例如任命新的馬來西亞特使來華，使政策脫節更加引人注目，並產生了一切照舊的幻想。[99] 除了馬來西亞海事執法機構負責人提供的一些初步細節外，也幾乎沒有感覺到馬來西亞如何塑造政府對這一事件的整體反應，反映出先前政府也試圖解決的問題。[100] 阿尼法在致慕尤丁的公開信中指出了該等長期存在的問題，他建議可以採取先前考慮採取的更加積極的措施來解決此一問題，包括成立一個專門負責協調海事的特別機構。[101]

　　儘管馬來西亞海上能力的短缺早已得到認可，但近幾個月來中國在南海的自信暴露了這些侷限性，而東南亞國家在增加其國防預算方面也面臨問題。[102] 2019 年 10 月，塞福丁直言不諱地告訴馬來西亞國會，最近的事件在馬來西亞南海合作的言行之間造成了信譽差距：「我們的資產……需要升級，以便我們能夠更好地管理如果南中國海的主要大國之間發生衝突，則應將其排除在外」。[103]

　　馬來西亞 2019 年 12 月向聯合國大陸礁層界限委員會（Commission on the Limits of the Continental Shelf）提案，要求允許馬來西亞將北部海域

99 "Tiong welcomes suggestions on improving relationship with China," *Borneo Post*, April 24, 2020, https://www.theborneopost.com/2020/04/24/tiong-welcomes-suggestions-on-improving-relationship-with-china/; Tiong King Sing dilantik sebagai Duta Khas Kepada Perdana Menteri ke China, Astro Awani, April 20, 2020, http://www.astroawani.com/berita-malaysia/tiong-king-sing-dilantik-sebagai-duta-khas-kepada-perdana-menteri-ke-china-239307.

100 Sumathy Permal, Maritime Aspirations a Challenge, *New Straits Times*, January 16, 2020, https://www.nst.com.my/opinion/letters/2020/01/556868/maritime-aspirations-challenge.

101 Anifah Aman, "Open Letter: Act on South China Sea, form entity on maritime issues–Anifah to PM," *Malaysiakini*, April 23, 2020, https://www.malaysiakini.com/news/522208.

102 Rahimy Rahim, "Experts: Increase defence budget," *The Star*, Dec 6, 2019, https://www.thestar.com.my/news/nation/2019/12/06/experts-increase-defence-budget.

103 "Malaysia needs naval boost to deal with possible S. China Sea conflict," *The Straits Times*, October 18, 2019, https://www.straitstimes.com/asia/se-asia/Malaysia-needs-naval-boost-to-deal-with-possible-s-china-sea-conflict.

的大陸礁層延伸至自領海基線 200 海里（約 370 公里）外，以確保其在南海的主權。馬來西亞雖曾在 2009 年與越南聯合向大陸礁層界限委員會提交 200 海里外的大陸礁層延伸案，但 2019 年的提案仍引發關注。雖然馬來西亞向來不滿中國的「九段線」，但中國透過「一帶一路」在馬來西亞投入大量基礎建設資金後，馬來西亞近年對此較少公開批評。

五、小結：圍繞「安全行事」的重新校準

　　中國海洋地質調查船事件只是一系列事態發展中的最新事件，該等事態發展使人們對馬來西亞的南海途徑進行了詳細審視。然而，2020 年上半年的事件非常重要，因為它加強了馬來西亞對此一問題的重新調整，以及更廣泛的馬中關係的看法方面繼續面臨的挑戰。它還凸顯了新的國民聯盟政府在其首次重大南海壓力測試中遇到的困難。國民聯盟政府在此問題上究竟將如何前進還有待觀察。正如馬來西亞前兩屆政府所表明的那樣，通常重要的是對南海途徑進行微妙的重新校準，而不是破壞性的變更或整體的連續性，這對於監控至關重要。馬來西亞的收益方式不僅對國家本身很重要，而且對整個地區也很重要。

肆、結論

一、南海南部的印馬兩國終須面對中國權力的延伸

　　由於印尼是非聲索國，馬來西亞是聲索國，兩國原本對南海的利益即不盡相同，但兩國位於南海南端盡頭的位置，又使得兩國對南海政策作為

有某種類似性。無論如何，在北京探討南海是「『島』重要還是『海』重要」之後，中國的海上力量已經可以直接抵達印尼和馬來西亞的前院，兩國都遭遇自身專屬經濟海域與「九段線」重疊的問題。因此，兩國在此方面與菲律賓和越南，甚至汶萊都產生來自中國同樣的壓力測試。此種壓力是否致使印尼與馬來西亞在南海政策上大幅度改弦更張，就必須進一步衡量國家、雙邊與區域層次的互動。

　　印尼與馬來西亞傳統的南海政策邏輯是假設北京正在尋求於致力維持現狀，尤其是關於海洋資源的管理。另外也假定，「行為準則」進程將取得真正的發展，而且中國和東協的聲索方（菲律賓、越南、汶萊和馬來西亞）均同等地致力於此過程，包括全面落實 2002 年行為聲明的原則。但是，近年來有爭議的西沙和南沙群島周圍的事態發展，以及馬尼拉透過法庭提起的司法仲裁，都表明上述假設的不穩定。當一個或兩個東協成員將整個東協整體劫為人質時，「行為準則」進程可能搖搖欲墜。同時，印太地區正在進入戰略波動；雖然經濟關係仍然蓬勃發展，但區域強權之間的戰略信任卻步履維艱，正如競爭的安全網絡和東協被遺忘的區域架構所暗示的那樣。

二、印尼「後非聲索方」南海政策的展望

　　就雅加達而言，近年來北京在納土納群島周圍對印尼海洋權利的挑戰揭示了雅加達在南海「非聲索國」地位的侷限性。自 1990 年代中期以來，印尼外交部一直篤信此立場，為印尼創造了繼續發展納土納群島周圍資源的外交空間，同時否認了中國的聲索，並透過東協與中國「行為準則」進程扮演了「誠實調停者」角色。

因此，印尼的外交政策制定者可能希望考慮具有若干特徵的「後非聲索方」南海政策。該論點認為，放棄印尼的非聲索國立場並不等同於就南沙群島爭端提出自己的聲索。取而代之的是，它是根據 1982 年《聯合國海洋法公約》的保證並得到一系列印尼國內法律的支持，以摒棄空洞的中立立場，並有力地重申印尼的海洋疆界。其中包括 2008 年的《國家疆域法》，1983 年的《專屬經濟區法》以及 2002 年的政府關於群島基線地理座標的法規。

三、馬來西亞「維穩」南海政策的展望

吉隆坡一向更偏好使用非正式外交途徑（backchannel diplomacy）解決南海爭端。儘管最近陷入僵局，但馬來西亞繼續與中國保持謹慎的友好關係，此與中國與其他東南亞聲索國之間的公開爭議不同。了解到馬來西亞領導人絕不會偏向西方國家，也是獲得中國領導人信任的關鍵。鑑於新冠肺炎後美中關係的不確定性，包括馬來西亞在內的東南亞國家都不願做出任何可能導致自身陷入兩大巨頭之間的決定。美中之間日益敵對的關係只會阻礙該地區的合作，並使南海的局勢惡化，因為每一個行動都被視為挑釁。馬來西亞當前的政治局勢不利於任何國際對抗，也不利於外交政策的變動。國民聯盟政府意識到，由於政治變化而上台後，它在政治上非常缺乏合法性。新聯盟內部的不穩定意味政府將不願在南海問題上開闢另一條戰線，如果管理不善，此可能會引發對自身的反撲。

參考文獻

一、中文部分

〈印尼新總統：將調停中國與東南亞各國南海爭端〉，《人民網》，2014 年 8 月 13 日，http://military.people.com.cn/n/2014/0813/c172467-25456040.html。

中華人民共和國外交部，〈外交部發言人耿爽主持例行記者會〉，2020 年 1 月 8 日，https://www.fmprc.gov.cn/web/fyrbt_673021/jzhsl_673025/t1730274.shtml。

中華人民共和國外交部，〈王毅：推動中馬全面戰略夥伴關係行穩致遠〉，2019 年 9 月 12 日，https://www.fmprc.gov.cn/web/wjbz_673089/zyhd_673091/t1697209.shtml。

中華人民共和國外交部，〈王毅同印尼外長馬爾迪通電話〉，http://www.mfa.gov.cn/mfa_chn/zyxw_602251/t1155841.shtml。

韋健鋒、張會葉，〈論冷戰後印尼的南海政策及其利益考量〉，《和平與發展》，第 1 期（2006），頁 98-111。

夏英，〈「印尼與中國在南海無爭端」──訪印度尼西亞總統蘇西洛·班邦·尤多約諾〉，《南方周末》（2011）。

常書，〈印度尼西亞南海政策的演變〉，《國際資料信息》，第 10 期（2011），頁 25-28。

鞠海龍，〈印度尼西亞海上安全政策及其實踐〉，《世界經濟與政治論壇》，第 3 期（2011），頁 25-36。

二、英文部分

"20th Anniversary of Managing Potential Conflicts in the South China Sea Workshop," Ministry of Foreign Affairs, Republic of Indonesia, http://www.kemlu.go.id/zagreb/Pages/News.aspx?IDP=4150&l=en.

"Beijing menamakan pulau dipertikaikan di Laut China Selatan," *Berita Harian*, April 21, 2020, https://www.bharian.com.my/dunia/asia/2020/04/680007/ beijing-menamakan-pulau-dipertikaikan-di-laut-china-selatan.

"China's experiences helpful for Malaysia to fight COVID-19: health official," *Xinhua*, Apr 24, 2020, http://www.xinhuanet.com/english/2020-04/24/ c_139005641.htm.

"China-Malaysia Year of Culture and Tourism 2020 launched in Kuala Lumpur," *Xinhua*, Jan 20, 2020, http://www.xinhuanet.com/english/2020-01/20/ c_138719893_2.htm.

"Energy fight in disputed sea draws US, Chinese warships," *Malaysian Insight*, Apr 23, 2020, https://www.themalaysianinsight.com/s/240112.

"Govt to Build Military Base Near South China Sea," *The Jakarta Post*, July 10, 2015, http://www.thejakartapost.com/news/2015/07/10/govt-build-military-base-near-south-china-sea.html.

"Indonesia says could also take China to court over South China Sea," *Reuters*, November 11, 2015, https://www.reuters.com/article/us-southchinasea-china-indonesia/indonesia-says-could-also-take-china-to-court-over-south-china-sea-idUSKCN0T00VC20151111.

"Indonesia to raise prospect of joint patrols with Australia in South China Sea: report," *Reuters*, February 24, 2017, https://www.reuters.com/article/us-southchinasea-indonesia-australia-idUSKBN1622Q2.

"Joint fight against COVID-19 brings closer Malaysia-China ties: Malaysian FM," *Xinhua*, Mar 28, 2020, http://www.xinhuanet.com/english/2020-03/28/ c_138926102_2.htm.

"Kisah Gesekan Di Laut Natuna," Garuda Militer, September 25, 2013, http:// garudamiliter.blogspot.com/2013/09/kisah-gesekan-di-laut-natuna.html#!/ tcmbck.

"Malaysia Economy Profile 2019," Indexmundi.com, December 7, 2019, http:// www.indexmundi.com/malaysia/economy_profile.html.

"Malaysia needs naval boost to deal with possible S. China Sea conflict," *The Straits Times*, October 18, 2019, https://www.straitstimes.com/asia/se-asia/Malaysia-needs-naval-boost-to-deal-with-possible-s-china-sea-conflict.

"Malaysia Picks a Three-Way Fight in the South China Sea," Asia Maritime Transparency Initiative and The Center for Strategic and International Studies, February 21, 2020, https://amti.csis.org/malaysia-picks-a-three-way-fight-in-the-south-china-sea/.

"Malaysia will continue claim on South China Sea area — Saifuddin," *Borneo Post*, January 4, 2020, https://www.theborneopost.com/2020/01/04/malaysia-will-continue-claim-on-south-china-sea-area-saifuddin/.

"No 'stand-off' between Malaysia and China ships," *Malaysiakini*, Apr 23, 2020, https://www.malaysiakini.com/news/522087.

"No easing of South China Sea tensions," *Straits Times*, April 22, 2020, https://www.straitstimes.com/opinion/st-editorial/no-easing-of-south-china-sea-tensions.

"Tiong King Sing dilantik sebagai Duta Khas Kepada Perdana Menteri ke China," *Astro Awani*, April 20, 2020, http://www.astroawani.com/berita-malaysia/tiong-king-sing-dilantik-sebagai-duta-khas-kepada-perdana-menteri-ke-china-239307.

"Tiong welcomes suggestions on improving relationship with China," *Borneo Post*, April 24, 2020, https://www.theborneopost.com/2020/04/24/tiong-welcomes-suggestions-on-improving-relationship-with-china/.

"Who is Taking Sides after the South China Sea Ruling?," *AMTI*, August 15, 2016, https://amti.csis.org/sides-in-south-china-sea/.

Aman, Anifah, "Open Letter: Act on South China Sea, form entity on maritime issues–Anifah to PM," *Malaysiakini*, April 23, 2020, https://www.malaysiakini.com/news/522208.

Ananthalakshmi, A. and Rozanna Latiff, "Chinese and Malaysian ships in South China Sea standoff," *Reuters*, April 17, 2020, https://www.reuters.com/article/

us-malaysia-china-southchinasea/chinese-and-malaysian-ships-in-south-china-sea-standoff-sources-idUSKBN21Z1TN.

Ananthalakshmi, A. and Rozanna Latiff, "Two U.S. warships in South China Sea amid China-Malaysia standoff," *Reuters*, April 21, 2020.

Antara, "Go Fish: Indonesian Fishermen Urged to Sail to North Natuna Sea Amid China's Territorial Claim," *Jakarta Globe*, January 6, 2020, https://jakartaglobe.id/news/go-fish-indonesian-fishermen-urged-to-sail-to-north-natuna-sea-amid-chinas-territorial-claim.

ASEAN, "Joint Communiqué 48th ASEAN Foreign Ministers Meeting, Kuala Lumpur, Malaysia,4th August 2015," ASEAN, August 4, 2015, https://www.asean.org/wp-content/uploads/images/2015/August/48th_amm/JOINT%20COMMUNIQUE%20OF%20THE%2048TH%20AMM-FINAL.pdf.

ASEAN, Statement of the ASEAN Foreign Ministers, "ASEAN's Six-Point Principles on the South China Sea," Phnom Penh, Cambodia, July 20, 2012, https://www.asean.org/storage/images/AFMs%20Statement%20on%206%20Principles%20on%20SCS.pdf.

Beckman, Robert C. and Tara Davenport, "CLCS Submissions and Claims in the South China Sea," presented at the Second International Workshop - The South China Sea: Cooperation for Regional Security and Development (Ho Chi Minh City, Vietnam, November 10-12, 2010).

Bernama, "Rule of Law paramount in handling South China Sea issues, says Najib," *The Star*, June 2, 2014, http://www.thestar.com.my/News/Nation/2014/06/02/Najib-South-China-Sea-issues-Rule-of-Law/.

Brummitt, Chris and Rieka Rahadiana, "Indonesia Will Defend South China Sea Territory With F-16 Fighter Jets," *Bloomberg*, April 1, 2016, https://www.bloomberg.com/news/articles/2016-03-31/indonesia-to-deploy-f-16s-to-guard-its-south-china-sea-territory.

Chong, Debra, "South China Sea row: Dr. M says Malaysia a small country, can't confront China," *Malay Mail*, November 4, 2019, https://www.

malaymail.com/news/malaysia/2019/11/04/south-china-sea-row-dr-m-says-malaysia-a-small-country-cant-confront-china/1806791.

Commission on the Limits of the Continental Shelf (CLCS), Outer limits of the continental shelf beyond 200 nautical miles from the baselines: Submissions to the Commission: Joint submission by Malaysia and the Socialist Republic of Viet Nam, May 6, 2009, https://www.un.org/depts/los/clcs_new/submissions_files/mysvnm33_09/mys_vnm2009excutivesummary.pdf.

Commission on the Limits of the Continental Shelf (CLCS), Outer limits of the continental shelf beyond 200 nautical miles from the baselines: Submissions to the Commission: Partial Submission by Malaysia in the South China Sea, https://www.un.org/Depts/los/clcs_new/submissions_files/submission_mys_12_12_2019.html.

Daniel, Thomas, "China's rising maritime clout," *New Strait Times*, July 29, 2019, https://www.nst.com.my/opinion/columnists/2019/07/508330/chinas-rising-maritime-clout.

Darmawan, Aristyo Rizka, "Beijing must back off in Natuna," *Bangkok Post*, January, 10, 2020, https://www.bangkokpost.com/opinion/opinion/1832499/beijing-must-back-off-in-natuna.

Darmawan, Aristyo Rizka, "China's claim to traditional fishing rights in the North Natuna Sea does not hold up," *East Asia Forum*, April 22, 2020, https://www.eastasiaforum.org/2020/04/22/chinas-claim-to-traditional-fishing-rights-in-the-north-natuna-sea-does-not-hold-up/.

Defence Ministry of the Republic of Indonesia, *Defence White Paper*, 2015, November 2015, https://www.kemhan.go.id/wp-content/uploads/2016/05/2015-INDONESIA-DEFENCE-WHITE-PAPER-ENGLISH-VERSION.pdf.

Departemen Pertahanan Republik Indonesia, "Buku Putih Pertahanan Indonesia 2008," Departemen Pertahanan Republik Indonesia, February 18, pp.15-16, https://www.kemhan.go.id/ppid/wp-content/uploads/sites/3/2015/12/04f92fd8

0ee3d01c8e5c5dc3f56b34e3.pdf.

Dibb, Paul, "Indonesia: the Key to Southeast Asia's Security," *International Affair*, Vol. 77, No. 8 (2001), pp. 829-842.

Djalal, Hasjim, "The way forward on the South China Sea issues," *The Jakarta Post*, August 27, 2020, https://www.thejakartapost.com/academia/2020/08/27/the-way-forward-on-the-south-china-sea-issues.html.

East Natuna (Natuna D Alpha), June 22, 2020, Assent Report, Wood Mackenzie, https://www.woodmac.com/reports/upstream-oil-and-gas-east-natuna-natuna-d-alpha-556636.

Fadli, "Batam to Host Komodo Naval Joint Exercise," *The Jakarta Post*, June 15, 2013, https://www.thejakartapost.com/news/2013/06/15/batam-host-komodo-naval-joint-exercise.html.

Fadli, "South China Sea conflict a real threat to Indonesia," *The Jakarta Post*, September 20, 2014, https://www.thejakartapost.com/news/2014/09/20/south-china-sea-conflict-a-real-threat-indonesia.html.

Gupta, Sourabh, "Should Indonesia take China's 'historic fishing rights' seriously?," *East Asia Forum*, January 15, 2020, https://www.eastasiaforum.org/2020/01/15/should-indonesia-take-chinas-historic-fishing-rights-seriously/.

Hadi, Syamsul, "Indonesia, ASEAN, and the Rise of China: Indonesia in the midst of East Asia's Dynamics in the Post-Global Crisis World," *International Journal of China Studies*, Vol. 3, No. 2 (2012), pp. 151-166.

Heads of State or Government of the Non-Aligned Movement, The Jakarta Message: A Call for Collective Action and the Democratization of International Relations, Tenth Conference of Heads of State or Government of the Non-Aligned Movement, Jakarta, September 1992, http://cns.miis.edu/nam/documents/Official_Document/10th_Summit_FD_Jakarta_Declaration_1992_Whole.pdf.

Hellendorff, Bruno and Thierry Kellner, "Indonesia: A Bigger Role in the South

China Sea?," *The Diplomat*, July 9, 2014, https://thediplomat.com/2014/07/indonesia-a-bigger-role-in-the-south-china-sea/.

Indonesian Navy, Mid Planning Conference, 4th Multilateral Naval Exercise, Komodo 2020, February 18-19, 2020, https://mnek.tnial.mil.id/wp-content/uploads/2020/02/MINUTES-MPC-MNEK-2020.pdf.

Jensen, Fergus, "Indonesia pushes for Southeast Asian patrols of disputed waters," *Reuters*, March 16, 2018, https://www.reuters.com/article/us-australia-indonesia-politics/indonesia-pushes-for-southeast-asian-patrols-of-disputed-waters-idUSKCN1GS0CL.

Juned, Mansur, Arry Bainus, Mohamad Hery Saripudin, Widya Setiabudi and Rusadi Kantrapawira, "The Road to Peace in South China Sea: The Role of Indonesia Through ASEAN," *Man In India*, Vol. 97, No. 18 (2017), pp. 155-166.

Kapoor, Kanupriya and John Chalmers, "Indonesia vows to stand firm after skirmishes with Chinese ships," *Reuters*, June 20, 2016, https://www.reuters.com/article/us-southchinasea-indonesia/indonesia-vows-to-stand-firm-after-skirmishes-with-chinese-ships-idUSKCN0Z60LU.

Kapoor, Kanupriya and Linda Sieg, "Joko Says China has No Legal Claim to South China Sea," *Jakarta Globe*, March 23, 2015, http://jakartaglobe.id/news/joko-says-china-no-legal-claim-south-china-sea/.

Koh, Tommy, "Review Brief: Mapping Out Rival Claims to the South China Sea," *The Straits Times*, September 13, 2011, https://cil.nus.edu.sg/wp-content/uploads/2010/12/ProfKoh-ST13Sep2011-Mapping-out-rival-claims-to-the-South-China-Sea.pdf.

Kuik, Cheng-Chwee, "Making Sense of Malaysia's China Policy: Asymmetry, Proximity, and Elite's Domestic Authority," *The Chinese Journal of International Politics*, Vol. 6, No. 4 (Winter 2013), http://cjip.oxfordjournals.org/content/6/4/429.full?sid=ef69b6c7-3b64-4867-b5af-eb3e96eb1a53.

Lai, Allison, "Forging closer China-Malaysia ties," *The Star*, Mar 11, 2020, https://www.thestar.com.my/news/nation/2020/03/11/forging-closer-china-malaysia-ties.

Laksmana, Evan A., "Indonesia, China, and the Natuna Linchpin," *The Diplomat*, March 1, 2020, https://thediplomat.com/2020/02/indonesia-china-and-the-natuna-linchpin/.

Laksmana, Evan A., "Why Indonesia won't let Beijing forget the Philippines' South China Sea arbitration win," *South China Morning Post*, June 2, 2020, https://www.scmp.com/week-asia/opinion/article/3087017/why-indonesia-wont-let-beijing-forget-philippines-south-china-sea.

Laksmana, Evan A. and Ristian A. Supriyanto, "Abandoned at Sea: The Tribunal Ruling and Indonesia's Missing Archipelagic Foreign Policy," *Asian Politics & Policy*, Vol. 10, No. 2 (2018), pp. 300-321.

Laksmana, Evan, "Indonesia as 'Global Maritime Fulcrum': A Post-Mortem Analysis," *AMTI Update*, November 8, 2019, https://amti.csis.org/indonesia-as-global-maritime-fulcrum-a-post-mortem-analysis/.

Lumanauw, Novy, "Jokowi Clarifies: Indonesia Still Neutral in S. China Sea Dispute," *Jakarta Globe*, March 24, 2015, http://jakartaglobe.id/news/jokowi-clarifies-indonesia-still-neutral-s-china-sea-dispute/.

Manyika, James et al., "Global flows in a digital age," McKinsey Global Institute, April 2014, http://www.mckinsey.com/insights/globalization/global_flows_in_a_digital_age.

Medcalf, Rory, "Jokowi's maritime inaugural address," *The Interpreter*, Oct 21, 2014, https://www.lowyinstitute.org/the-interpreter/jokowis-maritime-inaugural-address.

MINDEF, Malaysia, Defence White Paper, http://www.mod.gov.my/en/information/defence-white-paper.

Minggu, Bupati Natuna Abdul Hamid Rizal Usul Kabupaten Natuna and Anambas Jadi Provinsi Khusus, *Tribun Pontianak*, January 5, 2020, https://pontianak.tribunnews.com/2020/01/05/bupati-natuna-abdul-hamid-rizal-usul-kabupaten-natuna-anambas-jadi-provinsi-khusus?page=all.

Minister of Foreign Affairs, Hishammuddin bin Tun Hussein, Press Statement on South China Sea, April 23, 2020, https://twitter.com/HishammuddinH2O/status/1253184621870583810.

Minister of Foreign Affairs, Press Statement on South China Sea by YB Dato Seri Hishammuddin Tun Hussein Minister of Foreign Affairs Wisma Putra, April 23, 2020, https://www.kln.gov.my/web/guest/home/-/asset_publisher/latest/content/press-statement-on-south-china-sea-by-yb-dato-seri-hishammuddin-tun-hussein-minister-of-foreign-affairs-wisma-putra-23-april-2020?inheritRedirect=false&redirect=https%3A%2F%2Fwww.kln.gov.my%2Fweb%2Fguest%2Fhome%3Fp_p_id%3D101_INSTANCE_latest%26p_p_lifecycle%3D0%26p_p_state%3Dnormal%26p_p_mode%3Dview%26p_p_col_id%3D_118_INSTANCE_88pue2ahhtQw__column-1%26p_p_col_count%3D1.

Ministry of Foreign Affairs of Malaysia, "ASEAN as the Cornerstone of Malaysia's Foreign Policy," 2014, www.kln.gov.my/web/guest/asean.

Ministry of Foreign Affairs Republic of Indonesia, Batam Hosts Workshop on Managing Potential Conflict in the South China Sea, September 11, 2019, https://kemlu.go.id/portal/en/read/587/berita/batam-hosts-workshop-on-managing-potential-conflict-in-the-south-china-sea.

Ministry of Foreign Affairs, People's Republic of China, Foreign Ministry Spokesperson Geng Shuang's Regular Press Conference on April 21, 2020, https://www.fmprc.gov.cn/mfa_eng/xwfw_665399/s2510_665401/2511_665403/t1772006.shtml.

Moeldoko, "China's Dismaying New Claims in the South China Sea," *The Wall Street Journal*, April 24, 2014, https://www.wsj.com/articles/moeldoko-chinas-dismaying-new-claims-in-the-south-china-sea-1398382003.

Natalegawa, Marty, "A Conversation with Marty Natalegawa, Minister of Foreign Affairs, Republic of Indonesia," Council on Foreign Relations,

September 27, 2011, https://www.cfr.org/event/conversation-marty-natalegawa-1.

Nazmi, Nik, The government must take a stand on the Chinese provocation in Malaysia's exclusive economic zone in the South China Sea, Twitter, Apr 22, 2020, https://twitter.com/niknazmi/status/1252766318572572673.

Ng, Jefferson, "The Natuna Sea Incident: How Indonesia Is Managing Its Bilateral Relationship With China," *The Diplomat*, January 15, 2020, https://thediplomat.com/2020/01/the-natuna-sea-incident-how-indonesia-is-managing-its-bilateral-relationship-with-china/.

Nirmala, Ronna, "Indonesian Navy to Move Combat Squad's HQ to Natuna Islands," *Benar News*, November 23, 2020, https://www.benarnews.org/english/news/indonesian/id-natuna-scs-11232020104602.html.

Noor, Hafidzul Hilmi Mohd, "Kapal penyelidik China dilihat di perairan Malaysia," *Harian Metro*, April 16, 2020, https://www.hmetro.com.my/mutakhir/2020/04/567495/kapal-penyelidik-china-dilihat-di-perairan-malaysia.

Outer limits of the continental shelf beyond 200 nautical miles from the baselines: Submissions to the Commission: Partial Submission by Malaysia in the South China Sea, Commission on the Limits of the Continental Shelf (CLCS), December 12, 2019, https://www.un.org/Depts/los/clcs_new/submissions_files/submission_mys_12_12_2019.html.

Panda, Ankit, "A Third 2016 Natuna Stand-Off Highlights Growing Indonesia-China Tensions," *The Diplomat*, June 21, 2016, https://thediplomat.com/2016/06/a-third-2016-natuna-stand-off-highlights-growing-indonesia-china-tensions/.

Parameswaran, Prashanth, "Exercise Komodo 2018 Puts Indonesia Navy in the Spotlight," *The Diplomat*, May 1, 2018, https://thediplomat.com/2018/05/exercise-komodo-2018-puts-indonesia-navy-in-the-spotlight/.

Parameswaran, Prashanth, "Malaysia's Approach to the South China Sea

Dispute after the Arbitral Tribunal's Ruling," *Contemporary Southeast Asia*, Vol. 38, No. 3 (December 2016), pp. 375-381.

Parameswaran, Prashanth, "The Truth About China's Indonesia South China Sea Tantrum," *The Diplomat*, September 6, 2017, https://thediplomat. com/2017/09/the-truth-about-chinas-indonesia-south-china-sea-tantrum/.

Parameswaran, Prashanth, Playing It Safe: Malaysia's Approach to the South China Sea and Implications for the United States, Center for a New American Security, March 4, 2015, https://s3.amazonaws.com/files.cnas.org/documents/ CNAS-Maritime-6_Parameswaran_Final.pdf?mtime=20160906081622.

Permal, Sumathy, "Maritime Aspirations a Challenge," *New Straits Times*, January 16, 2020, https://www.nst.com.my/opinion/letters/2020/01/556868/ maritime-aspirations-challenge.

Rahim, Rahimy, "Experts: Increase defence budget," *The Star*, Dec 6, 2019, https://www.thestar.com.my/news/nation/2019/12/06/experts-increase-defence-budget.

Rahmat, Ridzwan, "Indonesia conducts major naval drills in South China Sea," *Jane's Defence Weekly* (June 16, 2016).

Rahmat, Ridzwan, "Indonesia officiates military command, submarine base in South China Sea," *Jane's Defence Weekly* (Dec. 20, 2018).

Rahmat, Ridzwan, "Indonesia selects VERA-NG passive surveillance system for Natuna airbase," *Jane's Defence Weekly* (March 1, 2018).

Rahmat, Ridzwan, "Indonesia to conduct largest-ever military exercises in South China Sea," *Jane's Defence Weekly* (October 3, 2016).

Razak, Dato' Sri Najib Tun, "Shangri-La Dialogue 2011 Keynote Address" (Shangri-La Dialogue, Singapore, June 3, 2011).

Razak, Hon. Dato' Seri Mohd Najib Tun Abdul, "Keynote Address at the 28th Asia-Pacific Roundtable," Institute of Strategic and International Studies, Kuala Lumpur, Malaysia, June 2, 2014, http://www.isis.org.my/attachments/ apr28/Najib.pdf.

Ririhena Yohanna, and Novan Iman Santosa, "RI Concerned about Map in New Chinese Passports," *The Jakarta Post*, November 29, 2012, http://thejakartapost.com/news/2012/11/29/ri-concerned-about-map-new-chinese-passports.html.

Rizal Sukma, "Indonesia-China Relations: The Politics of Re-engagement," *Asian Survey*, Vol. 49, No. 4 (July/August 2009), pp. 591-608.

Saragih, Bagus BT, "RI Finds Common ASEAN Ground in the sea dispute," *The Jakarta Post*, July 23, 2012, http://www.thejakartapost.com/news/2012/07/23/ri-finds-common-asean-ground-sea-dispute.html.

Saravanamuttu, Johan, *Malaysia's Foreign Policy: The First Fifty Years: Alignment, Neutralism, Islamism* (Singapore: Institute of Southeast Asian Studies, 2010).

Sebastian, Leonard C., "Indonesia and EAS: Search for a 'dynamic equilibrium'," RSIS Commentaries, No.168 (2011).

Sekretariat Kabinet Republik Indonesia, Diikuti Angkatan Laut 35 Negara, Komodo 2016 di Padang Libatkan 49 Kapal Perang, April 12, 2016, https://setkab.go.id/diikuti-angkatan-laut-35-negara-komodo-2016-di-padang-libatkan-49-kapal-perang/.

Septiari, Dian, "Indonesia joins neighbors in protesting Beijing's claims in South China Sea," *The Jakarta Post*, June 1, 2020, https://www.thejakartapost.com/news/2020/06/01/indonesia-joins-neighbors-in-protesting-beijings-claims-in-south-china-sea.html.

Shekhar, Vibhanshu, and Joseph Chinyong Liow, "Indonesia as a Maritime Power: Jokowi's Vision, Strategies, and Obstacles Ahead," Brookings, November 7, 2014, https://www.brookings.edu/articles/indonesia-as-a-maritime-power-jokowis-vision-strategies-and-obstacles-ahead/.

Siregar, Kiki, "Why Indonesia is reaffirming its position on the South China Sea and turning down China's offer for bilateral talks," *Channel News Asia*, June 19, 2020, https://www.channelnewsasia.com/news/asia/indonesia-china-south-china-sea-united-nations-12847188.

Sukma, Rizal, "Indonesia-China Relations: The Politics of Re-engagement," *Asian Survey*, Vol. 49, No. 4 (2009), p. 601.

Suryadinata, Leo, "South China Sea: Is Jakarta no longer neutral?," *The Straits Times*, April 24, 2014, https://www.straitstimes.com/opinion/south-china-sea-is-jakarta-no-longer-neutral.

Tong, Liew Chin, "Malaysia, China, and why it's so important that we understand each other," *Malaysiakini*, Jun 17, 2019, https://www.malaysiakini.com/news/479921.

U.S. Energy Information Administration, "South China Sea," October 15, 2019, https://www.eia.gov/international/analysis/regions-of-interest/South_China_Sea.

White House, "Joint Statement By President Obama And Prime Minister Najib of Malaysia," April 27, 2014, http://www.whitehouse.gov/the-press-office/2014/04/27/joint-statement-president-obama-and-primeminister-najib-malaysia-0.

Witular, Rendi A., "Presenting Maritime Doctrine," *The Jakarta Post*, November 14, 2014, http://www.thejakartapost.com/news/2014/11/14/presenting-maritime-doctrine.html.

World Trade Organization, "Country Profiles: Malaysia," WTO Statistics Database, September 2014, http://stat.wto.org/CountryProfile/WSDBCountryPFView.aspx?Country=MY&Language=F.

Zack, Justin, "Muhyiddin: 147 China nationals denied entry into M'sia since Jan 27," The Star, Feb 4, 2020, https://www.thestar.com.my/news/nation/2020/02/04/muhyiddin-147-china-nationals-denied-entry-into-m039sia-since-jan-27.

第七章　澳洲的南海政策與作為

壹、前言

　　以國家利益為互動基礎的國際體系中，國家行為者為了生存，不是以追求國家安全為目標，就是積極追求國際權力為目標。就澳洲而言，印太地區對澳洲的重要性不只僅限於國家安全層面，更包含經濟貿易層面，主要是因為澳洲自 19 世紀初獨立以來，國家安全就已經長期依賴著亞洲區域的安全穩定與經濟繁榮。[1]澳洲被國際社會定位為是具有廣大海洋利益的中型國家，其追求建構海上秩序的政策，不僅是扈從於美國為中心的區域秩序，更連結於其領土、邊境與主權權利（sovereign rights）的安全。

　　為確保國家安全，與強權進行外交結盟政策因此成了澳洲維持國家安全的主要考量。基本上，在國際體系內「結盟」（alliance）關係的建構，不僅符合了強權國家追求或維持權力的慾望，並以此作為控制全球事務的手段，結盟作為亦相當程度地滿足了中小型國家謀求安全的渴望，像加入華沙公約組織與北大西洋公約組織中的中小型國家就是很好的例子。[2]澳洲國家大學戰略學者懷特（Hugh White）曾強調說：「對外交結盟強烈的

1　David W. Lovell, "The Challenge for Australian Foreign-Policy Professionals," in David W. Lovell ed., *Asia-Pacific Security: Policy Challenges* (Canberra: Asia Pacific Press, 2003), pp. 18-19.

2　James E. Dougherty and Robert L. Pfaltzgraff, Jr., *Contending Theories of International Relations: A Comprehensive Survey* (New York: Longman, 2001), pp. 64-65.

偏好是澳洲特有的戰略文化。」[3] 而在這偏好結盟的基礎上,澳美同盟關係因此成為目前澳洲與印太區域安全的主軸。藉此,澳洲也積極與日本、印度、東協國家、南太平洋區域國家強化安全互動,以因應中國政治經濟與軍事的擴張壓力。

南中國海(簡稱南海)是全球最繁忙的國際交通航線之一,美國學者卡布蘭(Robert D. Kaplan)就曾經形容南海是「全球海運航線的咽喉」(the throat of global sea routes)。[4] 南海對於澳洲的重要性在於,該海域的戰略地位會直接影響到澳洲經貿發展,因為澳洲重要的航線都是行經南海,該區域穩定與否都攸關著澳洲利益。近年來,中國獨斷地以「九段線」將南海大部分海域劃歸己有的行徑,已經造成南海衝突危機逐步升高,而最近美國與東南亞區域國家進行的海軍聯合操演也是以因應南海危機為主要目標。坎培拉當局認為,中國在南海地區南沙群島的造島填海與軍事化工程,在國際制度與軍事層面已經威脅到全球的共同利益。坎培拉正在認真思考要以航行與飛越自由為理由來測試中國南海戰略的底線,[5] 並同時要與美國、其他盟國或區域國家合作,試圖牽制中國在南海地區的侵略性擴張行徑。

海線交通是澳洲的生命線,自從 2007 年中國取代日本成為澳洲近十多年來的最大進出口貿易國,幾乎所有的澳中之間的航線都需經過南海,使得該海域的重要性並不亞於澳洲北方的龍目海峽、桑達海峽與麻六甲海峽。因此,南海局勢的不穩定或是中國藉南海問題來制衡澳洲,這對澳

3　Hugh White, "Australian Defence Policy and the Possibility of War," *Australian Journal of International Affairs*, Vol. 56, No. 2 (2002), p. 257.

4　Robert D. Kaplan, "The South China Sea is the Future of Conflict," *Foreign Policy*, August 15, 2011, https://foreignpolicy.com/2011/08/15/the-south-china-sea-is-the-future-of-conflict/.

5　Rebecca Starting, "Australia's Approach to South China Sea Disputes," *Asia Pacific Bulletin*, No. 485 (July 24, 2019), p. 1.

洲而言都是長期且直接威脅，所以配合美國在南海的「航行自由行動」（Freedom of Navigation Operations, FONOPs）和推動建構南海秩序是澳洲為求生存的必然做法。然而，從 2013 年迄今，在澳洲自由黨執政時期，坎培拉當局的南海政策與作為究竟為何？這問題因此相當值得關注。

貳、澳洲「印太」思維與南海的連結

澳洲在大英帝國殖民時期，英國人或歐洲人前往澳洲大陸的交通主要是航經印度洋，所以當時歐洲人都以「澳印」一詞來稱該地域，這詞對澳洲具有歷史與地緣之深刻政經意涵。再者，因為地理上位於南半球的印度洋與太平洋之間，澳洲擁有橫跨兩大洋的地緣戰略優勢，所以相較於美國、日本與印度三個國家對印太區域概念的形成，澳洲對於「印太」的界定則相當明確，亦是目前美國「印太」戰略思維的重要先行者。近代澳洲「印太」戰略概念也源自於其地緣位置，因為澳洲不僅要面對來自印度洋的威脅，也要面對來自太平洋的威脅。[6] 在二次大戰期間，澳洲最主要的威脅是來自東北亞的日本，日本甚至在南太幾個島國上建立軍事設施來對抗美國及其盟國，當時澳洲本土東北方甚至受到日本的攻擊，所以澳洲與美國及紐西蘭在 1951 年簽訂「澳紐美防禦條約」（*ANZUS Treaty*），自始澳洲的國防戰略就以防禦西太平洋（亞太區域）為主要方向，澳洲也才逐漸從身為歐洲國家一員的認知轉向為身為亞太國家一分子的定位。關於澳洲地緣戰略觀的改變，可為三個階段探討：

6　黃恩浩，〈澳洲「印太」戰略思維與作為及其對台啟示〉，《台北論壇》，2019年12月15日，http://140.119.184.164/view_pdf/510.pdf。

一、從歐洲轉向亞太區域階段

　　在冷戰時期的背景下，由於當時蘇聯與中國共產勢力企圖向西太平洋地區擴張，美國因此強化在太平洋的防禦範圍與作為，為防止共產國家勢力向東南亞延伸，澳洲因此成為當時美國亞太戰略規劃的前哨站。然而，當時印度與印度洋區域並未在戰略上受到美澳所重視。

　　冷戰結束後，澳洲基本上還是從西太平洋的「亞太」觀點來審視其地緣政治經濟，並以太平洋防衛的概念來建構其國家安全。然而，自從美國前歐巴馬政府於 2009 年上任後宣布「重返亞洲」（Pivot to Asia）與「亞洲再平衡」（Asia Rebalancing）構想之後，[7]美國全球戰略重心再次由歐洲轉向亞洲，並全面向亞洲推進「前沿部署」（forward presence）外交，擴大增加對該區域政治、經濟、戰略和其他方面的投入。「亞太」之所以成為美國戰略「前沿」，乃是因為它連結印度洋到美國西海岸，有世界一半的人口，有美國最為信賴的安全忠實盟友日本與澳洲，也有快速崛起的新興國家中國、印度和印尼等國，此區域還有世界上最繁忙的貿易和能源航線。因為當時美國對亞太區域的界定擴大到印度洋區域，那時美國最忠實的盟友澳洲才又逐漸重新定位其「印太」概念的戰略價值。[8]

二、從亞太邁向印太區域階段

　　面對中國快速擴張、美國重返亞洲與印度崛起的背景下，澳洲重新

7　Mark E. Manyin et al., "Pivot to the Pacific? The Obama Administration's 'Rebalancing' Toward Asia," CRS Report for Congress, Congressional Research Service, Washington DC., March 28, 2012, http://www.fas.org/sgp/crs/natsec/R42448.pdf.

8　黃恩浩，〈澳洲「印太」戰略思維與作為及其對台啟示〉，《台北論壇》，2019年12月15日，http://140.119.184.164/view_pdf/510.pdf。

找回其本身的「印太」概念的過程，還可以從澳洲近年的外交與國防白皮書中一探究竟。2012 年 10 月，時任澳洲總理吉拉德（Julia Gillard）公布的《亞洲世紀中的澳洲》（*Australia in The Asian Century*）白皮書，[9] 內容強調印度角色的重要性，並首次將印度洋與太平洋連結在一起，將之視為「戰略之弧」（strategic arc）。2013 年 1 月，吉拉德公布《澳洲國家安全戰略》（*Strong and Secure: A Strategy for Australia's National Security*），[10] 強調澳洲與印度的區域連結以及印度洋到西太平洋經貿互動對澳洲的重要性，並指出「印太」與「亞太」都是理解澳洲安全利益的重要架構。2013 年 5 月，吉拉德再公布《澳洲國防白皮書》（*2013 Defence White Paper*），[11] 正式將澳洲所處的國際安全環境定位為「印太」地區。

2016 年 6 月，時任澳洲總理滕博爾（Malcolm Turnbull）公布《澳洲國防白皮書》（*2016 Defence White Paper*），[12] 其內容幾乎多以「印太」觀點取代亞太概念。在 2017 年 11 月，時任滕博爾政府發布新版《外交政策白皮書：機會、安全、力量》（*2017 Foreign Policy White Paper: Opportunity, Security, Strength*），[13] 該內容提及澳洲將以美國為國家安

9　Australian Government, *Australia in The Asian Century* (Canberra: Department of Prime Minister and Cabinet, 2012), https://www.defence.gov.au/whitepaper/2013/docs/australia_in_the_asian_century_white_paper.pdf.

10　Australian Government, *Strong and Secure: A Strategy for Australia's National Security* (Canberra: Department of Prime Minister and Cabinet, 2013), https://www.files.ethz.ch/isn/167267/Australia%20A%20Strategy%20for%20National%20Securit.pdf.

11　Australian Government, *Defence White Paper 2013* (Canberra: Department of Defense, 2013), https://defence.gov.au/whitepaper/2013/docs/WP_2013_web.pdf.

12　Australian Government, *2016 Defence White Paper* (Canberra: Department of Defense, 2016), https://www.defence.gov.au/WhitePaper/Docs/2016-Defence-White-Paper.pdf.

13　Australian Government, *2017 Foreign Policy White Paper: Opportunity, Security, Strength* (Canberra: Department of Foreign Affairs and Trade, 2017), https://www.fpwhitepaper.gov.au/foreign-policy-white-paper.

全重心，並以要澳洲觀點致力建構一個安全、開放與繁榮的「印太」地區。重要的是，澳洲將印度視為「優先經濟夥伴」（priority economic partner），期望與印度發展更為緊密的關係。澳洲在 2018 年 7 月更公布一份名為《印度經濟戰略 2035》（*An India Economic Strategy to 2035*）[14] 委託報告，強調要深化與印度的經貿關係和軍事合作關係，試圖轉移對中國的經貿依賴。迄今為止，印度與印度洋區域已經逐漸成為澳洲建構經貿市場、軍事戰略與地緣戰略的重要範圍。2020 年 7 月 1 日，澳洲總理莫里森（Scott J. Morrison）在 2016 年的國防報告書基礎上於公布《2020 新版國防戰略》（*2020 Defence Strategic Update*），這更新版的國防白皮書明確提出，澳洲未來將強化從印度洋東北部開始，橫跨東南亞（包括了南海區域）至巴布亞紐幾內亞海域，直到西南太平洋海域這個地帶的安全，[15] 該區域範圍大於澳洲在 2019 年初提出的「走進太平洋」（the Pacific Step-up）倡議。[16]

三、同中存異的澳美「印太戰略」階段

美國權力在印太地區的消長是澳洲建構國家安全最為敏感問題，因為依附強權是澳洲自第一次世界大戰以來的戰略慣性，所以美國國力的興衰幾乎牽動著澳洲的安全、國防與外交政策之方向與作為。

從美國的戰略角度，中國並非是敵人，而是「戰略競爭者」（strategic

---

14 Mr. Peter N Varghese AO, *An India Economic Strategy to 2035: Navigating from Potential to Delivery*, A report to the Australian Government, Department of Foreign Affairs and Trade, April 2018, https://dfat.gov.au/geo/india/ies/index.html.

15 Australian Government, *2020 Defence Strategic Update* (Canberra: Department of Defense, 2020), p. 6. https://www.defence.gov.au/StrategicUpdate-2020/docs/2020_Defence_Strategic_Update.pdf.

16 Grant Wyeth, "Australia's Pacific Step-Up: More Than Just Talk," *The Diplomat*, February 8, 2019, https://thediplomat.com/2019/02/australias-pacific-step-up-more-than-just-talk/.

competitor）。[17] 2019 年 6 月 1 日，美國國防部在《印太戰略報告》
（*Indo-Pacific Strategy Report*）[18] 的第二章「印太戰略趨勢與挑戰」
（Indo-Pacific Strategic Landscape: Trends and Challenges）強調，中國是「修
正主義式強權」、俄國是「復甦的惡意行為者」、北韓是「流氓國家」。
從美國將這些威權國家列為對印太區域的挑戰可以判斷，美國「印太戰
略」的願景表面上是希望以美國、日本、澳洲、印度「四方安全對話」
（Quadrilateral Dialogue, QUAD）機制為主軸並輔以志同道合的區域夥伴
來建立「自由開放的印太地區」，實際上卻是企圖維護美國過去忽略的亞
洲利益，以及維持近年受中國威脅的亞洲民主秩序。由於澳洲在美國印太
戰略規劃中是唯一的一個橫跨印太地理區域的盟國，加上澳美長期以來的
緊密的軍事同盟關係，因此澳洲的地緣戰略角色是美國印太戰略不可或缺
的部分。

美國在《印太戰略報告》中亦提及，南海是太平洋的一部分，中國在
南海區域填海造島並在該區域島上部署反艦巡弋飛彈與長程地對空飛彈，
這是對南海的自由與航行權的挑戰。由於美國與菲律賓早在 1951 年簽訂
《共同防禦條約》（*Mutual Defense Treaty*）所以任何攻擊對行經南海的菲
律賓船艦將會啟動兩國的軍事因應行動。此外，在美國印太戰略架構下，
美國將會持續與印太區域盟邦和合作夥伴強化在南海的巡弋行動、情資分
享、雙邊或多邊海上合作，以及雙邊或多邊訓練演習等。[19]

---

17 Ashley J. Tellis, Alison Szalwinski and Michael Wills (eds.), "U.S.—China Competition for Global Influence," *Strategic Asia 2020* (Washington DC: The National Bureau of Asian Research, 2019), pp. 3-4, 18, 24.

18 US Department of Defense, *Indo-Pacific Strategy Report: Preparedness, Partnerships, and Promoting a Networked Region* (Washington DC: Department of Defense, June 1, 2019), https://media.defense.gov/2019/Jul/01/2002152311/-1/-1/1/DEPARTMENT-OF-DEFENSE-INDO-PACIFIC-STRATEGY-REPORT-2019.PDF.

19 US Department of Defense, *Indo-Pacific Strategy Report: Preparedness, Partnerships, and Promoting a Networked Region* (Washington DC: Department of Defense, June 1, 2019), pp. 29, 49.

　　從澳洲的戰略角度，澳美同屬軍事同盟關係，對於美國主導的南海航行自由行動與以美國為中心區域軍演，澳洲幾乎都有配合。然而，並非美國與澳洲對南海採取的立場都保持一致，例如：美國並非《聯合國海洋法公約》（*United Nations Convention on the Law of the Sea*, UNCLOS 1982）簽署國，因此其南海鼓吹的「航行自由行動」（freedom of navigation operations）是強調要以具體的法律規範、外交聯盟與行動來挑戰中國單方面對南海現狀的改變；澳洲是海洋法公約簽署國，對南海航行自由行動的解釋僅限於是以國際法為準則的海軍行動，所以強調以軍艦航行活動挑戰中國非法主張南海人工島礁的 12 海里範圍。[20]

參、澳洲在南海的利益

　　從地緣戰略角度觀之，澳洲位於印度洋與太平洋之間，所以維護全球海洋資源、確保國際海洋法規範，以及捍衛區域航行自由與飛越權等，乃是澳洲至關重要的國家利益。目前，全球有 60% 的海上貿易通過亞洲，全球三分之一的商船行經南海，[21] 儘管南沙群島的陸地面積只有 2 平方公里，但是其周邊整個海域面積卻廣達 82.3 萬平方公里，是印度洋與太平洋的海上交通要地，所以南海的地緣戰略就澳洲而言十分重要。由於掌控南海不僅能扼制西太平洋至印度洋海上交通要衝，也能控制亞洲通往非洲和歐洲的海上交通，因此坎培拉當局在 1950 年代起就擔憂中國共產勢力往南擴張，所以早就對南海局勢有所關注，尤其是南沙與西沙的爭議，但

---

[20] Rebecca Starting, "Australia's Approach to South China Sea Disputes," *Asia Pacific Bulletin*, No. 485 (July 24, 2019), p. 2.

[21] US Department of Defense, *Indo-Pacific Strategy Report: Preparedness, Partnerships, and Promoting a Networked Region* (Washington DC: Department of Defense, June 1, 2019), p. 1.

是如今澳洲當時的南海憂慮似乎今天已經成真。[22] 澳洲長期以來在南海的
利益主要有相互關連的經貿與戰略兩項，分析如下：

一、經貿利益

　　根據 2017 年的澳洲《外交政策白皮書》，內文中有提到澳洲有將近
60% 的外貿出口是往東北亞地區，也就是經由南海地區的海上或航空交通
到達中國、東南亞與東北亞等地。前澳洲總理陸克文（Kevin Rudd）曾經
聲明，澳洲在南海爭端的解決過程中也存有利益，因為澳洲有很大部分國
際貿易是經由南海到達東北亞的主要市場。所以對於所有經濟利益同樣依
賴能和平通過南海水域的非東盟國家而言，澳洲有自己的利益與觀點。

　　澳洲跟美國、日本、印度與東南亞國家一樣，對於中國在南海造島填
海的海上擴張行動表示嚴重關切。基本上，誰在南海地區控制一小塊岩礁
或乾地並非是重要利益，但是中國在亞洲的崛起過程中，卻一直利用同樣
的手法來進行海洋擴張，以強化其對南海「九段線」內海域的實質控制，
此不僅直接威脅到了區域的航行自由的權利與利益，甚至也影響到了區域
和平與安全建構，更影響到了澳洲的在南海地區的海上貿易交通線的安
全。

　　澳洲的經濟安全利益與東南亞區域有很深的連結，該地區的成長是澳
洲經貿發展且繁榮的重要契機。在東南亞的水域承擔著澳洲最主要的國際
貿易量，像是與中國、日本與南韓的經貿連結，其中澳洲有幾乎三分之二

---

22 Elliot Brennan, "Australia's 60-Year-Old South China Sea Prophecy Comes True," *The Diplomat*,
　June 12, 2017, https://thediplomat.com/2017/06/australias-60-year-old-south-china-sea-prophecy-
　comes-true/.

的出口貿易是航經南海，諸如：煤礦、鐵礦與液態天然瓦斯等。[23] 所以一旦南海為中國所控制，不僅澳洲經貿發展會直接受到影響，連接南海區域的東北亞與東南亞國家亦會受到挑戰。關於澳洲周邊重要航線請參考圖 7-1。

二、戰略利益

雖然澳洲在南海的戰略利益與其經濟利益同樣重要，但是不管是工黨執政還是自由黨執政，坎培拉當局對南海安全議題總是保持低調或沉默，對中國在南海的侵略行為與主權聲索，也只表現出比其他國家相對較弱

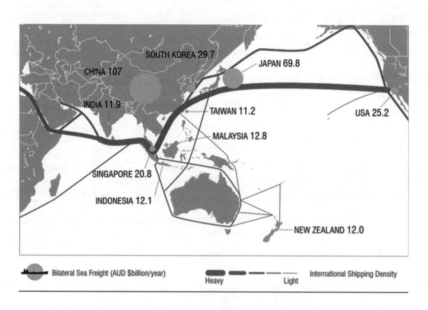

圖 7-1　澳洲十大貿易夥伴與重要航線

資料來源：Australian Government, *2016 Defence White Paper* (Canberra: Department of Defense, 2016), p. 70.

---

23 Australian Government, *2016 Defence White Paper* (Canberra: Department of Defense, 2016), pp. 56-57.

的反應。譬如在 2019 年 8 月 1 日的「澳日美三邊戰略對話部長級會議聯合聲明」（Trilateral Strategic Dialogue Joint Ministerial Statement）[24] 以及同年 8 月 4 日的「澳美部長級諮商會議聯合聲明」（Joint Statement of the Australia-US Ministerial Consultations），澳洲都只有表明立場不選邊站，也沒有具體的提及或譴責中國在南海的擴張行為，而都只強調關切在南海的「破壞性行動將關乎長期的石油與天然氣計畫」（disruptive activities in relation to long-standing oil and gas projects）。[25]

　　澳洲當局之所以長期對南海議題時常保持低調，主要原因不外乎有二個：第一、在外交政策上，澳洲安全長期倚賴美國力量在區域的存在，所以需要配合美國行動。第二、澳洲經濟長期倚賴中國的經濟、貿易與市場的發展。在這兩個原因為前提之下，澳洲在南海的敏感議題上都有限度地配合美國行動，以及避免與中國造成關係對立，因為澳洲在南海的戰略目標是維持自身國家利益，而非是挑戰中國而造成澳中雙方在該區域緊張關係的升級。　·

　　目前，中國已經成功在南海將 7 個人工島礁軍事化，有效地將南海建立為一個「既成事實」（*fait accompli*）或新的「現狀」（*status quo*）的區域。在 2018 年，美國時任印太司令部司令海軍上將戴維森（Philip Scot Davidson）就曾提及，「在與美國進行短暫交戰的各種情境中，中國現在已經有能力掌控南海。」[26] 儘管美國對中國在南海的軍事化作為一直保持

24　"Ninth Japan-United States-Australia Trilateral Strategic Dialogue (TSD)," Ministry of Foreign Affairs, of Japan, August 1, 2019, https://www.mofa.go.jp/a_o/ocn/page4e_001053.html.

25　"Joint Statement: Australia-US Ministerial Consultations (AUSMIN) 2019," US Embassy in Canberra, August 7, 2019, https://au.usembassy.gov/joint-statement-australia-us-ministerial-consultations-ausmin-2019/.

26　"Short of war, China already controls the South China Sea: US admiral," *Asia Times*, April 24, 2018, https://asiatimes.com/2018/04/short-war-china-already-controls-south-china-sea-us-admiral/.

戒心，但身為美國同盟的澳洲近年來對中國在南海與南太的擴張行為常常採中立且不得罪中國的官方立場。在戰略上可預見的是，一旦中國完全掌握南海之後，對南太區域島國的政治、經濟與軍事的影響力將不斷增加，這會直接威脅並挑戰到澳洲在南太的影響力與外交政策自主性。

從中國軍事力量朝西太平洋方向擴張的角度觀察，可大膽預測的是，一旦中國藉由「一帶一路」倡議在距離澳洲東岸 2 千公里遠的萬那杜（Vanuatu）與東加（Tonga）建設海軍基地，中國將可以從南海投射其遠洋海軍到南太區域甚至越過第二島鏈，若澳洲以一己之力來因應中國擴張，這將會付出相當大的戰略成本。[27] 換言之，一旦中國完全占領南海，北京就可以將其影響力向南太擴張並壓縮到澳洲的生存空間。而中國解放軍可以利用南海這據點，挑戰美國在印太區域的軍事存在，並牽制澳洲、日本與印度等國家的軍力。不可否認，南海安全與南太安全息息相關，維持雙邊穩定且都是澳洲的戰略利益。雖然中國與南太島國的軍事關係尚未達到相互依賴的程度，但中國軍事影響力不斷進入到此區域，也讓澳洲安全受到前所未有的挑戰。為確保南太安全，澳洲政府正在積極鞏固與南太島國的外交關係，同時強化在 2013 年建立的「南太國防部長會議」（South Pacific Defence Ministers' Meeting, SPDMM）[28] 多邊防衛合作機制（參與國有巴紐、斐濟、東加、智利、法國、澳洲、紐西蘭）。因為該區域島國軍力相當有限，這南太防衛架構並非是用來對抗中國，而是牽制這些島國

---

27 Tuan Anh Luc, "Decoding Australia's Strange Silence over China's Transgressions in the South China Sea: What will it take for Canberra to pipe up?," *The Diplomat*, August 15, 2019, https://thediplomat.com/2019/08/decoding-australias-strange-silence-over-chinas-transgressions-in-the-south-china-sea/.

28 Yasir Rehman, "South Pacific Defence Ministers discussed security challenges, defence cooperation, climate change," *Vibe Media*, May 10, 2019, https://www.vibemedia.net.au/south-pacific-defence-ministers-discussed-security-challenges-defence-cooperation-climate-change/.

在安全方面不向中國靠攏。

肆、澳洲對南海的政策

　　澳洲的國防安全與戰略利益是建立在一個穩定的印太區域以及以規範為基礎的全球秩序，這利益區域範圍包括支持澳洲經貿的北亞、南海與延伸到印度洋與太平洋的海線交通。一個穩定且以規範為基礎區域秩序是確保澳洲進入開放、自由且安全貿易體系是澳洲經濟發展相當的重要安全環境。[29]

　　自 1980 年代起，澳洲在東南亞區域的行動政策是以例行且持續的方式執行「存在行動」（presence operations），例如：「門戶行動」（Operation Gateway）。[30] 在該項行動之下，澳洲防衛部隊的任務是，在北印度洋和東南亞海域一帶進行例行巡邏和偵察，為維護東南亞地區性安全及穩定做出貢獻，近年來則增加在南海附近海域的行動。[31] 再者，澳洲每年舉行「印太奮進演習」（Indo-Pacific Endeavour, IPE），持續強化與鄰邦在安全與國防領域的交流，澳洲海軍也藉這演習平台與南亞與東南亞國家進行聯合演訓，[32] 2019 年的演習活動更延伸到南海海域。此外，因為澳洲自 2010 年開始與東北亞區域的進出口貿易量逐年提高，南海議題在澳洲的政策圈逐漸受到關注與討論，以海洋法公約為基礎的海洋秩序與航行與飛

29　Australian Government, *2016 Defence White Paper* (Canberra: Department of Defense, 2016), p. 70.

30　"Operation Gateway," Department of Defence, Australia Government, https://www.defence.gov.au/operations/southchinaseaindianocean/.

31　Australian Government, *2020 Defence Strategic Update* (Canberra: Department of Defense, 2020), p. 5.

32　"A sea ride with Australia's Indo-Pacific Endeavour," *The Interpreter*, June 6, 2019, https://www.lowyinstitute.org/the-interpreter/sea-ride-australia-s-indo-pacific-endeavour.

越自由權，因此成為當前澳洲當局看待南海爭端的政策態度與立場，同時也展現出澳洲致力於建立區域海上安全的決心與能力。[33]

　　澳洲當局對南海政策的立場迄今仍相當薄弱，從來不見澳洲對南海的強硬態度，如同澳洲 2016 年的《澳洲國防白皮書》與 2017 年的《外交政策白皮書》都表明澳洲北方的海線交通與印度洋、太平洋、東南亞與南海區域是相連結的。[34] 然而，南海是區域秩序的薄弱環節，澳洲並非是南海主權的聲索國，其確保該地區的實質利益之作為，是維持該區域穩定且有規範與法律治理下的國際重要航道。澳洲當局在上述外交政策白皮書中提到，相當關注中國在南海「史無前例」（unprecedented）的行動步驟與規模，反對在南海使用任何以軍事為目的衝突與人工設施，支持全面有效落實《南海各方行為宣言》以及盡早達成《南海行為準則》，呼籲以國際海洋法公約為基礎的談判方式解決爭議，並重申南海仲裁庭對南海主權的裁決結果的立場。[35]

伍、澳洲在南海的作為

　　由於澳洲是美國最忠實的軍事同盟之一，在美國印太戰略安排下，澳洲的安全角色與日本是同等重要的。澳洲曾自詡為是美國在亞太地區的副

---

33 Tuan Anh Luc, "Decoding Australia's Strange Silence over China's Transgressions in the South China Sea: What will it take for Canberra to pipe up?," *The Diplomat*, August 15, 2019, https://thediplomat.com/2019/08/decoding-australias-strange-silence-over-chinas-transgressions-in-the-south-china-sea/.

34 Elliot Brennan, "Australia's 60-Year-Old South China Sea Prophecy Comes True," *The Diplomat*, June 12, 2017, https://thediplomat.com/2017/06/australias-60-year-old-south-china-sea-prophecy-comes-true/.

35 Australian Government, *2016 Defence White Paper* (Canberra: Department of Defense, 2016), pp. 56-57; Australian Government, *2017 Foreign Policy White Paper: Opportunity, Security, Strength* (Canberra: Department of Foreign Affairs and Trade, 2017), pp. 46-47.

警長，澳洲一直將東南亞地區的和平穩定視為其國家安全的利益，所以南海危機議題當然與澳洲在區域安全上的地位息息相關。

一、例行巡弋南海

澳洲近年在執行「門戶行動」的同時，為了因應中國在南海的擴張行為，於 2015 年澳洲繼美國派遣最先進的海神 P8-A 偵察機（P8-A Poseidon）前往南海查看中國在爭端海域填海興建人工島礁的行動之後，澳洲傳出也依據國際海洋法公約的原則派遣 P-3 海上偵察機前往距離中國人工島礁 12 海里周邊地區巡弋，以維護其航行自由與飛越的權利。[36] 此外，澳洲也同意與美國、日本、菲律賓、越南等國家一起進行南海區域聯合巡邏行動，以和平的方式及取代衝突的方式來對北京施壓。儘管在中國與美國在南海區域仍是處於一種敵對的狀況，但是澳洲在和平的前提下卻期望能扮演此兩國之間的和平掮客，以避免南海危機升高。

在 2019 年 8 月 2 日，美國正式退出與俄國在 1987 簽署的《中程飛彈導彈條約》（*Intermediate-Range Nuclear Forces Treaty*），並稱將加速發展新型巡弋和彈道飛彈系統。[37] 為因應退出該條約，美國曾試圖在印太戰略架構下，說服澳洲能夠讓美國在澳洲北部部署中程飛彈系統（中程導彈的射程約 500 到 5,500 公里）以因應中國。然而，澳洲總理莫里森（Scott Morrison）與國防部長雷諾姿（Linda Reynolds）都拒絕美國將目標對準中國的中程飛彈部署在北澳。在軍事戰略上，澳洲考量到一旦美國在北澳

---

36 "South China Sea: Australia won't rule out expanded surveillance flights," *The Guardian*, June 2, 2015, https://www.theguardian.com/world/2015/jun/02/south-china-sea-australia-wont-rule-out-expanded-surveillance-flights.

37 徐睿承，〈退出中程核飛彈條約，五角大廈：將加速發展新型飛彈〉，《中央社》，2019年8月3日，https://www.cna.com.tw/news/aopl/201908030005.aspx.

部署中程飛彈系統就是針對中國南海，中國將可能會強化在南海的飛彈部署進行反制，此舉對不願跟中國進行軍事競爭的澳洲而言並非是適當的合作。[38] 澳方和美方有緊密的軍事安全關係，但這並不意味坎培拉會想讓華盛頓在其境內部署飛彈，並同時危及澳方和中方的關係。

二、參與美國軍演

美澳聯盟關係是美國推動印太戰略的重要環節之一，雙方在 1985 年就已建構「美澳部長級諮商會議」（Australia-United States Ministerial Consultations, AUSMIN）機制在近年愈來愈重要。隨著中國威脅向印太區域擴張，2017 年 6 月 5 日的會議中強調，「雙方決定提升在印太的雙邊合作與一系列行動。」[39] 在美國為核心的印太戰略架構下，雙方在 2018 年 7 月 24 日的會議中共同強調，「南海軍事化衝突的本質已經影響到區域的和平發展。雙方重申有責任遵守在該區域的航行與飛越自由、依國際法使用海洋。」[40] 在 2019 年 8 月 4 日的會議，美澳共同提出，「強烈地反對各聲索國以單方面的強制行動改變南海現狀及提升緊張。」[41] 第三十屆美澳部長級諮商會議在 2020 年 7 月 28 日舉行，雙方表示會在重塑南海法律

---

[38] Deborah Snow, "China, missiles, and trouble in the Gulf dominate AUSMIN talks," *The Sydney Morning Herald*, August 4, 2019, https://www.smh.com.au/politics/federal/china-missiles-and-trouble-in-the-gulf-dominate-ausmin-talks-20190804-p52drg.html.

[39] "Joint Statement AUSMIN 2017," June 5, 2017, https://www.dfat.gov.au/geo/united-states-of-america/ausmin/Pages/joint-statement-ausmin-2017.

[40] "Joint Statement Australia-U.S. Ministerial Consultations ("AUSMIN") 2018," July 24, 2018, https://www.foreignminister.gov.au/minister/julie-bishop/media-release/joint-statement-australia-us-ministerial-consultations-ausmin-2018.

[41] "Joint Statement Australia-US Ministerial Consultations (AUSMIN) 2019," August 4, 2019, https://www.foreignminister.gov.au/minister/marise-payne/media-release/joint-statement-australia-us-ministerial-consultations-ausmin-2019.

的工作上合作，並增加南海行動確保地區和平穩定。[42] 從近年美澳部長級諮商會議的共同聲明中可了解到，澳洲在南海的軍事安全角色已確定，且日益重要。

2019 年 1 月 28 日，時任澳洲國防部長派恩（Christopher Pyne）指出，中國在南海興築人工島礁導致「焦慮」增加，無法在區域上增加對中國戰略意圖的信任，呼籲北京當局依照國際海洋法公約處理南海爭端，以建立信任。他強調，澳洲沒有興趣參與圍堵中國，而是希望印太地區國家不必在經濟利益和主權之間做選擇，若有必要，澳洲將支持在南海執行多邊行動，向中方表明南海是國際海域。澳洲投資逾 900 億澳幣強化其海軍戰力，包括發展攻擊潛艦、護衛艦和其他艦艇等。澳洲希望在 2021 年前將國防預算提高到國內生產毛額（GDP）2% 以上，澳洲此舉顯然是在強化國家安全的前提上呼應美國的印太戰略。[43]

2020 年初，新冠肺炎肆虐全球的同時，中國仍持續對周遭國家軍事動作頻頻，除了軍機數度逼近台灣並夜航台海邊境，在南海區域的軍事角力也逐漸升溫。為因應中國的軍事壓力，美國自 3 月 15 日起，載有最新隱形戰鬥機 F-35 的「美利堅號」兩棲攻擊艦（*USS America*, LHA 6）與羅斯福號航母戰鬥群、美國海軍陸戰隊第三一遠征軍，在南海進行為期三天的軍演。3 月 18 日，一架美軍「白羊座」（EP-3E Orion）電子偵察機，3 月 19 日，一架美軍 RC-135U 電子偵察機進入南海，EP-3E 還飛到香港

42　Matthew Knott and Farrah Tomazin, "We make our own decisions: Australia-US vow to counter China at AUSMIN talks," *The Sydney Morning Herald*, July 29, 2020, https://www.smh.com.au/world/north-america/we-make-our-own-decisions-australia-us-vow-to-counter-china-at-ausmin-talks-20200729-p55gdz.html.

43　陳正健，〈中國南海造島引發區域焦慮，澳洲防長：支持多邊行動〉，《自由時報》，2019年1月28日，https://news.ltn.com.tw/news/world/breakingnews/2686003。

外海。3 月 22 日，一架美軍同型電子偵察機飛抵香港外海。美國第七艦隊伯克級神盾驅逐艦貝瑞號（*USS Barry*, DDG-52）更在 2020 年 3 月 23 日試射一枚飛彈，意在警告中國當局美軍在南海已經展開「超前部署」（preventive measures）。[44] 在此同時（3 至 4 月期間），澳洲皇家海軍安札克級（Anzac-Class）護衛艦「帕拉馬塔號」（*HMAS Parramatta*, IV）也正在南亞與東南亞進行擴大部署，以協助強化區域安全與穩定。[45]

　　2020 年 4 月 18 日，為宣示南海主權，中國國務院批准宣布在海南省三沙市設立西沙區和南沙區兩個市轄區，[46] 於 4 月 19 日又公布新一批南海島礁名稱，[47] 宣示南海主權的意味濃厚；在同日解放軍更出動遼寧艦航母編隊，包圍美軍當時正在中沙群島和南沙群島間航行，有「小型航母」之稱的兩棲攻擊艦「美利堅號」、提康德羅加級飛彈巡洋艦「邦克山號」（*USS Bunker Hill*, CG-52）與伯克級神盾驅逐艦貝瑞號。而美國在 18 日做出回應，宣布這三艘軍艦與澳洲海軍「帕拉馬塔號」護衛艦在南海巡航並進行聯合軍演，演練項目包括：海上補給、航空作戰、海上操演與通訊演練等。[48] 更甚者，為參與 2020 環太平洋軍演（RIMPAC），澳洲派遣坎培拉級兩棲突擊艦（*HMAS Canberra*）、霍巴特級防空驅逐艦（*HMAS Hobart*）、安札克級阿蘭達號（*HMAS Arunta*）與斯圖爾特（*HMAS*

44　陳成良、涂鉅旻，〈向中秀肌肉，美軍南海實射飛彈〉，《自由時報》，2020年3月24日，https://news.ltn.com.tw/news/politics/paper/1360976。

45　〈澳洲巡防艦參與美軍演習，南海緊張升高〉，《聯合新聞網》，2020年4月22日，https://udn.com/news/story/6809/4510562。

46　"China's Sansha City establishes Xisha, Nansha districts in major administrative move," *CGTN*, April 18, 2020, https://news.cgtn.com/news/2020-04-18/China-s-Sansha-City-establishes-Xisha-Nansha-districts-PN5hyJkgFy/index.html.

47　邱國強、張淑伶，〈討主權再出招，中國公告南海島礁海底地物新命名〉，《中央社》，2020年4月19日，https://www.cna.com.tw/news/acn/202004190163.aspx。

48　"Australian Warship Joins U.S. Exercise in South China Sea," *The Maritime Executive*, April 22, 2020, https://www.maritime-executive.com/article/australian-warship-joins-u-s-exercise-in-south-china-sea.

Stuart）護衛艦、天狼星號補給艦（*HMAS Sirius*）等五艘軍艦為前往夏威夷，並於自 7 月 14 至 18 日獨自通過南海，[49] 值得注意的是，澳洲再次受邀參與於 2020 年 11 月初舉行的「馬拉巴爾軍演」（Malabar 2020），這可說是在「自由開放印太」架構下強化 QUAD 軍事作為的具體化表現，[50] 此舉表達遏制中國擴張的意味濃厚。

三、強化「內弧」防衛

目前，中國海軍的發展正朝「近海防禦型向遠海防衛型轉變」，其空軍也正積極由「國土防空型向攻防兼備型轉變」，[51] 加上中國海空軍幾乎已經能夠進出第一島鏈，並從南海地區迫近第二島鏈南方的南太區域；同時，中國「一帶一路」作為亦正朝向「太平洋島國區域」（Pacific Islands Region）延伸。所以澳洲「內弧」（inner arc）防衛因此被中國軍力擴張壓縮，使得坎培拉當局近年相當重視北領地的國防建設。為了因應澳洲 F-111G/C 戰鬥轟炸機在 2010 年已經全數除役，以及柯林斯級（Collins-Class）常規潛艦在東南亞與南太的數量與機動能力上相對不足等問題，坎培拉因此有必要強化北澳地區的制空與反艦打擊能力，才能確保澳洲北方「內弧」戰略空間。[52] 目前，澳洲強化「內弧」防衛的做法有二：

---

49 Michael Peck, "China Makes Another Enemy? Now Chinese Warships Are Confronting the Australian Navy," *Forbes*, July 23, 2020, https://www.forbes.com/sites/michaelpeck/2020/07/23/china-makes-another-enemy-now-chinese-warships-are-confronting-the-australian-navy/#296b2ab22592.

50 Ankit Panda, "Australia Returns to the Malabar Exercise," *The Diplomat*, October 19, 2020, https://thediplomat.com/2020/10/australia-returns-to-the-malabar-exercise/.

51 〈新時代的中國國防〉，《新華網》，2019 年 7 月 24 日，http://www.xinhuanet.com/politics/2019-07/24/c_1124792450.htm。

52 澳洲大陸橫跨印度洋與太平洋，其中北領地的地理位置相當靠近印尼群島、巴布亞紐幾內亞、所羅門群島，是扼守印度洋與太平洋中間的重要連結地帶，這條弧狀地理區域被稱為「內弧」戰略空間。

（一）強化北澳的軍事戰略功能

　　雖然澳洲官方對南海議題的政策言論相當保守，但是在軍事戰略方面的因應行為卻相當積極。由於澳洲安全的威脅主要是來自北方（包括中國），所以過去澳洲國防發展一直把在北澳海空軍力量的銜接界定為「主要戰略利益領域」的重要項目，意即要將「內弧」空間的海上交通線和北澳空域安全相聯接，但直到澳洲《2016年國防白皮書》公布才確定了這樣的國防戰略方向。在美國提倡「印太戰略」之後，澳洲因此可以將這「海空一體」的軍事建設方向與美國印太軍事部署做戰略上的連結，展現澳美軍事同盟在印太戰略架構中的合作立場。在軍事同盟的基礎上，坎培拉當局近年來不斷強化與華盛頓的軍事交流與安全合作，積極回應美國的「印太戰略」規劃，旨在藉印太戰略增強澳洲外交和軍事影響力。坎培拉也同意美軍進駐和使用澳洲軍事基地，並加強聯合演習和情報共享等，以鞏固澳洲國家安全利益。[53]

　　澳洲達爾文市（Darwin）位於北領地自治區（Northern Territory）與印尼群島相距約644公里，距離南海也僅2,735公里，該地點更是美軍介入南海爭端與台海安全的重要軍事戰略跳板。自從美澳達成加強聯合軍演協議後，美國海軍陸戰隊從2012年起，就部署在達爾文的軍事基地，並將該基地作為美軍強化第二島鏈防衛的重要基地。目前美國輪調進駐澳洲達爾文的美軍約2,500名，未來美軍也將會使用汀達爾空軍基地（RAAF Base Tindal），以提升其對印太地區安全的掌控。強化北澳防禦的作為，將標誌著澳洲介入印太的軍事能力會顯著提升，汀達爾基地將成為美澳

---

53 黃恩浩，〈澳洲強化「內弧」防衛之戰略規劃〉，《台北論壇》，2020年4月15日，http://www.taipeiforum.org.tw/view_pdf/593.pdf。

因應中國威脅的重要戰略基地。為部署澳洲 KC-30A 多用途加油機或美國 B-52 戰略轟炸機，該基地的跑道擴建計畫因此勢在必行。[54]

（二）提升澳洲海空軍投射能力

2020 年 2 月 21 日，澳洲總理莫里森（Scott J. Morrison）宣布要耗資約 11 億澳幣擴建汀達爾空軍基地，該擴建計畫將在 2020 年的年中開始進行，預計在 2027 年竣工。而澳洲向美國採購的 72 架 F-35A 戰機中，目前規劃將駐紮 56 架 F-35 戰機在新南威爾斯州（New South Wales）的威廉鎮空軍基地（RAAF Base Williamtown），其餘 16 架將駐紮在汀達爾基地。[55] 該計畫意味著澳洲防禦北移的戰略需要，除了是澳美軍事結盟不可或缺的印太戰略規劃外，亦將有利澳洲空軍 KC-30A 加油機與 F-35A 戰機（作戰半徑約 1,230 公里，外部掛架全部滿載武器，作戰半徑會縮短到 700 公里）[56] 在北澳快速部署，以縮短因應來自北方威脅的反應時間。

澳洲規劃未來向美國採購研發中的最新陸基戰斧巡弋飛彈（Tomahawk cruise missiles）、AGM-158C 增程型反艦飛彈（boost-glide anti-ship missiles）、極音速巡弋飛彈（hypersonic cruise missiles）以及潘興三型中程反艦彈道飛彈（Pershing III intermediate-range anti-ship ballistic missiles）。因為這些武器系統的投射距離可達約 1 千至 3 千公里，澳洲若擁有這些武器系統，不僅可以鞏固「內弧」空間防禦，亦可以打擊在南太

---

54 Paul Dibb, "How Australia Can Deter China," *The Strategist*, March 12, 2020, https://www.aspistrategist.org.au/how-australia-can-deter-china/.

55 Ben Millington, "F-35A Joint Strike Fighters — 'the most lethal acquisition in the Air Force's history' — land in Australia," *ABC News*, December 11, 2018, https://www.abc.net.au/news/2018-12-10/joint-strike-fighters-touch-down-in-australia/10600732.

56 Stephen Kuper, "Next-gen training for Australia's fifth-generation F-35 fleet," *Defence Connect*, December 18, 2019, https://www.defenceconnect.com.au/strike-air-combat/5343-next-gen-training-for-australia-s-next-gen-f-35s.

或是南海區域的威脅目標。[57] 更甚者，澳洲國防部有很強意願要向美國購買正在開發中的 B-21 突擊者長程匿蹤戰略轟炸機（B-21 Raider），以彌補其空軍遠程打擊能力不足的問題。若未來獲致該型轟炸機，澳洲在北澳的制空權範圍也將會推進到第一島鏈附近的南海區域。

澳洲總理莫里森於 2020 年 7 月 1 日公布了澳洲《2020 新版國防戰略》[58] 和《軍力架構計畫》（*Force Structure Plan*）[59]。從這兩份文件中可發現，澳洲確定在未來十年將投入 2,700 億澳元擴軍，國防經費亦將大幅增加四成。為能「可信 / 有效阻遏」（credible/effective deterrence）未來的軍事衝突，澳洲將向美國購買遠程反艦導彈，另外還將投資研發高超音速武器系統，有能力遠程攻擊數千公里以外的目標。此外，澳洲將持續在北印度洋與南海進行監視與巡邏，強化因應「灰色地帶」（gray zone）[60] 挑戰的能力，以及建立北澳軍事基地以制衡中國不斷擴張的軍事影響力。雖然在這兩份澳洲官方文件中，坎培拉仍不直接稱中國是威脅，但是從其軍事戰略規劃中可看出，其主要就是針對中國。

澳洲北領地達爾文港位於麻六甲海峽、巽他海峽和龍目海峽的海線交通線附近，該港是澳洲通往南亞與東南亞的重要門戶。為因應北澳空防的強化，坎培拉計畫將在距離達爾文東北方約 40 公里處的格萊德角（Glyde Point），建設新的多功能深水港供軍事與商業使用，預計可停泊澳洲和美

---

57 Paul Dibb, "How Australia Can Deter China," *The Strategist*, March 12, 2020, https://www.aspistrategist.org.au/how-australia-can-deter-china/.

58 Australian Government, *2020 Defence Strategic Update* (Canberra: Department of Defense, 2020).

59 Australian Government, *2020 Force Structure Plan* (Canberra: Department of Defense, 2020), https://www.defence.gov.au/StrategicUpdate-2020/docs/2020_Force_Structure_Plan.pdf.

60 澳洲在《2020新版國防戰略》白皮書中對「灰色地帶」的界定是，「以避免軍事化衝突的方式脅迫其他國家的各種行動。例如：使用準軍事力量、軍事化衝突的特徵、操作影響力、干預作為和強制使用貿易和經濟槓桿。」參考：Australian Government, *2020 Defence Strategic Update* (Canberra: Department of Defense, 2020), p. 12.

國的大型兩棲艦與航空母艦。該港建立後可以有效縮短北澳地區海空戰略差距，這將有助於澳洲海軍與美國海軍陸戰隊在印太的延伸力與投射力。此外，該新港若配合上美澳兩國在 2018 年 11 月宣布要在巴紐的馬努斯島（Manus Island）興建聯合軍港計畫，[61] 這將有助於強化澳美在第二島鏈南端交會處（靠近菲律賓與印尼之間海域）的戰略縱深。

在地緣戰略上，澳洲「內弧」空間的頂端正好是第二島鏈的南端。此空間對澳洲國防安全與美國印太戰略極為重要，該位置是美軍除了日本與韓國之外，填補太平洋兵力空缺的重要戰略位置，尤其在戰機與軍艦的部署方面。為制衡中國的戰略擴張，美國利用澳洲的地緣戰略縱深，不僅可以有效增強區域防禦範圍，亦可提高美軍介入印太區域的靈活性。擴建汀達爾基地有助於澳洲擴大其領土北方海空領域的防禦範圍，若澳洲向美國採購的 F-35A 戰機都裝載美國最新 AGM-158C 遠程反艦飛彈的話，澳洲將可強化並延伸其「內弧」空間的防衛能力，並對中國海軍在南海、東南亞與南太平洋北方等區域的軍事行動，造成一定程度的戰略嚇阻。

陸、結論

面對在印太區域中競爭的美中兩大強權，澳洲的外交政策主要是以「經濟傾中，安全傾美」的兩手策略為主軸，中國經濟發展與國家建設對礦產的需求，是澳洲最重要的經濟來源。然而，南海航行自由的國際原則，更是澳洲海上國際經貿交流的重心，也是其重要的國家利益。為了遏

---

61 Stephen Dziedzic, "US to partner with Australia, Papua New Guinea on Manus Island naval base," *ABC News*, November 17, 2018, https://www.abc.net.au/news/2018-11-17/us-to-partner-with-australia-and-png-on-manus-island-naval-base/10507658.

止中國在南海區域的擴張，在印太戰略架構下，澳洲不僅同意美國逐漸增加在北領地達爾文的駐軍，也積極向美國採購先進的武器系統，並積極與美國、印度以及東南亞國家進行海上巡邏或聯合軍演。自二戰以來，澳洲就是美國一直在亞洲的重要軍事盟友，所以目前美中的南海僵局根本讓澳洲無法置身事外。

再者，從本文的分析可知，澳洲的南海軍事作為與政策立場存有一定程度的落差，也就是「做的比說的還多」，因為中國一直是澳洲當局內心有苦難言的「威脅」。在美國印太安全架構下，澳洲正在北領地積極部署軍事力量並與美日印三國深化軍事合作，主要戰略目的就是為了防範中國從南海向南太擴張，這是很明顯的軍事作為。然而，澳洲官方的南海政策主要是維持以航道與經貿安全為主要考量，在南海爭端的議題上並不明確選邊站。

最後，在近年澳洲政府白皮書上，對於南海爭端都是維持輕描淡寫的態度可以了解，坎培拉當局並不把軍事作為連結到南海政策，主要目的是希望在不惹怒北京的前提下能夠確保澳洲在南海的海上航行自由權與飛越權，因為國際經貿對於澳洲而言是其經濟發展的重心，有很多國際貿易海空交通航線必須經過或飛越南海的，所以維持一個和平的且有秩序的南海對澳洲而言是個重要利益。假設南海衝突真的發生，澳洲在外交上也只能呼籲衝突各造能夠依據國際法的規範來自我克制，並且在願意共同解決爭端的前提下來進行和平談判。

參考文獻

一、中文部分

〈新時代的中國國防〉,《新華網》,2019 年 7 月 24 日,http://www. xinhuanet.com/politics/2019-07/24/c_1124792450.htm。

〈澳洲巡防艦參與美軍演習,南海緊張升高〉,《聯合新聞網》,2020 年 4 月 22 日,https://udn.com/news/story/6809/4510562。

邱國強、張淑伶,〈討主權再出招,中國公告南海島礁海底地物新命名〉,《中央社》,2020 年 4 月 19 日,https://www.cna.com.tw/news/ acn/202004190163.aspx。

徐睿承,〈退出中程核飛彈條約,五角大廈:將加速發展新型飛彈〉,《中央社》,2019 年 8 月 3 日,https://www.cna.com.tw/news/ aopl/201908030005.aspx。

陳正健,〈中國南海造島引發區域焦慮,澳洲防長:支持多邊行動〉,《自由時報》,2019 年 1 月 28 日,https://news.ltn.com.tw/news/world/breaki ngnews/2686003。

陳成良、涂鉅旻,〈向中秀肌肉,美軍南海實射飛彈〉,《自由時報》,2020 年 3 月 24 日,https://news.ltn.com.tw/news/politics/paper/1360976。

黃恩浩,〈澳洲「印太」戰略思維與作為及其對台啟示〉,《台北論壇》,2019 年 12 月 15 日,http://140.119.184.164/view_pdf/510.pdf。

黃恩浩,〈澳洲強化「內弧」防衛之戰略規劃〉,《台北論壇》,2020 年 4 月 15 日,http://www.taipeiforum.org.tw/view_pdf/593.pdf。

二、英文部分

"A sea ride with Australia's Indo-Pacific Endeavour," *The Interpreter*, June 6, 2019, https://www.lowyinstitute.org/the-interpreter/sea-ride-australia-s-indo-pacific-endeavour.

"Australian Warship Joins U.S. Exercise in South China Sea," *The Maritime Executive*, April 22, 2020, https://www.maritime-executive.com/article/australian-warship-joins-u-s-exercise-in-south-china-sea.

"China's Sansha City establishes Xisha, Nansha districts in major administrative move," *CGTN*, April 18, 2020, https://news.cgtn.com/news/2020-04-18/China-s-Sansha-City-establishes-Xisha-Nansha-districts-PN5hyJkgFy/index.html.

"Joint Statement AUSMIN 2017," June 5, 2017, https://www.dfat.gov.au/geo/united-states-of-america/ausmin/Pages/joint-statement-ausmin-2017.

"Joint Statement Australia-U.S. Ministerial Consultations (AUSMIN) 2018," July 24, 2018, https://www.foreignminister.gov.au/minister/julie-bishop/media-release/joint-statement-australia-us-ministerial-consultations-ausmin-2018.

"Joint Statement Australia-US Ministerial Consultations (AUSMIN) 2019," August 4, 2019, https://www.foreignminister.gov.au/minister/marise-payne/media-release/joint-statement-australia-us-ministerial-consultations-ausmin-2019.

"Joint Statement: Australia-US Ministerial Consultations (AUSMIN) 2019," US Embassy in Canberra, August 7, 2019, https://au.usembassy.gov/joint-statement-australia-us-ministerial-consultations-ausmin-2019/.

"Ninth Japan-United States-Australia Trilateral Strategic Dialogue (TSD)," Ministry of Foreign Affairs, of Japan, August 1, 2019, https://www.mofa.go.jp/a_o/ocn/page4e_001053.html.

"Operation Gateway," Department of Defence, Australia Government, https://www.defence.gov.au/operations/southchinaseaindianocean/.

"Short of war, China already controls the South China Sea: US admiral," *Asia Times*, April 24, 2018, https://asiatimes.com/2018/04/short-war-china-already-controls-south-china-sea-us-admiral/.

"South China Sea: Australia won't rule out expanded surveillance flights," *The*

Guardian, June 2, 2015, https://www.theguardian.com/world/2015/jun/02/south-china-sea-australia-wont-rule-out-expanded-surveillance-flights.

Australian Government, *2016 Defence White Paper* (Canberra: Department of Defense, 2016), https://www.defence.gov.au/WhitePaper/Docs/2016-Defence-White-Paper.pdf.

Australian Government, *2017 Foreign Policy White Paper: Opportunity, Security, Strength* (Canberra: Department of Foreign Affairs and Trade, 2017), https://www.fpwhitepaper.gov.au/foreign-policy-white-paper.

Australian Government, *2020 Defence Strategic Update* (Canberra: Department of Defense, 2020), https://www.defence.gov.au/StrategicUpdate-2020/docs/2020_Defence_Strategic_Update.pdf.

Australian Government, *2020 Force Structure Plan* (Canberra: Department of Defense, 2020), https://www.defence.gov.au/StrategicUpdate-2020/docs/2020_Force_Structure_Plan.pdf.

Australian Government, *Australia in The Asian Century* (Canberra: Department of Prime Minister and Cabinet, 2012), https://www.defence.gov.au/whitepaper/2013/docs/australia_in_the_asian_century_white_paper.pdf.

Australian Government, *Defence White Paper 2013* (Canberra: Department of Defense, 2013), https://defence.gov.au/whitepaper/2013/docs/WP_2013_web.pdf.

Australian Government, *Strong and Secure: A Strategy for Australia's National Security* (Canberra: Department of Prime Minister and Cabinet, 2013), https://www.files.ethz.ch/isn/167267/Australia%20A%20Strategy%20for%20National%20Securit.pdf.

Brennan, Elliot, "Australia's 60-Year-Old South China Sea Prophecy Comes True," *The Diplomat*, June 12, 2017, https://thediplomat.com/2017/06/australias-60-year-old-south-china-sea-prophecy-comes-true/.

Dibb, Paul, "How Australia Can Deter China," *The Strategist*, March 12, 2020, https://www.aspistrategist.org.au/how-australia-can-deter-china/.

Dougherty, James E. and Robert L. Pfaltzgraff, Jr., *Contending Theories of International Relations: A Comprehensive Survey* (New York: Longman, 2001).

Dziedzic, Stephen, "US to partner with Australia, Papua New Guinea on Manus Island naval base," *ABC News*, November 17, 2018, https://www.abc.net.au/news/2018-11-17/us-to-partner-with-australia-and-png-on-manus-island-naval-base/10507658.

Kaplan, Robert D., "The South China Sea is the Future of Conflict," *Foreign Policy*, August 15, 2011, https://foreignpolicy.com/2011/08/15/the-south-china-sea-is-the-future-of-conflict/.

Knott, Matthew and Farrah Tomazin, "We make our own decisions: Australia-US vow to counter China at AUSMIN talks," *The Sydney Morning Herald*, July 29, 2020, https://www.smh.com.au/world/north-america/we-make-our-own-decisions-australia-us-vow-to-counter-china-at-ausmin-talks-20200729-p55gdz.html.

Kuper, Stephen, "Next-gen training for Australia's fifth-generation F-35 fleet," *Defence Connect*, December 18, 2019, https://www.defenceconnect.com.au/strike-air-combat/5343-next-gen-training-for-australia-s-next-gen-f-35s.

Lovell, David W., "The Challenge for Australian Foreign-Policy Professionals," in David W. Lovell ed., *Asia-Pacific Security: Policy Challenges* (Canberra: Asia Pacific Press, 2003), pp. 18-19.

Luc, Tuan Anh, "Decoding Australia's Strange Silence over China's Transgressions in the South China Sea: What will it take for Canberra to pipe up?," *The Diplomat*, August 15, 2019, https://thediplomat.com/2019/08/decoding-australias-strange-silence-over-chinas-transgressions-in-the-south-china-sea/.

Manyin, Mark E. et al., "Pivot to the Pacific? The Obama Administration's 'Rebalancing' Toward Asia," CRS Report for Congress, Congressional Research Service, Washington DC., March 28, 2012, http://www.fas.org/sgp/

crs/natsec/R42448.pdf.

Millington, Ben, "F-35A Joint Strike Fighters — 'the most lethal acquisition in the Air Force's history' — land in Australia," *ABC News*, December 11, 2018, https://www.abc.net.au/news/2018-12-10/joint-strike-fighters-touch-down-in-australia/10600732.

Peck, Michael, "China Makes Another Enemy? Now Chinese Warships Are Confronting the Australian Navy," *Forbes*, July 23, 2020, https://www.forbes.com/sites/michaelpeck/2020/07/23/china-makes-another-enemy-now-chinese-warships-are-confronting-the-australian-navy/#296b2ab22592.

Rehman, Yasir, "South Pacific Defence Ministers discussed security challenges, defence cooperation, climate change," *Vibe Media*, May 10, 2019, https://www.vibemedia.net.au/south-pacific-defence-ministers-discussed-security-challenges-defence-cooperation-climate-change/.

Snow, Deborah, "China, missiles, and trouble in the Gulf dominate AUSMIN talks," *The Sydney Morning Herald*, August 4, 2019, https://www.smh.com.au/politics/federal/china-missiles-and-trouble-in-the-gulf-dominate-ausmin-talks-20190804-p52drg.html.

Starting, Rebecca, "Australia's Approach to South China Sea Disputes," *Asia Pacific Bulletin*, No. 485 (July 24, 2019).

Tellis, Ashley J., Alison Szalwinski and Michael Wills (eds.), "U.S.—China Competition for Global Influence," *Strategic Asia 2020* (Washington DC: The National Bureau of Asian Research, 2019).

US Department of Defense, *Indo-Pacific Strategy Report: Preparedness, Partnerships, and Promoting a Networked Region* (Washington DC: Department of Defense, June 1, 2019), https://media.defense.gov/2019/Jul/01/2002152311/-1/-1/1/DEPARTMENT-OF-DEFENSE-INDO-PACIFIC-STRATEGY-REPORT-2019.PDF.

Varghese AO, Mr. Peter N., *An India Economic Strategy to 2035: Navigating from Potential to Delivery*, A report to the Australian Government,

Department of Foreign Affairs and Trade, April 2018, https://dfat.gov.au/geo/india/ies/index.html.

White, Hugh, "Australian Defence Policy and the Possibility of War," *Australian Journal of International Affairs*, Vol. 56, No. 2 (2002).

Wyeth, Grant, "Australia's Pacific Step-Up: More Than Just Talk," *The Diplomat*, February 8, 2019, https://thediplomat.com/2019/02/australias-pacific-step-up-more-than-just-talk/.

第八章　台灣在南海的戰略價值與
政策作為

林廷輝

壹、前言

　　南海存在領土主權與海洋權益兩種性質的爭端，台灣作為領土主權六個聲索國之一（其他五個聲索國分別為中國、越南、菲律賓、馬來西亞、汶萊），卻因國際政治因素而被排除在南海多邊機制之外，特別是由「東南亞國家協會」（ASEAN，簡稱東協）與中國建構的「落實《南海各方行為宣言》高官會議」，及「落實《南海各方行為宣言》高官會聯合工作小組」等會議，在台灣無法參加 2002 年《南海各方行為宣言》下，依舊無法參與此多邊會議，《南海行為準則》的談判會議也因此缺席。

　　即使台灣無法參與南海政府間的相關會議，但台灣作為一個聲索國的地位與角色仍不容抹滅，因此，台灣在南海政策上的作為，採積極或採消極角色，均影響南海情勢發展。例如台灣在南海政策上採取積極作為，在島礁部署大量軍事武器，在南海進行次數頻繁的軍事活動，終將引起區域周邊國家的注意，更甚者，中國在南海也可能會擴大軍事活動，除對台灣威嚇外，也對周邊國家可能的威脅採取反制措施；如果台灣在南海政策上太過消極，甚至減少或撤離對太平島的防禦措施，就會引起其他國家的覬覦，甚至出兵占領太平島，也就是說，當台灣完全撤離島上武裝部隊，島

上發生政治軍事真空狀態時,至少越南、菲律賓、中國等將虎視眈眈,如果最靠近太平島由越南占領的敦謙沙洲,越南軍隊趁此機會占領太平島,中國人民解放軍「師出有名」,以收復失土為藉口,當解放軍對太平島上的越南占領軍進行攻擊時,恐順勢進攻目前越南占領的 29 個南沙島礁,因此,台灣的消極作為牽一髮動全身,也會引起南海局勢的動盪。

　　至於台灣在南海究竟應該採取積極或消極作為,端賴在南海所面對的威脅為何,在了解此這些威脅的本質與損及台灣何種國家利益後,方能依據自身條件與環境,提出適切的因應之道與政策作為。例如,台灣目前會到南沙群島進行捕撈作業的船隻極少,因此要與其他國家商討共同魚群的管理與養護,恐怕自身能發揮的影響力有限;又,台灣曾試圖在太平島周邊海域進行油氣田探勘,其結果並不樂觀,而其他南海海域又在他國管轄範圍內,例如禮樂灘在菲律賓控制之下,萬安灘在越南控制之下,至於南康暗沙到曾母暗沙,馬來西亞已進行探勘開採,因此,傳統油氣田的探勘與開採,台灣在客觀條件不足下,亦無法引起「共同開發」的共鳴。

　　台灣在南海雖然面對諸多威脅,而南海的情勢變遷也造成台灣在南海話語權與相關作為之影響力大不如前,但不可否認地,在具有關鍵因素的環節上,台灣仍在南海發揮一定的影響力,因此,對台灣本身國家安全,乃至國防軍事層面,南海對台灣仍有高度的戰略價值,這些戰略價值有軍事及非軍事性的,有傳統安全與非傳統安全的成分,發揮此種戰略價值,便可在南海占有一席之地。

貳、台灣各階段經略南海的政策與相關作為

一、兩蔣統治時期至李登輝政府南海政策作為

　　雖然中華民國政府內政部方域司（現地政司）曾在 1947 年公布「南海諸島位置圖」，但由於政府播遷來台，無暇兼顧南海，但從 1951 年《舊金山對日和約》中，日本放棄西沙群島與南沙群島，因此，再度掀起搶占南海島礁的浪潮。1956 年，中華民國政府派出立威部隊、威遠部隊、寧遠部隊等分別從 6 月至 10 月前往南沙島礁，至此派遣海軍陸戰隊駐防島礁。[1]

　　1970 年代，菲律賓、越南、馬來西亞陸陸續續侵占南沙群島，對此，中華民國先行表達抗議，但也因政治上的考量並沒有採取武力方式奪回島礁。1982 年《聯合國海洋法公約》簽署後於 1994 年生效，使得各國主張海洋權利便以新海洋法為圭臬，我國在 1992 年 8 月在內政部底下成立了「南海小組」，由內政部部長擔任召集人、內政部次長兼任副召集人。外交部、國防部、經濟部、交通部、行政院衛生署、環保署、陸委會、國科會、農委會、行政院海巡署副首長及高雄市政府市長。隨即在當年年底 12 月 3 日召集第一次南海小組會議，具體成果包括以下三點：第一、通過「南海小組會議規則」、「南海小組議事作業注意事項」，修正「南海小組設置要點」每三個月召開一次會議。第二、各機關設立聯絡人。第三、將「南海政策綱領」及「南海政策綱領實施綱要分工表」草案報請行政院核示。

---

[1]　黎蝸藤，《從地圖開將到人工造島：南海百年紛爭史》（台北：五南圖書，2017年8月），頁204-206；Nalanda Roy, *The South China Sea Disputes: Past, Present, and Future* (New York: Lxington Books, 2016), pp.4-5.

　　1993 年 4 月行政院核定「南海政策綱領」後，5 月 26 日內政部召開南海小組第二次會議，討論籌開南海問題討論會，規劃由內政部與國防部協商考察東沙島及太平島事宜，並邀媒體及籌組勞軍團。1994 年 3 月 21 日，南海小組第三次會議修正通過「南海問題討論會議結論分辦表」，併同各機關南沙太平島考察報告，報請行政院核示。至於興建太平島機場之主辦機關，交通部民航局建議改為內政部，由於爭議過大，南海小組會中決定會後應再協調。同年 11 月 24 日，南海小組召開第四次會議，對於菲律賓提議有關國家在南海駐軍指揮官舉行非正式集會、建立共同無線電頻率、定期通話及駐軍間打籃球首場可在巴拉望省首府公主港舉行，會中決定由外交部函復菲律賓，我方樂見共同無線電頻率，互相幫助國際間人道搜救、援助，至於定期通話、指揮官非正式集會及守軍打籃球等項目我國回覆正在考慮中，但最後也沒有任何回應。

　　1997 年 12 月 23 日南海小組第五次會議中，由於台灣在 1996 年歷經台海飛彈危機，首屆民選總統就職後，台灣的外交空間更受到中國的壓迫，台灣希望主辦區域的南海會議，受到中國極力反對，因此，南海小組會議上決議，我國對於參加國際會議應持態度為務實積極參加國際性會議，隨時隨地維護國家主權及尊嚴。各機關可自行舉辦國際會議，藉以加強聯繫南海周邊國家，暢通溝通管道；各機關認為有必要辦的事，可先循預算途徑辦理，如有困難，則函報南海小組轉報請行政院核示。另外，會中也決定由交通部主辦，內政部、國防部、農委會、高雄市政府相關單位共同參與，邀集專家學者組評估小組赴東沙考察開放觀光事宜；另外由內政部規劃考察東沙島及太平島事宜。

　　1999 年 6 月 4 日，南海小組第六次會議決定，小組將組團前往南沙

太平島與東沙島考察。由於中國與東協國家正在商討《南海共同行為準則》，小組也決定，在無損我國主權下適當時機參與《南海共同行為準則》。同時積極參與南海地區共同合作開發計畫。小組也決定，由高雄市政府主辦，先洽國防部同意，開放獎勵民間企業以 BOT 方式興建東沙島及太平島碼頭。此外，責成內政部地政司召開工作小組會議，詳列參與南海周邊國家於南海 U 形水域內舉行聯合水文測量及製作海圖活動之條件、法律依據、衡量利弊得失並預謀對策，以「今日之任何作為，絕不可為將來主權談判帶來後遺症」為指導原則。此外，小組會議也討論東沙完成行政鄰里，且已有民眾設籍；南沙部分等高雄市政府完成行政編組後，再接受民眾申請設籍。內政部研擬高雄市政府「代管」東沙島及太平島問題，並予以正名。至於東沙島觀光可行性評估，高雄市政府將會同交通部觀光局及台綜院共同規劃辦理。

二、陳水扁政府的南海政策作為

2000 年，台灣第一次政黨輪替，由民進黨主政下的內政部南海小組，僅在 2003 年 10 月 20 日召開第七次會議，同意高雄市政府為研究規劃南海地區觀光可行性之主辦機關，國防部、交通部、內政府及海巡署為協辦。會中交通部也提案將東沙島、太平島增設海浪測報儀、寬頻地震觀測儀及衛星定位儀，蒐集海浪及地震資料改列遠程計畫，納入工作會議協商。至於東沙機場由交通部先會同海巡署勘查，再由民航單位研提可行方案；東沙島碼頭部分，由海巡署彙整學者專家意見，參考高雄市政府原有計畫，海巡署積極續辦；太平島籌建碼頭由海巡署報行政院，由經建會審查通過後辦理，至於太平島興建機場，由海巡署做可行性調查評估，若可

行則再續辦相關事宜。換言之,無論是機場跑道、碼頭等建築,都在南海小組早期規劃中,只是具體落實時間是在 2006 年以後歷經陳水扁政府與馬英九政府,前者興建機場跑道,後者興建碼頭。

由於「南海小組」在 2000 年至 2005 年之間僅召開過一次小組會議,成效不彰,內政部地政司作為行政支援單位,對南海如此高度敏感的政治議題也無法自作主張,2005 年 8 月,行政院解除了內政部「南海小組」任務,終止了「南海政策綱領」適用,將相關業務函文國家安全會議(以下簡稱國安會)辦理,國安會隨即於 8 月 18 日簽奉總統核定成立「海域情勢會報」,整併「南海」、「東海」、「西太平洋」等三個海域整體規劃與處理海洋事務,陳水扁也在 2008 年 2 月 2 日首次踏上太平島,在島上發表了「南沙倡議」(Spratly Initiatives),提出「以環境保護取代主權爭議,以生態存續代替資源掠奪」等四點內容。[2]

三、馬英九政府南海政策作為與「南海仲裁案」

2008 年 5 月,再次政黨輪替,國民黨總統候選人馬英九就任總統後,除在國安會責令諮詢委員列管南海業務外,還要求相關部會分別設置南海小組,就其各自掌管與南海有關業務擬定執行策略。其後,國安會接續召開多次跨部會會議,就維護主權和海洋權益、區域合作及國際參與等

---

[2] 「南沙倡議」四點內容包括:一、台灣接受「南海各方面行為宣言」所揭櫫的精神與原則,堅持以和平方式解決領土與管轄的爭議。二、南海的開發應首重環境生態的保育,尤其必須正視全球暖化,海平面上升對南海島礁永續經營所帶來的威脅。台灣籲請相關各國應優先考慮對南海劃設成海洋生態保育區,而非進行海洋資源的掠奪。三、定期開放並邀請國際生態學者及環境團體至東沙環礁、太平島及中洲礁進行研究與考察。四、避免敏感的主權議題妨害各國於南海地區的合作,鼓勵民間成立「南海研究中心」,定期舉辦國際研討會,經由二軌的接觸管道,積極緩和南海不穩定的情勢。許紹軒,〈扁提南沙倡議,環保生態至上〉,《自由時報》,2008年2月3日,https://news.ltn.com.tw/news/politics/paper/187034。

目標擬定南海政策規劃分辦表。2011 年，國防部開始舉辦「全民國防南沙研習營」活動，從提出申請的大專院校中，每一梯次抽出兩隊，搭乘軍艦前往太平島，增加青年學子對南海的認識。

2012 年 4 月爆發中國與菲律賓的「黃岩島事件」，菲律賓在 2013 年提出「南海仲裁案」，因事涉南海權益與菲律賓在口頭聽證會上提出「太平島」無法享有 200 海里專屬經濟區，因此將專注力集中在南海地區；2015 年 5 月 26 日，馬英九總統於「2015 年世界國際法學會與美國國際法學會亞太研究論壇」開幕式致詞時，提出以和平互惠原則，解決南海爭議問題的「南海和平倡議」，呼籲各國在國際法的基礎上，包容和解，互相合作。2016 年 1 月 28 日，馬英九總統登上太平島，以元首身分慰勞駐島人員的具體動作，宣示我國在太平島享有完全主權。同時正式提出「南海和平倡議路徑圖」，呼籲相關國家以「三要三不要」原則，和平解決南海爭端。

所謂「三要三不要」內容包括：第一是「要合作，不要衝突」：建立各項有助南海和平繁榮的合作及開發機制，將主權爭議留待日後透過和平方式解決。第二是「要共享，不要獨占」：合作及開發機制應讓所有區域內各當事方平等參與，共享資源，以免損及任何一方的權益。第三是「要務實，不要僵持」：先從對各當事方都有利且容易形成共識的面向著手，務實漸進推動各項合作，以免各方因堅持己見而錯失合作契機。[3]

2016 年 3 月 23 日，馬英九政府邀請國際媒體記者登上太平島，主要目的是對國際媒體表達了太平島是「島」（island）而非「岩石」（rock），因此可符合《聯合國海洋法公約》第 121 條，享有 200 海里專屬經濟區及

3　仇佩芬，〈馬英九登上太平島，提出『南海和平倡議路徑圖』〉，《風傳媒》，2016年1月28日，https://www.storm.mg/article/80280。

大陸礁層。同日，透過「中華民國國際法學會」向南海仲裁案仲裁庭提交
「法庭之友意見書」（amicus curiae），無獨有偶，香港「亞太國際法學院」
也在同年 6 月 6 日提交「法庭之友意見書」至仲裁庭。在闡述太平島海洋
權利的同時，外交部也發布《南海政策說帖》論證太平島主權歸屬於我。

四、蔡英文政府南海政策作為

　　2016 年 5 月 20 日，台灣再次發生政黨輪替，蔡英文總統就任，面對
「南海仲裁案」裁斷結果即將出爐，因此，由國安會召集跨部會協調機
制，擬定我國政府立場，7 月 12 日下午裁斷結果出爐，菲律賓勝訴，中國
敗訴，不過中國隨即發布四不政策，即「不承認、不參與、不接受、不執
行」。台灣在總統府發布的聲明稿中表示：「本案仲裁庭於審理過程中，
並未正式邀請中華民國參與仲裁程序，也從未徵詢我方意見。現在，相關
仲裁判斷，尤其對太平島的認定，已經嚴重損及我南海諸島及其相關海域
之權利，我們在此鄭重表示，我們絕不接受，也主張此仲裁判斷對中華民
國不具法律拘束力。」[4] 而外交部表達完全無法解受，其結果對我國沒有
任何法律拘束力的理由包括稱我為「中國台灣當局」（Taiwan Authority
of China）以及宣告太平島為「岩礁」（rocks），不得擁有專屬經濟海域
（Exclusive Economic Zone），嚴重損害我南海諸島的法律地位及其相關
海域權利。[5]

　　不過，無論是蔡政府的總統府或外交部聲明，都僅代表對「南海仲裁

4　〈中華民國政府對「南海仲裁案」之立場〉，《中華民國總統府》2016年7月12日，https://
　　www.president.gov.tw/NEWS/20574。

5　〈中華民國外交部對「南海仲裁案」之立場〉，《外交部聲明》，2016年7月12日，https://
　　www.mofa.gov.tw/News_Content_M_2.aspx?n=5028B03CED127255&sms=5ED24855AD8E6C58
　　&s=2FE266654F43DD5C。

案」裁斷結果的態度與立場，稱不上台灣的南海政策，就在裁斷結果出爐後一週，7月19日蔡英文政府再次召開國家安全會議，完整地闡述了蔡英文政府的南海政策，即「四點原則，五項做法」，包括：第一、南海爭端應依據國際法及海洋法，包含《聯合國海洋法公約》，以和平方式解決；第二、台灣應納入多邊爭端解決機制；第三、相關國家有義務維護南海之航行自由及飛越自由；第四、中華民國主張應以「擱置爭議、共同開發」的方式處理南海爭端，且願在平等協商之基礎上，與相關國家共同促進南海區域和平與穩定，並共同保護及開發南海資源。

五項做法分別是：第一、捍衛漁權，強化護漁能量，確保漁民作業安全；第二、多邊協商，請外交部與相關國家加強對話溝通，協商尋求合作共識；第三、科學合作，請科技部開放科學研究名額，由相關部會邀請國際學者至太平島，進行跨國性之生態、地質、地震、氣象、氣候變遷等科學研究；第四、人道救援，請外交部與相關國際組織NGO，使太平島成為「人道救援中心」及運補基地；第五、鼓勵海洋法研究人才，以強化我國在因應國際法律議題時的能量。[6]

除了延續馬英九政府時期的「全民國防南沙研習營」活動外，蔡英文政府更以人道主義為經略南海的核心精神，將太平島打造為人道救援島，規劃「南援專案」演習；至於科技部也成立「南海國際科學研究中心計畫辦公室」，推動「南海國際科學研究中心」的成立，至於科技部其他研究案大多集中在東沙環礁的研究，至於內政部、交通部、經濟部與行政院農業委員會分別針對自行主管的業務，推動南海方面的研究，特別是內政部營建署透過國家公園的能量，豐富我國在南海海域的基礎調查與海洋生物

6　〈南海仲裁 蔡總統國安高層會議提5做法〉，《中央社》，2016年7月19日，https://www.cna.com.tw/news/firstnews/201607195022.aspx。

資料。不過，由於蔡英文政府上任後推動「新南向政策」，在此一大方向與目標下，不願與新南向某些目標國，同時又為南海聲索國發生齟齬，因此，「擱置爭議，共同開發」中的「擱置爭議」，成為蔡英文政府在南海政策的主軸。

參、台灣在南海所面臨的威脅

台灣在南海所面臨的威脅，分別來自政治、法律、軍事與經濟層面，但更嚴重的威脅是來自台灣內部，民眾對南海事務的認知明顯不足，甚至誤解與輕忽南海的重要性，這些威脅造成台灣在南海的角色與行動逐漸受到影響。

一、政治與法律威脅：各國積極建設島礁與中國法律及行政作為

南海島礁面積不大，生活條件差，南海各個聲索國多以武裝部隊人員或政策移民方式居住在這些島礁上，為了改善島礁居住環境，除了汶萊外，其他聲索國都在島礁上建築工事，對島礁進行填海造陸，增加防禦設施，甚至修築機場跑道及碼頭，以利本國對這些島礁運補。美國「戰略與國際問題研究中心」（Center for Strategic and International Studies, CSIS）的「亞洲海事透明倡議」（Asia Maritime Transparency Initiative, AMTI）發布報告指出，越南從 2017 年開始就在大約 10 個主要的島嶼上修建各種設施，包括在南沙群島越南占據的最大島嶼（南威島）上修建了一個體育場，而且把一個 750 公尺長的飛機跑道延長到 1,300 公尺。南沙群島被越

南軍方控制了數十年的島嶼上的建造工程包括填海，建築上安裝太陽能板，修建了 25 個停泊港。[7] 至於菲律賓同樣地也在其占領的中業島上擴大其基礎建設，菲律賓國防部長洛倫扎納（Delfin Lorenzana）說，中業島上已經建造了一個海灘坡道，方便船艦向島上運送建築設備。[8]

　　除了島礁建設為了自身的生活條件外，各個聲索國也為了在國際法上聲稱島礁的法律地位有關，除了主張領土主權外，建構島礁自身的維持人類居住的條件，正是從島礁主張擁有 200 海里專屬經濟海域的基礎，而中國對島礁進行大規模的填海造陸及農工部署，遠比其他國家規模更大，而這種島礁建設包含了民事化與軍事化措施。[9]

　　軍事化以外，為了確保海洋資源，中國開始展開強勢的執法作為以及探勘活動，甚至干擾他國的探勘與開發作業；在行政組織變革上，原本在海南省設立地級市三沙市，此後在 2020 年 4 月公告設立西沙區與南沙區，[10] 此舉凸顯中國行政部門對南沙群島的經營，已非採取單純軍事管制區的思維，更多的是與民政、戶政結合的「維持人類居住」或「其本身經濟生活」等有關，這與 1982 年《聯合國海洋法公約》設定給予 200 海里專屬經濟區或大陸礁層的先決條件有關，換言之，中國在南沙島礁的作為已非單純軍事措施，而是夾雜行政體制、民事化、法制化、行政管理辦法與軍事防衛等綜合型經略島礁措施。

7　CSIS, "Slow and Steady: Vietnam's Spratly Upgrades," *AMTI*, April 8, 2019, https://amti.csis.org/slow-and-steady-vietnams-spratly-upgrades/.

8　〈南海局勢熱點：菲律賓在中業島擴大基建〉，《BBC中文網》，2020年6月11日，https://www.bbc.com/zhongwen/trad/chinese-news-53015950。

9　Carlyle A. Thayer, "Sovereignty Assertion in the South China Sea/the East Sea: Militarization and Construction of Artificial Islands," *International Studies*, No.36 (June 2017), pp.75-76.

10　〈南海風坡再起：中國再三沙市設行政區，越南抗議，美軍演習〉，《BBC中文版》2020年4月23日，https://www.bbc.com/zhongwen/trad/world-52382529。

二、軍事威脅：域內、域外國家的海洋軍事活動

南海歷經 1974 年西沙海戰、1988 年赤瓜礁戰役、1995 年美濟礁事件、2012 年黃岩島事件，早已不平靜，區域內的軍事活動增加，伴隨著中國崛起，海權擴張，南海更是區域衝突引爆點之一。[11]

2001 年 4 月 1 日發生的中美軍機擦撞事件，等於宣告中美在南海之間的軍事摩擦將持續不斷，後因 911 恐怖攻擊事件，中美在南海的軍事摩擦緩解，但從美國歐巴馬政府開始執行「重返亞洲」（Pivot to Asia）政策後，中美之間的摩擦又隨之而起，特別是 2009 年 3 月 8 日發生的「無瑕號」事件，美國海軍研究船「無瑕號」（T-AGOS-23）在海南省以南約 120 公里的南海海域進行科學研究調查，與 5 艘中國籍船舶遭遇。包括一艘中國海軍情報蒐集船、一艘海事局漁業監督船、一艘國家海洋水文監督船和兩艘小型掛著中國國旗的拖網漁船，其中兩艘拖網漁船向「無瑕號」逼近至 15 公尺，艦上人員揮舞中國國旗，要求「無瑕號」離開。「無瑕號」用消防水龍頭向中國拖網漁船噴水。兩艇隨後向「無瑕號」再逼近，雙方距離不到 8 公尺。中國拖網漁船向海洋海拋木頭企圖阻擋「無瑕號」去路，「無瑕號」透過艦上廣播表示將要離開，但兩艘中國艦艇擋住「無瑕號」的去路，迫使「無瑕號」必須緊急下錨。中國船員又用長竹伸到海中試圖破壞「無瑕號」拖曳的聲納陣列。最後美軍被迫在 3 月 12 日派出海軍「鐘雲號」（DDG-93）驅逐艦，確保「無瑕號」的海上作業。[12]

中國在 2013 年下半年開始對南沙群島中所占領的島礁進行吹沙填海

11　Joseph A. Gagliano, *Alliance Decision- Making in the South China Sea: Between Allied and Alone* (London: Routledge, 2019).

12　Bill Hayton, *The South China Sea : The Struggle for Power in Asia* (New Haven and London: Yale University Press, 2014), p. 209.

與填海造陸，完成後便開始進行民事化與軍事化措施。在軍事化部分，中國分別在永暑礁、渚碧礁及美濟礁設立機場跑道，永暑礁與渚碧礁機場跑道更有將近 20 個機庫，除了可停 20 架戰機外，也可同時停放運輸機與轟炸機等，也有直升機平台，島上部署「紅旗九」防空飛彈，碼頭可停靠 5,000 噸級的船舶，轟 6 以及殲 10、殲 11 戰機都在南海出現過，特別是這些戰機還短暫在西沙群島永興島上停留，運 8 則停留在永暑礁，協助中國在這些島礁上的運補作業。

　　2018 年 9 月 30 日，美國海軍迪凱特號（USS Decatur）進入赤瓜礁與南薰礁海域，中國海軍蘭州號積極應對，不僅僅依據往例進行查證、識別、警告、驅離，中國軍艦甚至逼近美國軍艦距離僅為 41 公尺左右，在美軍採取避碰作為後，雙方雖然沒有在海上發生擦撞，但這在海上航行安全方面是一大禁忌。時任美國白宮國安會顧問的波頓（John Bolton）在隔月 10 月中接受電台訪問時，針對 9 月 30 日中國軍艦在南沙海域進逼美國軍艦事件表示：「美國海軍在全球執行任務時有一套交戰準則，尤其是南海如此有潛在危險的區域。」波頓強調「指揮官擁有我們需要的權力」。他也警告中國：「我們不會容忍威脅美國軍人的舉動，我們決心要讓公海航線保持開放，這是中國人需要了解的事情」。並嚴斥中國長期以來的行為「一直是不必要的挑釁」。其後，美軍部署於日本的航空母艦雷根號（USS Ronald Reagan）、美國西岸的史坦尼斯號（USS John C. Stennis）便在中國南方海域菲律賓海一帶展開操演。同時，為了展現美國在南海的軍事存在，美國航母卡爾文森號（USS Carl Vinson, CVN-70）在 2018 年 3 月首次訪問峴港（Da Nang）；2020 年 3 月，美國航母羅斯福號（USS Theodore Roosevelt, CVN-71）和邦克山號導彈巡洋艦（USS Bunker Hill,

CG-52）也抵達峴港訪問。

三、經濟威脅：海洋資源探採與開發引發的爭執

　　南海油氣蘊藏量號稱第二個中東，但台灣在太平島及其附近海域的勘探並不順利，無法達到鑽井探油的標準，而目前在南海蘊藏石油的地點大多集中在環伺南海的周邊國家近海海域，例如中國在海南島至中沙群島間的海域，越南的萬安灘海域，菲律賓的禮樂灘海域，馬來西亞在北康暗沙至曾母暗沙之間存在大量油氣井，汶萊則是在南通礁至該國陸上國土之間的大陸礁層上擁有大量的海上油井，也就是在北加里曼丹的大陸礁層上，馬來西亞自行預估蘊藏量有 30 億桶石油，而汶萊則預估自身蘊藏量為13.5 億桶石油。

　　此外，由於台灣已在 2005 年已將太平島規劃為海龜保育區，亦已在東沙島成立「東沙環礁國家公園」，這也就意味著在東沙島與太平島周邊海域，海洋經濟開發便受到環境法規上的限制，但也因為如此，也保存了許多豐富的生態，免受經濟開發的破壞，再者，如果資源礦產的蘊藏地與開發大多位於南海海域周邊地帶，那台灣也無法在這些海域開發之際，就必須思考在此種弱點下，要以適切的方式替代資源開發。

四、台灣內部威脅：民眾對南海認知不足、輕忽甚至誤解

　　最後對台灣南海權益最大的威脅是來自於台灣民眾對南海權益的認知不足，甚至產生誤解或者輕忽。馬來西亞與印尼曾為了西巴丹島（Sipadan island）與利吉丹島（Ligitan island）領土主權歸屬問題而發生爭執，最後由聯合國「國際法院」裁斷歸屬於馬來西亞，當法院進行審判過程中，許

多印尼人並不知曉西巴丹島與利吉丹島是否屬於印尼，畢竟印尼島嶼過多，但當人民對這些島嶼認知程度不足，就不會督促政府，採取必要性措施與主張，維護島嶼的主權。

特別是迄今仍有諸多台灣民眾對我國在南海擁有那些島礁，島礁名稱以及發展歷史認識不足，當民眾認為這些權益可有可無，政府便不會將施政重心擺放在南海事務上。此外，倘若台灣民眾對南海的認知錯誤，也會使得政府施政飽受干擾，例如目前台灣輿論或者民眾對於南海島礁是否能主張 200 海里專屬經濟區或者是大陸礁層，都很簡單地區分「島」就有 200 海里，而「礁」就沒有 200 海里，殊不知 1982 年《聯合國海洋法公約》第 121 條第 3 項規定的條件是「不能維持人類居住」或「其本身的經濟生活」的岩礁，不應有專屬經濟區或大陸礁層。

換言之，決定是否有 200 海里的關鍵因素不在名稱，而在人類居住與經濟生活的條件，中國與菲律賓之間的「南海仲裁案」也是環繞著這些標準來裁斷，而非從其名稱為「島」或「礁」來判斷，例如中國稱「Scarborough Shoal」為「黃岩島」，但台灣稱之為「民主礁」或「憲政礁」，但英文的「Shoal」在中文為「淺灘」之意，但根據《聯合國海洋法公約》第 121 條第 1 項對島嶼的定義，均為島嶼的一種，只不過面積較小，但如果要把「Shoal」一字當成是島嶼的一種有時也不符合《聯合國海洋法公約》的定義，例如曾母暗沙的英文為「James Shoal」，但在南海卻看不到此陸地區域，因為曾母暗沙在海平面以下將近 20 公尺處，連「低潮高地」（Low Tide Elevations）都不是，因此，這些海洋法上的專業用詞，以及其衍生出的海洋權利，無論是主權（sovereignty）或主權權利（sovereign rights）層面，民眾錯誤認知所引起的民粹主義，都將造成

政府施政上的困擾。[13]

因此，台灣的南海政策有一部分來自於外力因素，但有時是台灣內部民粹聲浪影響所致，民粹導致政黨政治不健全，政黨之間為了自身利益，為反對而反對，造成國家對外政策發生反覆狀況，或者採取不符合現行國際法或海洋法的行動，這些行動有時並不會對台灣維護海洋權益或政府政策有所幫助，反而具有嚴重的侵害性。例如 2006 年陳水扁政府開始建造太平島上的機場跑道，並在 2007 年底正式啟用，形成台灣本島與太平島之間得以採用 C-130 運輸機進行運補作業，但為了航行安全，2007 年國防部編列隔年度預算增長太平島機場跑道，但在立法院遭到反對黨國民黨的否決，2008 年馬英九政府上台後，發現到跑道的確需要增加長度，但也遭到反對黨民進黨的杯葛，同時在國際社會將焦點轉移至南海之際，增長跑道的政策卻窒礙難行，錯失我國在太平島積極建設的時機，最後僅以人道為理由，興建碼頭、燈塔以及進行人道救援演練。

肆、台灣在南海的戰略價值

一、東沙環礁扼守台灣海峽與巴士海峽等雙海峽

東沙環礁距離高雄 445 公里，距離廣東汕頭約 259 公里，目前是一個東西長 2,800 公尺，南北寬 865 公尺的環礁，陸地面積約 1.74 平方公里，島上有一機場跑道，長約 1,550 公尺。目前台灣有效控制東沙環礁，南沙

---

13 Erik Franckx, "The Award of 12 July 2016 and Its Impact on the Clarification of Article 121 (3) LOSC," in James Borton ed., *Islands and Rocks in the South China Sea: Post-Hague Ruling* (Bloomington: Xlibris, 2017), pp. 5-7.

群島中的太平島以及中洲礁，如以地理戰略位置來觀察，東沙環礁位置非常重要，扼守著台灣海峽以及巴士海峽的入出口，也就是說，如果台灣能加強東沙環礁上的軍事雷達設施，對於進出南海海域，或者是中國人民解放軍從台灣海峽西南海域東出巴士海峽，進入西太平洋海域前進至菲律賓海以及美屬北馬里亞納群島與美屬關島等第二島鏈，形成一個重要的預警據點。

二、太平島為南沙群島最大「自然形成的陸地區域」

外界普遍認為，當中國在南沙群島完成吹沙填海或填海造陸的島礁建設後，太平島的戰略地位便因此下降甚至喪失，這是對地緣政治、國際關係與海洋法的誤解，太平島反而因此而會受到更多的重視，更加凸顯出戰略與法律上的價值。由於 1982 年《聯合國海洋法公約》第 121 條第 1 項對島嶼的定義：「島嶼是四面環水並在高潮時高於水面的自然形成的陸地區域。」雖然中國占領的南沙群島均已進行吹沙填海或填海造陸，使其面積遠大於太平島，但如果以「自然形成」的標準來看，太平島仍然是最大的島礁，況且，原本渚碧礁（Subi Reef）及美濟礁（Mischief Reef）就是低潮高地，吹沙填海後則被視為人工島嶼，不能被視為領土，因此連領海的權利都沒有，再者，即使永暑礁（Fiery Cross Reef）原本就有自然形成的珊瑚礁在海平面以上，但由於填海造陸工程而將原生的珊瑚礁毀壞，那將適得其反，將島嶼的要件「自然形成」的部分摧毀，使其是否為島嶼便產生法律上的爭議。[14]

---

14 Yann-huei Song, "Taiping Island: An Island or a Rock under UNCLOS," *AMTI*, May 7, 2015, https://amti.csis.org/taiping-island-an-island-or-a-rock-under-unclos/.

也有人認為，南海的東沙群島與南沙群島太平島與中洲礁，對台灣來說就像雞肋一般，食之無味，棄之可惜，但如果台灣在南海「不存在」，那也可能不會有 2015 年在新加坡舉行的「馬習會」，而中國國家主席習近平也就不會念茲在茲地提醒馬英九總統南海事宜；至於美國與菲律賓也因為中國主張的「南海九段線」源起於中華民國在 1947 年所劃設的「南海諸島位置圖」上出現的「南海十一段線」，當然也希望台灣說明清楚當年內政部方域司之所以如此繪製之法理基礎，因此，太平島的戰略價值並沒有降低，反而提升。

三、不受《南海各方行為宣言》拘束的南海聲索國

2002 年 11 月，中國與東協國家在柬埔寨金邊簽署《南海各方行為宣言》，台灣雖然同是南海聲索國之一，卻未被邀請參與該宣言的談判與簽署，因此成為南海聲索國中唯一非締約方的國家，根據「條約對第三國無利無損」（*pacta tertiis nec nocent nec prosunt*）原則，台灣在南海的行為規範自然無需接受宣言的規範，即使 2008 年 2 月 2 日台灣前總統陳水扁先生登上太平島，提出「南沙倡議」，表示：「台灣接受《南海各方面行為宣言》所揭櫫的精神與原則，堅持以和平方式解決領土與管轄的爭議。」而宣言的精神與原則，便是《聯合國憲章》，也就是符合後段所言和平方式解決爭端。

而宣言第 5 點規定：「各方承諾保持自我克制，不採取使爭議複雜化、擴大化和影響和平與穩定的行動，包括不在現無人居住的島、礁、灘、沙或其它自然構造上採取居住的行動，並以建設性的方式處理它們的分歧。」也就是說對於無人居住的陸地部分，這包括因自然力量形成的

島、礁、灘、沙等，締約國都不能進行占領，維持目前聲索國占領的現有狀態，然而台灣並非宣言締約國，自然不受此一條款的拘束。

2003 年 8 月 16 日，台灣內政部長率領相關官員與學者登上太平島旁無人居住的中洲礁，插上我國國旗，並宣稱為我國領土的一部分，[15] 自此我國除在南沙群島宣稱實質占有太平島外，另還有中洲礁，其後興建木質結構觀鳥亭，後因氣候因素而被吹入海中，雖然目前中洲礁上沒有任何人工設施，但我駐太平島海巡署官兵定期登島淨灘並阻止其他國家登島的可能，2003 年的占領行為是在 2002 年的宣言之後，因此除了宣言已經形成習慣法的規定，例如和平解決爭端台灣仍要遵守之外，但因為未受邀請更加證明不受宣言第 5 點的拘束。

同樣地，面對目前中國與東協國家正在談判的《南海行為準則》，台灣也同樣因為政治因素而無法參與，但台灣並不會因此而消失在南海中，但準則談判完成對台灣所造成的衝擊或傷害，例如無法加入區域多邊合作機制，就海洋事務進行合作，或者無法參與準則建構的「熱線」（hotline）、「海上相遇規則」（CUES）與多邊軍事演習等，這些都是台灣需要採取彈性的南海作為，彌補政治因素干擾下不足的部分。

伍、台灣維護南海和平穩定之政策建議作為

針對瞬息萬變的局勢，即使台灣在南海面對的威脅挑戰，仍有其存在的價值，從 1993 年南海政策綱領制定以來，至 2005 年終止後，仍舊以維

---

15 〈想當年，張景森：機槍對著我〉，《自由電子報》，2015 年 12 月 8 日，https://news.ltn.com.tw/news/politics/breakingnews/1532666。

護領土主權，期盼國際合作，和平解決爭端為主軸，無論是國民黨執政時期「主權在我、擱置爭議、和平互惠、共同開發」的 16 字箴言，或是民進黨執政時期「擱置爭議，共同開發」的 8 字箴言，台灣對南海的政策方向仍然沒有改變。

　　不過，近期南海局勢變化，讓台灣也不得不採取更為積極的態度應對此種環境，更重要的是如何強化島礁實力，以阻絕外力的入侵，對於台灣維護南海和平穩定的政策作為，建議如下：

一、有別於傳統基礎建設，台灣可將南海島礁建設成高科技智慧島

　　首先是面對各國建設島礁嶼法律行政作為，如前所述，建設島礁目的有二，其一為改善南海島礁的生活條件與環境，其二當然具有軍事上的目的。由於台灣在南海問題上，受制於區域和平穩定以及國會掌控預算的考量，因此常不能像其他國家大興土木，大規模進行填海造陸，雖然硬體建設受限，但軟體建設完善更可以凸顯台灣特色，同時也可以展現進階版的島礁建設，而非停留在傳統的基礎建設上。

　　具體而言，台灣在發展 5G 與人工智慧（AI）產業之際，也要將之運用在東沙島、太平島與中洲礁，甚至可將這些能量持續擴增到附近海域，雖然目前這些島礁仍是軍事管制區，但運用在軍事層面的科技也足以讓島礁升級為科技智慧島。這些科技除了運用在島礁駐軍人員生活條件與環境的改善外，也可為人類社會貢獻相關資訊，例如對候鳥遷徙的監測，海洋科學技術的測量，採用無人機、無人船或無人潛水器等對海洋環境保護的監測，例如對非法捕撈或破壞海洋生態的各國漁船進行監測。在東沙島或

太平島上，無人車也可改善目前島上運輸狀態，同時遠距醫療，甚至達到機器手臂進行遠距手術，更可讓目前推動島上的人道救援能量大增，有別於其他聲索國的占領行為。將人工智慧運用在島礁上，讓人類生活更得以健全，不須要靠填海造陸才能證明，也能符合《聯合國海洋法公約》第121條第3項規範要件，進而讓島礁得以主張200海里專屬經濟區或大陸礁層之主權權利。

　　但須注意的是，這種科技智慧島的建設，雖有別於傳統硬體設施的建構外，更需要發揮諸多創意，一方面體現主權行為，一方面有別於其他國家的島礁建設方式，更可促進我國在高科技智慧產業方面的精進。

二、面對嚴峻的軍事活動，除思考國軍重返南海外，更要有足夠的軍事威懾武器

　　由於中國已將南沙群島軍事化，再加上西沙群島的軍事化設施，已造成南海周邊國家的危機感加重，各國無不增加其在島礁上的建設與裝備，防範外力的入侵，南海周邊的東南亞國家，也不斷加強海上實力，強化軍隊防衛力量。

　　由於日本媒體《共同社》的報導，中國人民解放軍計畫在2020年8月奪取台灣東沙島，[16] 我國國防部決定讓海軍陸戰隊以「移訓」之名，由海軍陸戰隊九九旅副旅長林家宏率隊機動進訓東沙島，無論日本媒體消息來源是否真實，也無論中國人民解放軍是否會對東沙群島動武，但面對中國在南海擴張軍事實力，早已改變南海整體環境，局勢緊張之下，只有增

16　〈日本共同社：共軍可能8月南海軍演東沙奪島〉，《中央社》，2020年5月12日，https://www.cna.com.tw/news/firstnews/202005125002.aspx。

強所占領的島礁軍事防衛能量，方能有效嚇阻敵人的入侵。

　　我國在 1999 年決定以新成立的海巡署換防東沙島及太平島的海軍陸戰隊，希望能夠降低區域緊張情勢，透過海警之間的合作機制，共同打擊海上犯罪，然而，台灣的舉措並沒有引起其他南海聲索國的共鳴。2000 年1 月，海巡署正式進駐東沙島與太平島，當地軍事管制區地位並未解除，留下某些必要的軍事人員外，其他駐守的海軍陸戰隊隊便由具有警察身分的海巡接替。由於海巡的職責是打擊犯罪，與防衛國土所需要的火力與訓練並不相同，因此，未來台灣應該思考國軍重返南海，建構足以威懾外力入侵的火力，才能間接確保駐軍的安全與領土主權。

　　此外，由於南海已進入軍事化階段，當各國都在籌備自身的軍事武力之際，台灣更沒有理由讓自己在南海的防務體系空洞化，無論是「衛疆計畫」、「碧海操演」，或者是海巡署的「南援專案」演習，都僅能說明一時的軍事防禦與海上救援實力，不能展現島礁具有充足的防衛能力，以產生威懾效果。因此，將具有專業軍事技能的部隊派駐島礁，給部署充足的防衛設備與能量，是台灣目前必須優先推動的南海政策。

三、發展具不同特色的經濟活動：以生態觀光為首選，間接確認有效管轄

　　在南海占地利之便的國家，大多已在南海進行油氣田的開發，甚至成為國家重要的財政收入來源之一，台灣雖然占有東沙島與太平島，其附近海域有「可燃冰」，但台灣在水下分離水與甲烷的技術仍未到位，所以這些散布在海床上的「可燃冰」則須等待台灣相關技術成熟後，方能開採。而其他國家也因為油氣田的開採，目前與中國之間開始發生相互干擾探勘

作業，甚至中國漁船與海警船也騷擾周邊國家在油氣田的相關活動。

　　在台灣無法探採南海周邊地區油氣田之下，如要與其他國家進行「共同開發」可能性較低，因此，改採其他經濟型態，配合目前「東沙環礁國家公園」珊瑚礁復育成果，擬定生態觀光，同時將國家公園的概念拓展至太平島與中洲礁，特別是太平島已於 2005 年規劃成為海龜保育區，歷經十多年的成果，透過生態教育與觀光經濟概念的結合，依據季節規劃不同的生態觀光行程，無論是國內外團體，均須經過申請同意後才能前往該島礁，在生態觀光過程中，觀光客如有違反相關法律規章也可能依法裁處，換言之，這種作為得以證明台灣在這些島礁的有效管轄，透過海洋環境保育進行南海的有效管轄。

四、普及南海海洋教育，讓民眾支持的力量成為政府的後盾

　　南海海洋教育的普及雖有困難，即使在中小學的地理教育中，仍無法達到應有的專業認知，但透過電子媒體、平面媒體、社交軟體、網路資料庫等各種傳播行為，可以將正確的訊息傳遞出去，讓民眾可以很容易接觸到有關南海事務的訊息，不過由於訊息過於複雜，來源過多，有時甚至在學界仍為辯論階段的議題，竟在政府官方文書中出現使得訊息混亂，甚至對政府的南海作為是不利的。

　　因此，政府在南海海洋教育方面必須提供官方正確訊息，對政府的立場與態度進行完整的論述，同時在中小學開始推廣海洋教育，除了海洋生態、海洋環境、海洋法律與政策之外，更要重視將這些知識運用在台灣周邊海域的實務經驗。因此，台灣實施多年的「全民國防教育南沙研習營」，應該將教育內涵拓展到其他相關部會，特別是教育部與海洋委員會

等，又南海問題涉及外交與兩岸問題，外交部與陸委會的功能也相當重要，此外，我國在南海現地經營，包括海洋科學調查、南海大氣研究等，諸多研究單位，包括中央研究院、科技部、交通部、行政院農委會、海委會國家海洋研究院等相關單位，也應該共同投入南海普及教育，讓民眾了解政府在南海的作為，也給予一定的支持，而這種知識的推廣，遠比單純進行南海島礁民事化的效果更為有用。

五、無法參與多邊機制，優先考量雙邊機制

相較於中國在南海採取強勢作為，引發東南亞國家的疑慮，又中國對限制其南海行動的國際法規範通常不予以「尊重」，也讓東南亞國家對其是否會遵從未來通過的《準則》，或僅成為歷史文件，仍有待進一步檢視中國後續遵約行為。不過，台灣在此環境下，雖無法參與《準則》的多邊談判，但可在海上人道救援、海洋環境保護及航運安全等領域，以技術內容為標竿，提供台灣這些方面的專業人才，展現自身的價值與特點，以「南海和平締造者」為政策核心，有別於中國大陸在崛起後的一貫強勢作為。

如果以技術合作為基準，藉此透過雙邊管道與南海其他聲索國尋求合作機制，例如透過科技部與相關機構配合新南向政策，與東南亞國家進行海洋事務的技術合作，達成雙邊技術合作協定，藉此凸顯台灣在南海事務上的正面能量與貢獻。此外，在海洋執法方面，也可仿照 2015 年《台菲有關促進漁業事務執法合作協定》，讓台菲雙方的執法單位，在海上能依循協定規範達到相互通報的義務，由於菲律賓近年來也因美國及日本在海上執法能量與訓練上的協助，菲律賓海上執法單位與海軍能力也逐漸提

升，為避免台菲在南海或台菲重疊海域發生誤判，強化彼此間的交流與互動，甚至形成多層次執法與海事機構的熱線或通信，或是海域情報交流，共同維護海上秩序，此種合作模式可以推廣至其他南海聲索國，應是台灣短期內可以努力的方向。[17]

陸、結論

由於政治因素，台灣雖為南海聲索國之一，但卻無法成為參與南海多邊合作機制的一員，未能參與《南海各方行為宣言》與《南海行為準則》談判。然而，中國雖在政治實力上占有一席之地，但卻在南海問題上與東南亞主要國家菲律賓、越南及馬來西亞存在領土糾紛，更與印尼存在海洋爭端，至於新加坡在南海問題上，中國又將其視為與美國站在同一陣線。因此，東南亞各國雖然尊重中國的政治立場，但危及自身主要國家利益時，這些國家又必須尋求談判籌碼，以制衡中國在南海不斷地向外擴張。

此外，南海爭端並非僅限於域內國家，域外國家包括美國、日本、澳洲、印度、英國、法國，甚至是德國與俄羅斯等，都試圖在南海問題上展現國家的關切與實力，例如美國雖然領土主權問題上採取中立，但在海洋權利上強調「自由航行」與「自由飛越」，而南海對日本來說，更是海上貿易線的重要航道。

台灣歷經多屆政府，由於實質有效占領東沙群島與南沙群島的太平島與中洲礁，在面對其他聲索國在南海的相關作為，已對台灣在維護南海權

---

17 楊孟立，〈台菲漁業會議落幕，外交部：盼持續推動漁業合作〉，《中時電子報》，2019年3月1日，https://www.chinatimes.com/realtimenews/20190301002327-260407?chdtv。

益上造成嚴重威脅，特別是各國積極建設島礁，以及中國在南海的法律與行政作為；中國在南海除了南海艦隊外，更因南沙群島島礁建設完成，也展開軍事化措施，各國應對中國的軍事化措施，也各自展開對自身島礁的軍事化作為；此外，域外國家在南海進行的軍事活動，除了軍事演習外，更與中國之間的軍事活動存在競爭關係，而非合作關係，倘在軍艦或軍機活動中擦槍走火，恐怕引爆一場局部性武裝衝突；此外，各國在南海周邊地帶進行油氣田的開發，也已累積一定財富，但台灣在南海無能力，也無適當海域進行油氣田開發，漁業捕撈活動與產值比重甚低，因此，當天然資源被他國獲取，相對地也是台灣在獲取天然資源方面的損失；最後則是台灣內部民眾的認知，因為認知不足、輕忽甚至誤解，都將造成政府在推動南海政策上的困難。

面對這些威脅，台灣也無須過度悲觀，因為台灣占有良好的地緣戰略位置，在南海部分則以東沙環礁扼守台灣海峽與巴士海峽的出入口，掌控中國突破第一島鏈進入第二島鏈的重要海域；其次，即使中國在南沙群島填海造陸或吹沙填海，其規模甚大，但仍無法因透過此一人為因素而擴大或縮減島礁原本的權利，例如原本島礁為「低潮高地」，即使填海造陸或吹沙填海，仍然改變不了其人工島或人工設施（建築物）的法律地位，僅享有半徑 500 公尺的安全地帶，而太平島是自然形成的陸地區域，而是否享有專屬經濟海域及大陸礁層，即使有「南海仲裁案」裁斷的否定，但在國際法上仍屬具有可爭辯性的議題，因此，現階段戮力經營太平島及中洲礁，反倒成為必要；再者，凡事禍福相依，有弊必有利，雖然台灣無法參與南海事務的多邊機制，但反而是唯一沒有條約或協定承諾的非締約方，因此，台灣的相關作為是自由的，只要實力夠，就可以片面推動具體的南

海作為。

　　台灣政府每一個階段有其南海政策作為的主軸，通常與國際局勢與國內政情變化有關，台灣為民主國家，經略南海島礁經費亦須透過國會審查與監督，因此，與其他南海某些聲索國的作為不盡相同，其效果當然也有所不同。但可以確定的是，當南海局勢緊張而在長遠時間內未能平息之下，特別是各國在島礁的建設與軍事安全上投入資源，台灣更應思考在這場南海博弈中，似乎採取更積極的作為，方能平衡權力的傾斜，也才能確保南海區域的和平穩定。

參考文獻

一、中文部分

仇佩芬，〈馬英九登上太平島，提出『南海和平倡議路徑圖』〉，《風傳媒》，2016 年 1 月 28 日，https://www.storm.mg/article/80280。

許紹軒，〈扁提南沙倡議，環保生態至上〉，《自由時報》，2008 年 2 月 3 日，https://news.ltn.com.tw/news/politics/paper/187034。

楊孟立，〈台菲漁業會議落幕，外交部：盼持續推動漁業合作〉，《中時電子報》，2019 年 3 月 1 日，https://www.chinatimes.com/realtimenews/20190301002327-260407?chdtv。

黎蝸藤，《從地圖開將到人工造島：南海百年紛爭史》（台北：五南圖書，2017 年 8 月），頁 204-206。

〈中華民國政府對「南海仲裁案」之立場〉，《中華民國總統府》，2016 年 7 月 12 日，https://www.president.gov.tw/NEWS/20574。

〈中華民國外交部對「南海仲裁案」之立場〉，《外交部聲明》，2016 年 7 月 12 日，https://www.mofa.gov.tw/News_Content_M_2.aspx?n=5028B03CED127255&sms=5ED24855AD8E6C58&s=2FE266654F43DD5C。

〈日本共同社：共軍可能 8 月南海軍演東沙奪島〉，《中央社》，2020 年
　　5 月 12 日，https://www.cna.com.tw/news/firstnews/202005125002.aspx。

〈南海仲裁 蔡總統國安高層會議提 5 做法〉，《中央社》，2016 年 7 月 19
　　日，https://www.cna.com.tw/news/firstnews/201607195022.aspx。

〈南海局勢熱點：菲律賓在中業島擴大基建〉，《BBC 中文網》，2020 年
　　6 月 11 日，https://www.bbc.com/zhongwen/trad/chinese-news-53015950。

〈南海風坡再起：中國再三沙市設行政區，越南抗議，美軍演習〉，
　　《BBC 中文版》2020 年 4 月 23 日，https://www.bbc.com/zhongwen/trad/
　　world-52382529。

〈想當年，張景森：機槍對著我〉，《自由電子報》，2015 年 12 月 8 日，
　　https://news.ltn.com.tw/news/politics/breakingnews/1532666。

二、英文部分

CSIS, "Slow and Steady: Vietnam's Spratly Upgrades," *AMTI*, April 8, 2019,
　　https://amti.csis.org/slow-and-steady-vietnams-spratly-upgrades/.

Erik Franckx, "The Award of 12 July 2016 and Its Impact on the Clarification of
　　Article 121 (3) LOSC," in James Borton ed., *Islands and Rocks in the South
　　China Sea : Post-Hague Ruling* (Bloomington: Xlibris, 2017).

Gagliano, Joseph A. *Alliance Decision- Making in the South China Sea:
　　Between Allied and Alone* (London: Routledge, 2019).

Hayton, Bill. *The South China Sea : The Struggle for Power in Asia* (New
　　Haven and London: Yale University Press, 2014).

Roy, Nalanda. *The South China Sea Disputes: Past, Present, and Future* (New
　　York: Lxington Books, 2016).

Song, Yann-huei. "Taiping Island: An Island or a Rock under UNCLOS," *AMTI*,
　　May 7, 2015, https://amti.csis.org/taiping-island-an-island-or-a-rock-under-
　　unclos/.

Thayer, Carlyle A. "Sovereignty Assertion in the South China Sea/the East Sea: Militarization and Construction of Artificial Islands," International Studies, No.36 (June 2017), pp. 61-90.

國家圖書館出版品預行編目 (CIP) 資料

多元視角下的南海安全 / 鍾志東主編 . -- 初版 . -- 臺北市：
五南圖書出版股份有限公司 , 2020.12
　　面；　公分
ISBN 978-986-522-416-5(平裝)

1. 南海問題 2. 地緣政治

　　578.193　　　　　　　　　　　　　109021211

4P86

多元視角下的南海安全

主　　　編：鍾志東
出　版　者：財團法人國防安全研究院
地　　　址：100 台北市中正區博愛路 172 號
電　　　話：(02) 2331-2360

經　銷　商：五南圖書出版股份有限公司
地　　　址：106 台北市大安區和平東路 2 段 339 號 4 樓
電　　　話：(02) 2705-5066
傳　　　真：(02) 2706-6100
劃 撥 帳 號：01068953
戶　　　名：五南圖書出版股份有限公司
網　　　址：https://www.wunan.com.tw
電 子 郵 件：wunan@wunan.com.tw
法 律 顧 問：林勝安律師事務所　林勝安律師

出 版 日 期：2020 年 12 月初版一刷
　　　　　　2021 年 7 月初版二刷
定　　　價：新臺幣 450 元